河南省高等学校哲学社会科学优秀著作资助项目

环境刑法的预防转向与法治限度研究

刘 夏 著

·郑州·

图书在版编目(CIP)数据

环境刑法的预防转向与法治限度研究／刘夏著．--郑州：河南大学出版社，2021.10
　　ISBN　978-7-5649-4885-6

Ⅰ．①环… Ⅱ．①刘… Ⅲ．①环境保护-刑法-研究-中国 Ⅳ．①D924.04

中国版本图书馆 CIP 数据核字(2021)第 209934 号

环境刑法的预防转向与法治限度研究
HUANJING XINGFA DE YUFANG ZHUANXIANG YU FAZHI XIANDU YANJIU

策划统筹	杨国安　谌洪波
责任编辑	郑华峰
责任校对	王丽芳
封面设计	陈盛杰

出　版	河南大学出版社
	地址：郑州市郑东新区商务外环中华大厦 2401 号　邮编：450046
	电话：0371-86059752（自然科学与外语部）　网址：hupress.henu.edu.cn
	0371-86059701（营销部）
排　版	郑州市今日文教印制有限公司
印　刷	广东虎彩云印刷有限公司
版　次	2021 年 10 月第 1 版　　　印　次　2021 年 10 月第 1 次印刷
开　本	710 mm×1010 mm　1/16　　印　张　13.75
字　数	234 千字　　　　　　　　　定　价　41.00 元

（本书如有印装质量问题，请与河南大学出版社营销部联系调换。）

前　言

　　自 20 世纪中叶的科技革命以来,人类社会取得了前所未有的进步,但同时也对自己的生存环境造成了史无前例的冲击。特别是公害的频生、环境的破坏、资源的耗费与物种的灭绝,不仅伴随而生,而且日趋严重。因此,自 20 世纪 70 年代以来,环境保护逐渐成为人类关注的焦点。而作为一个新型的现代化国家,我国在短短几十年内就迅速进入了风险社会。这种快速的转变迫使我们面对许多西方社会已经面临的、具有同质性或同源性的问题。与此同时,我国的环境污染也日益严重,对人民的生命健康和财产安全构成了严重威胁,促使政府和公众下决心解决环境问题,保护我们共同生活的家园。尽管近年来,我国对环境问题空前重视,治理力度前所未有,但受限于多年来压缩型、追赶型的快速工业化道路,目前我国的环境保护仍然滞后于经济社会发展,多阶段、多领域、多类型问题长期累积叠加,环境问题仍然具有复杂性、紧迫性与长期性。[①]

　　一种社会治理模式是否成功,归根结底取决于它能否给社会成员带来福祉。习近平总书记指出:"走向生态文明新时代,建设美丽中国,是实现中华民族伟大复兴中国梦的重要内容。"党的十九大报告将"坚持人与自然和谐共生"作为新时代坚持和发展中国特色社会主义的 14 条基本方略之一,充分体现了社会主义生态文明观的新境界。报告强调,建设生态文明是中华民族永

---

① 参见:喻海松.环境资源犯罪实务精释[M].北京:法律出版社,2017:5.

续发展的千年大计。必须树立和践行绿水青山就是金山银山的理念,坚持节约资源和保护环境的基本国策,像对待生命一样对待生态环境,实行最严格的生态环境保护制度,形成绿色发展方式和生活方式,坚定走生产发展、生活富裕、生态良好的文明发展道路,建设美丽中国,为人民创造良好生产生活环境,为全球生态安全做出贡献。不难看出,十九大报告为我国生态文明建设与环境保护事业指明了前进方向,为我国环境法治的发展奠定了坚实的理论基础。

在生态文明建设中,刑法既负有重要使命,也面临着巨大挑战。在新时期,我们肩负着有效遏制层出不穷的环境犯罪,保护环境,留给下一世代人美好环境的责任。而有效惩治环境犯罪,坚持人与自然的和谐共处,促进社会的可持续发展,也已经成为我国政府亟待解决的重要社会问题。最高人民法院发布的《中国环境资源审判(2019)》(白皮书)与《中国环境司法发展报告(2019)》(绿皮书)显示,2019 年,全国法院共受理环境资源刑事一审案件 39957 件,审结 36733 件,判处罪犯 114633 人,收结案数同比 2018 年分别上升 50.9%、43.4%。面对着数量众多的环境犯罪及其不断上升的发展趋势,刑法理应发挥出更大、更积极的作用。与传统犯罪相比,环境犯罪在行为方式、危害结果、因果关系、犯罪主体、主观罪过等方面具有十分鲜明的特点。尽管最高司法机关先后颁布了多个司法解释,但在环境犯罪的认定中还是涌现出许多新的疑难问题,亟待加以解决。尤其在进入风险社会的今天,这些问题表现得愈发明显。因此,加强对环境刑法、环境犯罪的基础理论研究,为司法实践提供智力支持,具有十分重要的意义。

自 20 世纪七八十年代以来,外国学者开始从刑法学、犯罪学、经济学、政治学、社会学等角度对环境犯罪展开较为系统、普遍与深入的研究,直接催生了"行政从属性""疫学的因果关系""累积犯""绿色犯罪学"等理论概念,并推动了环境犯罪立法与司法的变革,使各国的环境刑法及相关制度得到了长足发展。而我国对环境犯罪的研究始于 1997 年刑法专门设立破坏环境资源保护罪。尤其是近年来,围绕污染环境罪等环境犯罪产出了一系列丰硕的研究成果,为环境犯罪的法律修改与司法认定提供了极大助力。刑法学者与环境法学者的交流对话日益频繁,跨方向、跨学科的视角与研究方法也被普遍采用。通过对国内外有关环境犯罪的立法与理论进行梳理,笔者发现各国(地区)具有一个相同点,即环境刑事立法与理论发展体现出较为明显的预防性导向,对犯罪认定更为便捷,处罚范围也更加广泛。一方面,这一趋势无疑有助于司法机关及时、有效地惩治环境犯罪;另一方面,出于人权保障的考虑,也有必要探寻环境刑法的规制边界。因此,当务之急是在环境刑法进行预防转向这一大趋势下,通过刑法理论的发展与革新,对环境犯罪的立法与认定进行合理限制,对环境犯罪做到不枉不纵。为实现这一目标,笔者在借鉴关于环境犯罪优秀研究成果、参考环境犯罪典型判例的基础上,立足于风险社会中现代刑法预防转向的背景,完成了这本《环境刑法的预防转向与法治限度研究》,主要围绕环境犯罪的立法体例、侵害法益、类型设定、行为特征、主客观归责以及法律后果等方面的疑难问题展开论述,以期为我国生态文明法治建设做出贡献。

本书入选 2021 年度河南省高等学校哲学社会科学优秀著作资助项目(2021-YXZZ-30),能够成功出版,离不开河南省教育厅、河南大学出版社、河南大学人文社科研究院、河南大学法学院相关领导的支持与帮助。在此,谨对他们表示诚挚的感谢与由衷的敬意!

目 录

前 言 ··· 1

第一章 风险社会中的环境犯罪概述 ······································ 1

　第一节 环境与环境犯罪的概念 ·· 1
　　一、环境的概念 ·· 1
　　二、环境犯罪的概念 ··· 3
　　三、相关概念辨析 ··· 4

　第二节 环境犯罪的成因与特点 ·· 7
　　一、环境犯罪的成因 ··· 7
　　二、环境犯罪的特点 ·· 10

　第三节 环境犯罪的刑法规制 ·· 16
　　一、环境刑法的作用与意义 ·· 16
　　二、风险社会中环境刑法的预防导向 ································· 20

第二章 环境刑法的立法特色与发展趋势 ······························ 26

　第一节 域外环境刑法概览 ··· 26
　　一、德国环境刑法概览 ··· 26
　　二、日本环境刑法概览 ··· 28
　　三、美国环境刑法概览 ··· 30
　　四、欧盟环境刑法概览 ··· 35
　　五、其他代表性国家和地区环境刑法概览 ·························· 36

六、域外环境刑法的主要特点 ………………………………… 41
第二节 我国环境刑法的发展与完善 …………………………… 45
一、我国环境法律体系概述 ……………………………………… 45
二、我国环境刑法的历史沿革 …………………………………… 47
三、我国环境刑法的立法完善 …………………………………… 50

第三章 预防转向的实质限度：环境法益的确立 ………………… 60
第一节 环境伦理的审视 …………………………………………… 60
一、环境伦理的理论发展 ………………………………………… 60
二、动物权利探析——以侵害动物为例 ………………………… 63
第二节 环境法益的争鸣 …………………………………………… 68
一、人本法益论 …………………………………………………… 68
二、生态法益论 …………………………………………………… 69
三、人本与生态调和论 …………………………………………… 72
四、其他观点 ……………………………………………………… 73
第三节 环境法益的认定 …………………………………………… 75
一、人本与生态调和论的坚持 …………………………………… 75
二、环境法益的类型——集体法益 ……………………………… 79
三、环境法益的具体内涵 ………………………………………… 82

第四章 预防转向的技术限度：行政从属性 ……………………… 87
第一节 环境犯罪的行政从属性概述 ……………………………… 87
一、刑法与环境法的冲突 ………………………………………… 87
二、行政从属性的概念与发展 …………………………………… 90
三、环境犯罪行政从属性的立法表现 …………………………… 92
第二节 行政从属性的正当性证成 ………………………………… 93
一、对环境犯罪行政从属性的批评 ……………………………… 93
二、对批评意见的回应 …………………………………………… 95
三、环境犯罪行政从属性的利弊分析 …………………………… 103
第三节 行政从属性认定中的疑难问题 …………………………… 106

一、概念上的行政从属性 ………………………………… 106
　　二、义务上的行政从属性 ………………………………… 110
　　三、行为上的行政从属性 ………………………………… 115

第五章　预防转向的责任限度：刑事责任的认定 …………… 122
第一节　犯罪类型的选择 ………………………………………… 122
　　一、环境犯罪的主要类型 ………………………………… 122
　　二、对四种犯罪类型的评述 ……………………………… 134
　　三、环境犯罪类型的确定标准 …………………………… 136
第二节　因果关系的认定 ………………………………………… 146
　　一、问题之争鸣 …………………………………………… 146
　　二、优劣之分析 …………………………………………… 149
　　三、解决之方案 …………………………………………… 151
第三节　责任主体的限制 ………………………………………… 154
　　一、单位犯罪的认定 ……………………………………… 154
　　二、帮助犯的成立范围 …………………………………… 164
第四节　主观罪过的厘清 ………………………………………… 166
　　一、理论聚讼 ……………………………………………… 166
　　二、观点分析 ……………………………………………… 167
第五节　严格责任的考量 ………………………………………… 170
　　一、严格责任的主要内容 ………………………………… 170
　　二、环境犯罪引入严格责任的主要依据 ………………… 172
　　三、环境犯罪无须适用严格责任 ………………………… 174
第六节　违法性认识的判断 ……………………………………… 177
　　一、违法性认识概述 ……………………………………… 178
　　二、行政违法性认识的定位 ……………………………… 180
　　三、行政违法性认识错误的处理方法 …………………… 183

第六章　预防转向的后果限度：制裁方式的多元 …………… 189
第一节　多元化制裁体系概述 …………………………………… 189

第二节　环境修复措施在环境犯罪中的适用 …………… 192
　　一、环境修复措施的理念与定位 ……………………… 192
　　二、环境修复措施的意义 ……………………………… 195
　　三、我国适用环境修复措施的方式 …………………… 196
　　四、我国环境修复措施的问题及完善 ………………… 199

参考文献 …………………………………………………… 204
后　记 ……………………………………………………… 206

第一章
风险社会中的环境犯罪概述

第一节 环境与环境犯罪的概念

一、环境的概念

环境刑法规制的对象是环境犯罪。而所谓环境犯罪,顾名思义即侵害、破坏环境的犯罪。因此,要想准确理解这一概念,离不开对"环境"的界定。从理论上讲,环境不外乎是指环绕着某种主体的周围空间。它是主体活动的场所,是构成主体生存与活动的外部条件的总合,通过主体的活动处于与主体相互作用和相互影响之中。[①] 一般认为,环境有广义、狭义与最狭义等三种概念。其中,最狭义的环境概念仅指空气、土壤、水体等环境媒介。狭义的环境概念是指全体人类赖以生存的自然条件的总合,包括环境媒介与影响环境的因子。而广义的环境概念则包括了自然环境、社会环境与人为环境,几乎囊括人类生存所必要文化与生态。[②] 其中,自然环境是由原生的与被人工所改造的自然所构成的环境。社会环境指由人际关系、社会、文化、经济、国家制度所交错形成的人类生活空间。人为环境则指由人力与科技创造出的,为我们日常生活所需的环境。"人为环境是人类实践的产物,是人类在天然环境的基础上加

[①] 参见:岩佐茂.环境的思想:环境保护与马克思主义的结合处(修订版)[M].韩立新,张桂权,刘华荣,等译.北京:中央编译出版社,2006:74-75.

[②] 参见:潘怡宏.现行刑法污染环境媒介罪之修正刍议[J].月旦法学杂志,2018(278):31-78.

工、创造的物质环境,是主体化的客体、物化的智力,是人的主观性与物的客观性的统一,是人的能动性与受动性的统一,是客观规律性和主体目的性的统一,是自然属性和社会属性的统一。人为环境本身就是人与自然关系的最好反映。"① 关于上述三种概念的区别与联系,可参见下表。

环境的概念

广义的环境			
狭义的环境(自然环境)		社会环境	人为环境
最狭义的环境(环境媒介)	影响环境因子	政治环境、经济环境等	人文遗迹、风景名胜、城市等
水体、空气、土壤等	气候、光线、动植物等		

在立法上,一些国家和地区环境法对"环境"一词的定义也不尽相同。尽管范围大小不一,但原则上多采用除社会环境之外的广义的环境概念。如德国环境法规定,环境系指人的身体健康、动物、植物以及生物多样化,土壤、水、空气、气候与地貌,文化及某种实体物质,以及上述保护利益间的相互作用。依据法国 1976 年 7 月 10 日有关自然保护的法律,"环境"一词包含三个要素,分别为自然资源(如水、风、矿藏)、大自然(含空间、物种、生物多样性及其平衡)与风光景色。② 韩国环境政策基本法规定,环境系指自然环境或生存环境。其中,自然环境系指包括地下、地表(包括海洋)和土地中的所有生物及其周围的非生物在内的自然条件(包括生态系统与自然景观);生存环境系指与人类日常生活相关的环境,例如空气、水、废物、杂讯、振动、恶臭和阳光等。③ 台湾地区所谓"环境基本法"规定:环境系指影响人类生存与发展的各种天然资源及经过人为影响的自然因素总称,包括阳光、空气、水、土壤、陆地、矿产、森林、野生生物、景观及游憩、社会经济、文化、人文史迹、自然遗迹及自然生态系统等。我国环境保护法对环境的定义也大致相同,即"本法所称环境,是指影响人类生存和发展的各种天然的和经过人工改造的自然因素的总体,包括大气、水、海洋、土地、矿藏、森林、草原、湿地、野生生物、自然遗迹、人文遗迹、自然保护区、风景名胜区、城市和乡村等"。但英国对环境的定义则相对狭窄,

---

① 蔡守秋. 环境法学理论的要点和意义[J]. 现代法学,2001(4):85-95.
② 参见:林士钦. 从法国环境刑法之有关规定反思"刑法"第 190 条之 1[J]. 军法专刊,2019(4):72-95.
③ 参见:王树义等. 环境法基本理论研究[M]. 北京:科学出版社,2012:28.

主要指环境媒介这一狭义的环境。如英国环境保护法规定：环境系由下列媒介之全部或部分组成，亦即大气、水及土地；大气的媒介包括建筑物内的空气及其他高于或低于地面的自然或人为构造物内的空气。①

二、环境犯罪的概念

如前所述，一些国家和地区环境法对环境大多采取"自然环境"+"人为环境"的定义模式。相应地，刑法中的环境犯罪是否可以采取与环境法中相同的"环境"概念？笔者认为，与环境概念类似，环境犯罪也可以采取广义与狭义两种概念。其中，广义的环境犯罪主要指侵害自然环境与人为环境的犯罪。详言之，即侵害对人类的生存与发展具有较大影响、包括各种天然的环境和经过人工改造环境的自然因素的整体，而不包括社会或经济等其他因素在内。其中，自然环境自不必说，而历史遗迹、风景名胜等人为环境也因其本质的自然属性而属于环境的范畴。但社会环境则不然，其强调的是人与人之间的社会关系，而法律上的环境却必须与人类相关联，从人类生存与发展的基础出发进行认定。因此，社会环境不属于法律意义上的环境。虽不否认社会环境亦值得刑法保护，但其内容过于广泛，能够涵盖刑法中的多数条文；如果将其评价为"环境"的一部分，将导致"环境刑法"基本上等同于"刑法"，"环境犯罪"大体上等同于"犯罪"，这种理论分类及立法模式就会随之失去意义。因此，立法者必须针对社会环境中的不同对象分别进行规定。在立法例中，巴西环境犯罪法就是采取广义环境犯罪概念的典型代表，其环境犯罪包括危害动植物的犯罪、污染或其他环境犯罪、违反城市管理和危害文化遗产罪以及妨害环境管理秩序罪等犯罪。② 我国刑法亦是如此。有学者认为，我国环境犯罪针对的对象仅是自然环境，而不包括人文环境和社会环境，③但这一观点其实是不全面的。因为我国刑法规定了故意损毁名胜古迹罪、盗掘古文化遗址、古墓葬罪等犯罪，其侵害的对象显然属于人文环境。当然，这些犯罪并非环境犯罪的核心领域。

而狭义的环境犯罪则仅指侵犯自然环境的犯罪。从历史上看，环境刑法

---

① 参见：王树义，等.环境法基本理论研究[M].北京：科学出版社，2012：25.
② 参见：吴献萍，刘有仁.环境犯罪立法特色与机制评析——以巴西为例[J].环境保护，2018(21)：61-64.
③ 参见：赵秉志，陈璐.当代中国环境犯罪刑法立法及其完善研究[J].现代法学，2011(6)：90-98.

起源于风险社会的刑事政策,其特色在于通过现代科技无法确知行为与环境损害之间的因果关系及责任归属问题。但对于人文景观等对象,其在受到损害后,解决归责等问题则并非难事,并不具有犯罪构成上的特殊性。从目的上看,制定环境刑法的目的在于呼应人们日益高涨的自然环境保护意识,遏制毫无限制地污染环境、破坏生态资源的行为,以维护人类生存之所需。因此,刑法中"环境"的范围也应当集中在与自然生态相关,且其变动或破坏会影响到人类生存的那部分内容。至于其他社会、经济、文化等因素,则不是环境犯罪所关注的重点。从立法体系上看,刑法对社会环境与人为环境的保护具有十分悠久的历史,规范也较为严密;而对自然环境,尤其是不与人类利益直接相关的自然环境的保护则直到近年来才日臻完善,并具有较大的发展空间。而从各国环境刑法的规定中,也不难看出它们对环境的定义偏重于与人类有关联的自然环境;环境破坏也主要针对自然环境的破坏。正如国际刑法学协会第 15 届代表大会所指出的,环境是指地球上所有生物与非生物的组成,包括空气及所有的大气层、水体、土壤及矿物资源,动物界与植物界,以及所有在这些组成内部的生态关系——这才是环境犯罪所关注的核心内容。当然,囿于科技水平的限制,目前为人类所不知、所无法掌握的宇宙要素,如太阳、月球等,就不宜作为刑法上的环境予以讨论。

此外还需要指出的是,对于"环境犯罪"这一概念,目前我国理论界与实务界存在不同称谓,如"生态犯罪""公害犯罪""生态环境犯罪"等,但本质内容大同小异。而根据我国刑法规定,似乎采用"环境资源犯罪"这一称谓更为恰当。不过如前所述,根据绝大多数国家对环境的定义,"环境"一词完全可以涵盖自然资源,我国也不例外。基于这一理由,本书选择使用"环境犯罪"这一更为精练的表达方式。综上所述,在本书中,环境犯罪是指行为人违反刑法,污染或破坏自然环境及部分人为环境,情节严重,应受刑事处罚的行为;其核心则仅指污染自然环境、破坏生态资源的犯罪。

三、相关概念辨析

(一)环境犯罪与公害犯罪

"公害"一词源于英美法中的 public nuisance 一词,是指因某人的违法行为破坏了秩序、道德、风俗、健康与安宁等,从而使公众的共同权利乃至行使受到侵害的状态。这一概念在日本作为日常用语独立发展起来,指所有事业活动与其他人为造成的波及公众安康与生活上的障碍,例如食品公害、交通公害、药品公害等,并不限于环境领域。不过,由于日本的环境公害事件特别严重,引发了十分强烈的社会影响,故"公害"与"环境"两词具有十分密切的关系,经常并列使用。

从范围上讲,公害犯罪与环境犯罪的概念不完全相同;环境犯罪包括了公害犯罪,是一个更为广泛的概念,关注重点亦不相同。公害犯罪基本上以纯粹人类中心主义的法益观为基础,强调对人生命或身体造成侵害或者危险。如日本1967年的《公害对策基本法》规定:本法所称公害,系指事业活动及其他人为活动附随产生范围相当广泛之空气污染、水质污染、土壤污染、噪音、振动、地层下陷及恶臭等,并因此损害国民健康或生活环境者。而该法所谓的"生活环境",则包括与人之生活有密切关系的财产、动植物以及生育环境。由此不难看出,这里的公害主要着眼于对国民健康与生活所造成的危害。日本有学者明确指出,公害是"由于日常的人为活动带来的环境污染以致破坏为媒介而发生的人和物的损害……即使由于人的活动使地域的环境恶化,但人的健康或财产上的具体的损害尚未出现时,还不能说发生了公害①。"我国台湾地区对"公害"也基本采取相似定义,以破坏生存环境,损害国民健康或有危害之虞为必须。但环境犯罪则不然,除了公害犯罪之外,还包括未直接危及人类生命健康,单纯以动植物、环境媒介等为侵害对象的犯罪类型,并且与行政法、行政行为具有非常密切的联系。正如日本学者所言,"前者是以人们的生命、身体为保护法益的具体危险犯和实害犯,而后者则是从动植物生态学的环境中将自然景观纳入保护法益,形成以人们健康的抽象危险为核心的抽象危险犯②。"

随着时代的发展,人们也经历了一个从重视公害到重视环境的过程,"公害犯罪"一词也基本上被"环境犯罪"所取代。经历了著名的四大公害事件后,日本强烈意识到,公害法系为了预防公害的发生,而对企业活动进行最小限度的制约,是消极的、局部的、对症治疗式的法律;人类要想健康、永续地发展,只满足于

---

① 原田尚彦.环境法[M].于敏,译.北京:法律出版社,1999:4-5.
② 陈建旭.日本环境犯罪的刑法理论发展[J].北方法学,2013(1):67-72.

不发生公害是远远不够的。因此,环境保护不能只停留在公害对策之上,而应当形成全方位保护环境的共识。与其将公害预防作为重大课题,还不如将环境保护本身作为重大课题。从整体而言,环境基本法也不限于公害对策,而是还应当为一般环境保护提供方针。随着20世纪90年代《公害对策基本法》的废除与《环境基本法》的颁布,日本的环境政策实现了"从公害对策到环境保护"的转向;在应对犯罪行为方面,也实现了"从公害犯罪对策到环境犯罪对策"这一范畴的转换。具体而言,日本环境法制从公害防止型转变为环境保全型,从事后治理转变为未然预防,从防止损害转变为风险管理。① 我国台湾地区亦然,自从20世纪90年代起,相关部门与学者都普遍将视点从公害犯罪转变为环境犯罪,从传统的个人法益转变为环境法益,以凸显对环境保护的重视。

(二)刑法学意义上的环境犯罪与犯罪学意义上的环境犯罪

在兴起于英美的"绿色犯罪学"中,环境犯罪被进行了十分宽泛的界定,包括对人类、环境和非人类的动物有害的所有行为,而不论这些危害本身是否合法,是否使国家、法人和其他决策者受益。因此,除了研究由刑法明文规定的环境犯罪之外,犯罪学者们还关注合法却具有社会和生态危害的行为(如合法砍伐原始森林)和新技术引发的负面生态后果。根据污染发生的不同领域,环境犯罪可以分为"污染空气的犯罪""污染水体的犯罪"与"污染土地的犯罪";根据危害的对象不同,可以分为"危害人类的犯罪""危害动物的犯罪""危害植物的犯罪"与"危害其他微生物的犯罪";根据犯罪的组织性,可以分为"有组织的环境犯罪"和"一般的环境犯罪";根据犯罪的实施区域,可以划分为"国(境)内的环境犯罪"和"跨国(境)的环境犯罪"。② 此外,还有犯罪学者将环境犯罪分为棕色犯罪、白色犯罪与绿色犯罪。其中,棕色犯罪是针对生产和处置废物,对人类生活环境造成危害的犯罪;白色犯罪是针对新型科学技术引发诸如转基因技术等类型的犯罪;绿色犯罪则是针对物种多样性或传统意义上的环境犯罪。③

---

① 参见:今井猛嘉.环境犯罪[J].李立众,译.河南省政法管理干部学院学报,2010(1):7-14.;曲阳.日本的公害刑法与环境刑法[J].华东政法学院学报,2005(3):96-101.

② 参见:陈世伟.我国犯罪学知识谱系的完善研究——以绿色犯罪学知识本土化构想为视角[J].刑法论丛,2017(3):474-505.

③ WHITE R. Crimes against nature: environmental criminology and ecological justice[M]. Uffculme: Willan Publishing, 2008:98-99.

第二节 环境犯罪的成因与特点

一、环境犯罪的成因

(一) 环境政策原因

所谓环境政策,是国家在一定时期内对生态环境是否需要保护以及保护到什么程度的宏观政策,体现出国家决策者或管理者对待环境保护的基本态度。其直接影响到一国环境保护的目标设定与工作开展,对环境行政监管与环境犯罪惩治具有重要的指导意义。而刑法在环境犯罪的入罪尺度、刑罚轻重等方面,也不可避免地处处体现出本国的环境政策。[①] 在过去的很长一段时间内,多数国家都采取"经济发展优先、适度进行环境保护"的环境政策,对保护环境的认知从属于经济建设,在经济发展与环境保护冲突时将经济发展作为优先选择。[②] 以我国为例,作为发展中国家的代表,其高速进行的工业化与城市化都产生了严重的环境污染问题。但为了追求 GDP 的增长速度,地方政府普遍认为"绿水青山不如金山银山",采取先污染后治理的思路。在这种政策的引导下,环境成为经济发展所必要的牺牲品,环境环保得不到普遍重视,环境问题自然就愈发严重。尽管我们现在主张"宁要绿水青山,不要金山银山""绿水青山就是金山银山",但这一理念践行起来又谈何容易!古语有言,"仓廪实而知礼节,衣食足而知荣辱",在经济落后的地区,良好的环境与基本的生活保障相比实在是一种奢求。因此,现在有不少地区在实际上仍遵循经济发展优先的政策,从而对一些严重污染环境、破坏资源的行为采取放任态度。

关于环境与经济的关系,笔者认为,石器时代的结束并不因为我们把石头用完了,铁器时代的结束也不是因为铁矿采光了,青铜时代的结束也不是因为青铜耗尽了,而是因为人类依靠智慧和力量,找到了更好的解决方案与替代资

[①] 参见:赵秉志.环境犯罪及其立法完善研究:从比较法的角度[M].北京:北京师范大学出版社,2011:16.

[②] 参见:焦艳鹏.论生态文明建设中刑法与环境法的协调[J].重庆大学学报(社会科学版),2016(3):136-141.

源。从这个角度来说,人类才是最宝贵、最终极的资源。① 所有资源在遇到人类之前都不是可以被利用的资源,都是人类所"创造"的。因此,尽管我们无疑应当珍惜资源、爱护环境,为子孙后代留下一个相对洁净、安全的地球,作为他们生存发展的基础;但是,也绝不能因为极端的环境保护而束缚手脚、止步不前——毕竟,我们需要保护环境,而不需要专制蛮横的环保主义。② 事实上,只有经济发展才能更好地应对环境问题。一方面,技术进步可以让我们更好地呵护自然;另一方面,随着生活质量的提高,也会有越来越多的人重视环境保护。从某种角度说,只有经济发展以及其带来的更加高效的技术,才是应对包括生态在内各种未来挑战的唯一保证。我们今天对环境资源一定程度的破坏,其实有助于子孙后代享有更好的生活;至于失去的资源与增加的污染,相信他们也能够通过自己的智慧轻松解决。综上所述,任何国家都不可能绝对地保护环境,否则除非倒退回茹毛饮血的原始时代;只是在当前的环保政策下,我们不能像过去那样"竭泽而渔",没有节制、没有限度地向自然索取资源,而应当在条件允许的范围内尽量少污染、少破坏环境,在经济发展与环境保护冲突时优先保护环境。

(二)法律适用原因

在环境保护问题上,尽管由于环境品质及状况变化快速,以及广泛涉及高科技与新生事物,法律难免因无法及时跟进而出现空窗期;但近年来,世界各国都相继建立了较为完善的环境刑法与环境行政法体系,即使或多或少存在一定问题,只需在总体框架内进行小修小补、不断完善即可。可以说,无论是环境刑事立法还是行政立法,均已有法可依。但多年来,实践中的突出问题表现为法律规定与实际适用之间存在较大差异,相关法律法规没有得到令人满意的执行。产生该现象的主要原因在于环境政策的落后性制约了环境法律法规的适用。一方面,与环境立法的不断膨胀相比,行政机关的监管范围与力度却并未与之相适应。由于政绩要求、经济发展需要、地方保护主义等种种原因,部分地区的环境执法部门未能有效监管其管辖的工厂、开发商等企业,导致环境行政法执行不力。另一方面,行政机关又允许一定程度上的环境污染

---

① 参见:瓦茨拉夫·克劳斯. 环保的暴力[M]. 宋凤云,译. 北京:世界图书出版公司,2012:28.
② 同①80.

行为,并通过行政许可等行为排除刑法的介入,使得刑法所确立的对严重破坏环境与资源行为犯罪化处理的刑事政策,在事实上遭到了来自经济与社会发展各个层面的消解。例如,最严重的环境污染与破坏往往发生在正常的工业活动过程中,但它们都得到了官方的授权,并拥有排污许可证。而政府对环境保护的兴趣普遍不如对自然资源管理的兴趣大。他们在环境领域的战略通常旨在寻求合作而非惩治性的解决方案。① 为了实现这一目标,行政机构被授予广泛的自由裁量权。这种权力的行使不仅受到环境因素的制约,而且也常常受到社会经济因素的制约——这就可能导致政府出于经济利益,被迫在环境问题上进行妥协。这种妥协更有利于那些倾向于抵制昂贵污染控制措施的企业,尤其是拥有雄厚经济实力与巨大影响力的大型企业,相较中小企业更能从政府与污染者的合作中获利。从这个角度出发,许多公司实施的环境"犯罪"都是在国家的保护下发生的,并通过扭曲法律规则以宽恕甚至合法化自己所造成的伤害。此时,广大环境污染的受害者更表现为权力滥用而非刑法意义上犯罪的牺牲品。故有学者指出,尽管不能说国家是环境犯罪的教唆者,但其确实没有充分履行保护环境的义务。②

这种利益上的妥协造成了环境监管与犯罪惩治中选择性执法的悖论。西方不少学者都认为,环境犯罪属于公司犯罪或白领犯罪的范畴,相较而言,大型公司或企业更可能实施严重的环境犯罪。但如前所述,大型企业是国家经济的重要支柱,在经济优先的思维导向下,其更容易通过国家政策或执法上的优待合法地污染环境,而不必担心受到惩罚。并且,他们还可以通过自己所掌握的权力进一步塑造其运作的政策、法律框架和公众舆论,在社会上营造出一种完全与环境污染无关的良好形象。而那些经济实力不强、公关能力较弱的小公司则会因为排污问题被环保人士作为抨击的靶子,承受与其行为并不相称的否定性评价。如美国就有学者指出,当前太多的行政与司法资源被浪费在把小污染者送进监狱上,而大型污染企业通常毫发无损,从而对环境保护起

---

① RUDOLPHI. Primat des strafrechts im umweltschutz? -1. teil[J]. Neue Zeitschrift für Strafrecht,1984(5):193-199.
② PEMBERTON A. Environmental victims and criminal justice: proceed with caution[A].;SPAPENS T,WHITE R,KLUIN M. Environmental crime and its victims: perspectives within green criminology[C]. Farnham:Ashgate Pub Co., 2014:63-86.

到的作用十分有限。这种对小企业不成比例的起诉凸显了环境执法中的紧张局势——面对有限的资源,美国环保署和司法部更倾向于打击中小企业,因为胜率更大。当然,为了偶尔取得重大的政治胜利,他们也会处罚不受欢迎或在其他方面易受攻击的大公司。不过,大公司在总体上会受到更为宽容的对待,因为它们有更多的资源来对抗行政与司法,而对富有、老练的被告提起刑事诉讼的成本也是极其高昂的。①

二、环境犯罪的特点

在风险社会中,环境犯罪较以往发生了巨大变化。在"田园牧歌"的年代,人们对环境的破坏能力有限,造成的后果较为轻微,因果关系的认定也十分简单,甚至不少破坏环境资源的行为都被认为是正常的生产生活行为,并未被法律所禁止。而随着风险社会的到来,人类破坏环境的能力大幅提高,所造成的后果也愈发严重,为了进行风险防控,许多原先合法的行为被作为犯罪规制,这也造成了多种利益之间的激烈冲突。此外,各种新型的化学物质被研发问世,其究竟会对环境造成何种影响尚处于科学认知的盲区,也给环境犯罪的认定带来了新的挑战。笔者认为,在当今社会,环境犯罪主要具有以下特点:

(一) 伦理非难性较弱

社会危害性理论对于类似环境法益这样的新型法益的识别与度量能力是有限的。大多数人会认为环境犯罪是人类生产、生活中的一种附随产品,其伦理非难性评价较弱。正如有学者所指出的:"许多正常的社会活动都会直接或间接地造成污染。环保法律法规只是寻求限制和重新定向污染,而不寻求完全消除污染——除非在极少数情况下,这种污染是可以避免的且没有提供社会效益。""几乎所有经济部门,包括农业、建筑、教育、林业、渔业、制造业、采矿、医疗服务、运输、公用事业乃至政府本身,都是造成环境退化的重要因素。"②既然环境污染是我们生活中密不可分的一部分,并且政府也会公然实施,则普通民众就更不会认为这些行为有多么严重,以至于社会较难形成对环境污染行为进行强烈谴责的氛围。

---

① Lazarus Richard J. Meeting the demands of integration in the evolution of environmental law: reforming environmental criminal law [J]. Georgetown Law Journal, 1995(7):2407-2529.
② 同上。

此外，很多人仅从自身利益出发，认识不到环境犯罪所可能带来的危害。只要他们不会直接成为某种犯罪的潜在被害人，就不会对该罪的社会危害性进行中肯的评价。而在环境犯罪，尤其是侵犯自然资源类的犯罪中，直接受害者往往是国家而非个体，一般人感受不到犯罪对自己的切身损害，就不会对其深恶痛绝，进行激烈谴责。并且长期以来，因为秉持人类中心主义，直到今天还有不少人认为从大自然获取财产利益或生态利益属于天经地义，无须支付任何代价。故无论是犯罪人还是一般人，大多对这类行为的罪感薄弱、恶感缺失。① 因此，很多人囿于视野与自身素质，无法正确认识到环境犯罪的严重社会危害性。以大家耳熟能详的"河南大学生掏鸟案"为例，网络舆论几乎一边倒地同情被告人，不少网民都认为"掏鸟"，哪怕掏的是国家重点保护动物，也不是什么大事，刑法处罚这么重完全是"小题大做"，甚至会对刑法产生抵触情绪。

而从经济学的角度出发，环境生态系统是一种不对任何人封闭、不可能分配或限制给特定私人的公共财产，对于全人类具有消费的非竞争性、使用的非排他性与不可分配性等特点。② 因此，许多环境风险是由"搭便车"与"公地悲剧"等问题形成的。③ 基于自私心理，每个人都会希望尽可能地不为公共利益支出，最好是以搭便车的方式，能够从他人的贡献中获益；而那些本来单方面因为理性追求自身利益的个体，一旦发现自己成为其他个体搭便车的对象，也会以其人之道还治其人之身。但是，倘若集体利益无法实现，个体利益的实现也必将成为空谈。④ 例如，气候变化问题绝非一个人排放的二氧化碳或甲烷所导致的，而是由整个人类社会产生的温室气体总和造成的。不少排放者或许会认为即使自己不排污，也无法有效防止他人排污，因此还不如趁他人排污时顺势而为，从而降低自己的经营成本。但空气污染的后果会导致每个排污

---

① 参见：焦艳鹏.生态文明保障的刑法机制[J].中国社会科学,2017(11):75-98+205-206.
② 参见：恽纯良.抽象危险犯作为对抗环境犯罪的基本制裁手段——以污染水体行为为例[J].月旦刑事法评论.2018(8):30-67.
③ PEMBERTON A. Environmental victims and criminal justice: proceed with caution[A].; SPAPENS T,WHITE R,KLUIN M. Environmental crime and its victims: perspectives within green criminology[C]. Farnham:Ashgate Pub Co., 2014:63-86.
④ KUHLEN,LOTHAR. Umweltstrafrecht-auf der suche nach einer neuen dogmatik[J]. Zeitschrift für die gesamte Strafrechtswissenschaft, 1993(4):697-726.

者都会为自己的行为买单。正是由于个人行为对环境造成的危害不明显,很多人认识不到环境犯罪给他们带来的损害,这就意味着其很可能会支持或参与损害环境的活动。

(二) 利益冲突性较强

与第一个特征密切相关的是,从风险社会的视角来看,环境犯罪是科技进步与人类发展过程中难以避免的伴随性结果,故其不同于只会给社会造成"负价值"杀人、抢劫、强奸、盗窃等传统犯罪。环境侵害常常表现为各种增进公共福利活动的附带行为,具有一定程度的价值相当性或社会有用性。这就会产生环境权与经济发展、劳动者就业等不同利益之间激烈冲突的问题。可以毫不夸张地说,环境犯罪就是在各种利益的冲突中诞生并发展的。对普通犯罪而言,被告往往会极力否认自己实施了犯罪行为;但对于环境犯罪,不少被告都对自己所实施的行为供认不讳,只是否认该行为的社会危害性,或是以自己并未违法作为辩护事由。而在进行利益衡量后,本属于犯罪的侵害环境行为甚至会摇身一变,成为政府允许甚至鼓励的合法行为。毕竟,即使是在具有排污许可的情况下排放废水,也会污染环境。因此,某种行为是否被认定为犯罪,并不完全根据刑法规定进行逻辑推演,而是会受到诸如政治协商、经济考虑、利益权衡、社会舆论等多方面因素的影响。倘若坚持结果无价值的刑事违法标准,固然能够将祸患消灭在萌芽状态,但同时也势必会扼杀经济发展,导致人类文明的停滞,这绝非制定刑法、防范犯罪的本意。①

而在环境政策的制定与实际操作的过程中,政府难免会受到诸多利益集团的影响而进行适当妥协,但这种妥协可能是以牺牲其他人的环境利益为代价的,这会使得原住民、少数民族、外来移民与贫困人群等弱势群体被排斥在环境决策之外,既更容易暴露在环境危害大的区域,也更难以利用自然资源。一旦发生环境危害,对他们的影响也最大。从这个角度来说,这种有损环境公正的做法不单是对环境资源的犯罪,更是对弱势群体的"犯罪"。事实上,各国的环境污染问题都早已与经济发展、国防安全、社会稳定等一系列问题不同程度地交织在一起。政府在环境保护时不得不考虑上述因素及背后的利益纠

---

① 参见:侯艳芳.论环境刑法行政化[J].太平洋学报,2009(7):9-15.

葛,甚至会认为"污染也是民生"。①

除了环境利益与其他利益的冲突外,不同环境价值之间也会发生冲突。例如,多用纸制品固然可以减少对塑料容器的依赖,有助于降低"白色污染",但会对森林资源造成更大压力。② 因此,在惩罚某种环境犯罪时,也可能会损害另外一种环境利益。此时,就需要区分"以环境媒介为中心的环境保护"与"整体性的环境保护"。前者系指对森林、海洋、大气等环境媒介与资源的污染问题分别提供解决方案,但其中却隐藏着其他环境利益被忽略的疑虑。事实上,在解决环境问题时,必须综合衡量各环境领域的交叉联系。否则,可能会导致虽然解决了一个环境问题,却由此引发了其他环境问题,造成环境破坏的转移,进而引发"环保对抗环保"的现象。因此,我们更应当采取后者的思维理念,以整体生态系统及所有环境媒介的维护作为主要考虑因素,进行一体化的保护,而不能采取孤立、隔离的视角,厚此薄彼。③

(三) 被害人④的广泛性

环境犯罪的另一个特点是被害人众多。过去曾有学者认为环境犯罪属于无被害人犯罪,但这种观点显然不合理。环境犯罪不是没有被害人,恰恰相反,除了将环境作为"被害人"之外,还拥有为数众多的被害的自然人——即使是相对较小的污染案件,也可能对成百上千人造成危害。尽管损害可能在特定时间降临特定群体,但由于时空上的多样性,也可能会广泛波及不特定或多数人,甚至由于地球环境资源与人类繁衍的传承性而影响下一代人。正如有学者所指出的,环境犯罪的被害人是过去、现在或将来的世代,由于故意或不顾后果、个人或集体、人类行为或不作为所导致的化学、物理、生物或社会心理环境的变化而受到损害的人。⑤ 此外,环境犯罪被害人的另一个突出特点在于被害人与加害人的同一性,即从整体的、宏观的角度出发,环境犯罪的行为人同时也是受害人;他们破坏了身在其中的生态环境,也必将忍受自己所造成

---

① 刘艳红.环境犯罪刑事治理早期化之反对[J].政治与法律,2015(7):2-13.
② 参见:叶俊荣.环境政策与法律[M].北京:中国政法大学出版社,2003:141.
③ 参见:王毓正.论环境法于科技关连下之立法困境与管制手段变迁[J].成大法学,2006(12):95-150.
④ 笔者在这里使用"被害人"的概念,暂不讨论受到损害的环境。但这不意味着笔者否认环境本身属于受害方,具体理由将在下文中进行详细论述。
⑤ WILLIAMS,CHRISTOPHER. An environmental victimology[J]. Social Justice, 1996(4):16-40.

的不利后果。

(四) 危害后果认定的复杂性与不确定性

首先,要想准确发现环境损害十分困难。一方面,主流媒体低估了环境损害的发生率和严重性,特别是那些与大企业利益相关的环境污染,这可能会抑制公众对其危害的认识;另一方面,如前所述,大型企业通常拥有较为充足的法律和政治资源,可以保护其业务不受外部审查。

其次,即使发现了危害后果,也难以进行准确认定与归责。与危害公共安全犯罪不同,环境犯罪对人类的危害通常是间接的。污染物通常不会直接进入人体,而是通过先污染空气、水流、土壤等环境媒介,再作用于人体。因此,往往是多方面因素共同造成了危害环境的后果,判断起来较为复杂,很难准确认定究竟是何种物质导致了环境污染或他人的生命健康受到损害。在多人共同排污的情况下,进行归责无疑更为困难。特别是因排放、泄露危险化学物质而产生的危害,往往会因为科技的快速发展及新物质的研发,致使这些可能对人类及环境产生危害的源头具有高度不确定的特性。基于有害物质的暴露量、暴露时间、释放路径以及不同群体的特性(如敏感体质或暴露时间)等方面差异,危害是否产生及危害产生的范围,亦会随之不确定、产生差异甚至出现变异。因此,人们对环境犯罪风险与危害的判断,离不开科技水平的发展。而随着科技的进步,相关环境标准也会有一个动态变化的过程。除了涉及科技专业背景外,环境污染的形成甚至也经常属于商业机密的范畴。纵使属于同一产业,也未必能够知道同行们的技术水准与发展现状,更罔论国家机关了。因此,监管部门欠缺长期影响结果的预测能力,无法判断损害发生的可能性。即使在政策压力下做出了相应措施,也可能会欠缺科学依据。①

此外,生态环境还具有一定的自净能力,并且各环境媒介环环相扣、互相连动。不同类型的污染物有些会相互抵消(如酸碱中和),有些累加,有些互补,有些关系不明,有些甚至会发生化学反应,成倍扩大危害后果。再加上风向、水流等自然力的介入,污染的最终结果会具有极高的不确定性与不可预测性,完全可能因为客观上无法预测的条件扩大或减轻,导致因果关系难以认

---

① 参见:王毓正.论环境法于科技关连下之立法困境与管制手段变迁[J].成大法学,2006(12):95-150.

定。例如,有些污染行为一开始较为严重,但随着被微生物和动植物的降解,最终的危害后果可能反而会减轻;有些污染行为虽然就性质而言并不严重,但随着风势广为扩散,最终却会造成大规模、大范围的环境污染。

此外,环境犯罪后果的显现也往往需要较长时间,这就更增加了危害后果认定的不确定性。传统犯罪的危害结果一般具有即时性,会在行为实施的较短时间内发生;而环境犯罪的危害结果则具有潜伏性和迟滞性。例如,非法倾倒的危险废物可能成为数年甚至数十年的污染源。而化学、放射或生物污染常常会逃避人类的感觉,因此当其发生时,被害人并不知道危害的存在;往往只有经过一段较长时间后,后果才会逐渐明显。此外,基于目前的科技水平与认知能力,有些环境变化的机理是无法得出清晰结论的,环境污染对健康的影响也可能需要很长时间才能显现。再加上这种危害后果甚至可能被刻意隐瞒,被害人难以了解对他们造成的伤害,或是缺乏必要的技能将造成的伤害的症状与原因联系起来,甚至无法意识到自己是被害人。以日本的水俣病为例,很多人在中毒很长时间后,都没有意识到竟然是环境污染所引发的。如果待到危害结果发生时再回过头查找污染源,往往已经物是人非,证据灭失,给认定与起诉污染者造成极大障碍。

(五)危害的跨地域性

由于地球生物圈的能量流、物质流和信息流是相通的,故水、空气与土壤之间的相互作用与渗透会使污染后果在全球范围内流动。因此,环境问题超越了司法管辖区域、地域和社会分化的正常界限;而环境犯罪的影响范围、危害对象与后果也会超越国界,出现跨国环境犯罪,任何国家都不可能独善其身。例如,一国由大气污染引发的酸雨会波及周边国家;上游国家的污水会顺流而下进入下流国家,破坏沿岸的生态系统。

此外还需要警惕的是,当前污染已经在世界各国之间发生了"转移","核心国家拥有将其对生态有害的活动外包出去的权力和能力[①]。"部分发达国家采取各种方式耗费发展中国家的环境资源,向其倾斜废弃物、出口高污染工业生产设备,或是直接在这些国家境内设立高污染、高风险企业。这样一来,就

---

① 大卫·佩罗,霍莉·布雷姆.理论与范式:面向21世纪的环境社会学[J].柴玲,编译.国外社会科学,2017(6):128-136.

将本应由本国承担的污染转嫁给别国承担。从全球角度来看,整体上的污染并未减少,只是产生的区域发生了变化。这无疑是一种"生态帝国主义"或"生态殖民主义"。对此,有学者一针见血地指出:很多发达国家所鼓吹的环保,其实都是以此为借口,通过限制广大贫困地区的经济发展与资源利用,以维持经济状况富裕得多、完全处在不同技术水平上的自己及其子孙后代的生活质量。他们只希望别人生活在"原始社会"或"田园生活"中,①作为身处现代社会中的自己的后花园。正如有政治家所指出的:"阻滞我们的地球的最大祸害是无知和意识形态的压迫,而非科学、技术和工业。"②更有甚者,国家之间也可能会为了争夺水源、石油、矿产、海洋等环境资源而冲突不断,酿成国际问题。上述行为在实质上造成了非常严重的危害后果,从法律上看就是犯罪行为,只是没有被披上"犯罪"的形式外衣而已。

第三节　环境犯罪的刑法规制

一、环境刑法的作用与意义

作为其他部门法的保障法,刑法能够对环境犯罪的制裁与预防,以及对公民环境意识的激励、提升与强化起到非常重要的作用。具体表现为以下几方面:

(一) 有利于贯彻可持续发展的理念

环境为可持续发展、人类健康、粮食安全和经济发展提供了坚实基础。生态系统为人类提供清洁的水源、空气与安全的食物,有利于我们的身心健康。自然资源则为政府提供了生计、就业和收入,为广大群众提供了生活与经济来源。至于环境带来的文化、艺术等无形财富,更是数不胜数。正如有学者所指出的:"自然除了对人类具有经济价值外,还有为人类提供生存环境的支持生命和资源的可持续价值,以及容纳和分解人类活动排放的废弃物,在一定程度

---

① 参见:瓦茨拉夫·克劳斯.环保的暴力[M].宋凤云,译.北京:世界图书出版公司,2012:39,61.
② 同①80.

上维持生态平衡,从而提高人类社会生活的质量标准,净化人类生活环境的价值。"① 自20世纪80年代末,环境保护被许多人视为与国家安全、经济繁荣、社会正义甚至民主本身一样,对我们的集体福祉具有重要意义。但环境犯罪却对上述利益造成了严重破坏。恣意倾倒危险物质、滥伐森林、非法捕捞等行为给生态系统造成了重大破坏,随之失去的还有人类的健康和福祉。此外,这些犯罪还影响了人们的重要收入来源,破坏了合法的商业活动与正常的市场竞争关系。只不过,不少环境犯罪与合法的开发、利用环境资源的行为交织在一起,甚至披着经济发展的外衣;而且如前所述,不少环境犯罪的危害性并非即时的,这都给认定犯罪造成了困难。

随着可持续发展理念的日益深入人心,环境保护理念发生了重大转变,这也给处罚环境犯罪提供了另一种思路。可持续发展原则为自然资源的分配提供了可持续发展这一固定标准。该原则不仅是一项政治宣言,也是一项基本的法律原则。跨代平等意味着追求幸福的平等,每一代人都有义务把地球交给下一代,使下一代能够像先人那样利用。为了后代的利益,必须保护资源不受损害和破坏,就如同刑法保护财产以供其所有人进一步使用那样。而国家只要能够预知某一行为会对人民的合法权益造成危险,即使无法知道其确切的发生时间,也应当采取必要的保护措施。换言之,国家对人民的保护绝不能仅限于当前的特定群体,还应着眼于未来——哪怕这些当事人现在尚未存在。这一理念是可持续发展与世代衡平的观念的当然要求。② 如果国家不让子孙后代获得当代人可以获得的自我实现的手段,这个国家就不能获得哲学上的合法性。国家和法律的正当性取决于其永续性所带来的稳定性,而这种永续性反过来又意味着其存在不止一代。

许乃曼教授指出,可持续发展理念在环境刑法领域产生的第一个推论是:现存的一代人必须限制其对自然资源的使用,科学合理地支配可再生资源,为了后代的利益而节约使用不可再生资源。这些资源不仅包括矿物和能源资源、土壤、空气和水,还包括自然景观、进化产生的动植物物种、臭氧层与世界气候。当前,大规模使用生态资源只对一小部分人有利,但造成的危害却由当

---

① 曾粤兴,张勇.论我国环境刑法与环境行政法之间的协调与衔接[J].河南财经政法大学学报,2013(6):39-46.
② 参见:李建良.论环境保护与人权保障之关系[J].东吴法律学报,2000(2):1-46.

前所有人甚至下一代人一起承担。维持这种现状是一种非常严重的犯罪——其不仅威胁到当前这代人的生存权,而且威胁到今后无数代人的生存权。第二个推论来自平等原则。传统上,关于环境资源保护的讨论一直被对其被破坏和污染的担忧所主导。然而,简单粗暴地使用自然资源也意味着对它们的消耗。通过刑法手段保护环境不仅应当致力于有害物质的排放,还必须关注环境资源的日常使用。第三个推论是环境犯罪在广义上属于财产犯罪。一个社会可接受的生态产品分配标准,是合法的财产秩序的基本要求——无论是动产还是不动产,都只能通过利用环境产出。综上所述,通过法律秩序分配环境产品,显然是一个比分配其产生的财产更为根本的问题。① 因此,人们应当认识到破坏环境涉及的不是个人、企业或社会对其生活方式的自由决策,而是代际平等这一自然法原则,具有十分严重的危害性。因此,面对如此严重的环境侵害行为,完全有必要动用刑法这一较严厉的法律予以制裁。

(二) 有利于补充其他法律的调整不足

事实证明,仅靠行政、民事制裁手段不足以有效地惩治严重的环境违法行为保护环境。以民事手段为例,环境犯罪往往被害人众多,需要一个累积的过程,且个体救济面临着举证难的困境,诉讼过程也存在较多障碍。因此,通过民事手段难以对被害人进行有效救济,更不用说对属于"公地"的环境了。正如德国学者所言,动用刑法手段虽然并不总能,但有时确实能够比使用其他手段,特别是民法上的防御请求权和损害赔偿请求权取得更好的效果。毕竟,刑法的威吓后果在处理这类案件中更为有效。② 尤其是在违反环境规范带来的收益高于成本的客观现状下,民法防线只会导致牺牲环境成为市场主体的理性选择。③ 考虑到避免对子孙后代造成不可逆转的、最终无法补偿的环境影响与对人类健康的长期损害,法律对严重破坏环境行为的威慑需要超越单纯的赔偿损失。④

---

① SCHÜNEMANN B. Principles of criminal legislation in postmodern society: the case of environmental law[J]. Buffalo Criminal Law Review, 1997(1):175-194.
② 参见:埃里克·希尔根多夫.德国刑法学:从传统到现代[M].江溯,黄笑岩等,译.北京:北京大学出版社,2015:28.
③ 参见:刘艳红.环境犯罪刑事治理早期化之反对[J].政治与法律,2015(7):2-13.
④ CALABRESI G, MELAMED A D. Property rules, liability rules, and inalienability: one view of the cathedral[J]. Harvard Law Review, 1972(6):1089-1128.

行政法亦是如此。对于严重违反行政法并构成犯罪的行为,如果仅将其评价为行政违法,处罚未免过轻,无法充分发挥规范的功能。① 与刑罚相比,行政处罚威慑力不足,有些企业甚至会认为只要支付罚款,就能获得污染环境的权利,两相衡量,往往是支付罚款比减少排污所要承担的成本更为划算。我国也有学者指出,由于环境守法成本过高,行政罚款的代价远低于遵纪守法的成本,故环境侵害主体在某种程度上更乐于接受行政罚款,甚至在运行成本中已经事先将行政罚款列支。② 试想,如果一套污染过滤设备要花费数百万元,但被行政处罚的金额只有几万元或十几万元,就不宜高估行为人守法的动力——更不用说还得考虑到其被发现并处罚的概率。此外,虽然还可以对企业使用停止营业、勒令关闭等威慑力较强、直接效果较好的处罚措施,但这么做的后果往往是企业倒闭、工人失业,影响当地经济发展,并可能产生较为严重的社会与政治问题,故还需要进行政策方面的考量。综上所述,环境合规监管的成本过高,需要刑罚的威慑作用予以辅助,以降低行为人的违法概率。实践中,不少环境犯罪都是以严重违反环境法规定或相关义务为前提的,这也反过来说明环境行政法在惩治这些行为时的强度不足,必须由刑法介入。

(三) 有利于预防环境犯罪的发生

从社会的否定评价程度和适用方法的强制性上看,行政处罚的威慑力较弱,对行为人的否定性评价也不够充分,难以实现罪责刑的相适应。例如,单纯的罚款对排污企业,尤其是大型企业的威慑有限,甚至企业在被处罚后,还能通过提高售价等方式将处罚成本转移给无辜的消费者。但是,企业的相关责任人却绝不可能将坐牢的时间转移给消费者。因此,对其判处刑罚能够起到更大的威慑作用。另外,如前所述,环境违法往往依附于正常的生产发展和社会物质进步的经济行为,伦理非难性较低。但在实践中,政府与新闻媒体却很少对行政违法行为进行报道,导致社会公众对其的关注远低于对犯罪的关注,甚至会认为环境问题是社会发展所不可避免的代价。最后,只适用行政处罚还可能会由于监管者与被监管者之间的勾结导致发案率较低,或是因为行政法的证明标准远低于刑法而导致错误率较高等问题。

---

① 参见:郑昆山.环境刑法之基础理论[M].台北:五南图书出版有限公司,1998:15.
② 参见:侯艳芳.中国环境资源犯罪的治理模式:当下选择与理性调适[J].法制与社会发展,2016(5):165-183.

而刑罚除了惩罚的功效之外,还会通过刑法的明文规定使社会公众得以知晓,并通过对犯罪行为的否定性评价与对犯罪人的责难起到一般预防与特殊预防的效果。作为最严厉的制裁手段,刑罚对于普通公民的心理威慑无疑是巨大的,也使得潜在犯罪人在实施不法行为时,不得不衡量其可能获得的利益与将会面临的惩罚之大小,从而在事前起到一般预防的功能。根据积极的一般预防理论,刑罚对遵守规范的民众还具有激励、表彰与肯定的作用,能够确立民众对于规范的认同与尊重,并通过对行为的引导,积极发挥社会治理的效果。① 因此,国家一旦通过刑法手段定罪量刑,就会向社会大众传递一个明显的信号:这种行为是法律所禁止的犯罪行为,大家千万不要越雷池一步!此外,刑罚具有最高的道德否定性评价,所带来的污名是行为人一辈子也难以消除的。因此,通过对环境犯罪者施加刑罚,能够充分发挥刑法的评价作用与教育作用,提升公民的环保意识,使公民、企业及社会对环境污染行为产生"恶感"与"罪感",为环境保护工作的顺利开展建立深厚的社会根基,②更好地预防环境犯罪的发生。

当然,我们必须时刻牢记:刑法是国家维护社会的最后一道防线,而不应成为优先使用的工具。如果先将某种行为规定为犯罪,然后再通过严厉的刑罚发挥预防效果,进而对社会民众的价值观进行改造,显然属于一种本末倒置的做法。要想引导民众形成某种理念或态度,政策引导、道德教化、文化教育无疑是更为有效的手段。环境保护亦不例外,刑法虽能发挥积极作用,但绝非万能的灵丹妙药,不能成为国家着重依赖的工具。

二、风险社会中环境刑法的预防导向

(一) 风险社会与环境风险

在近代工业革命之前,人类一直处于"田园牧歌"式的社会,虽然也广泛实施利用资源、改造环境的行为,但囿于科技水平,我们的力量与大自然相比十分渺小,远不能给生态系统造成实质性的破坏。伴随着工业革命的轰鸣声,科技水平与生产力迅速提高,人类的力量得到了成千上万倍的增长,相应地,对

---

① 参见:周光权.刑法总论:第3版[M].北京:中国人民大学出版社,2016:397-401.
② 参见:焦艳鹏.论生态文明建设中刑法与环境法的协调[J].重庆大学学报(社会科学版),2016(3):136-141.

环境生态的破坏也远超之前的历史总和。重大的环境污染事件不断发生，挑战着人类社会生活的底线，给我们当前的生存与未来的发展造成了严重的威胁。国际知名社会学家安东尼·吉登斯教授于 2000 年出版的《第三条道路：社会民主主义的复兴》一书中，就从社会学的角度出发，将生态议题列为社会民主体制的五大难题之一。

当今，我们早已进入了风险社会。在德国法的语境中，风险（Risiko）与危险（Gefahr）是两个不同的概念。所谓风险，是指可能对社会生活产生妨碍，并且以人类的实践理性并无法排除此种可能性；所谓危险，则是指对于风险的产生，已达到令人无法忍受的程度。① 危险可以借由具体法益保护对象观察，并通过经验法则的推论掌握其内容，建立较为明确的归责理由；风险却无法借由经验法则的观察得知其可能产生的危害，也难以从损害中倒推出究竟是何种风险所造成的。由于我们对危险发生的原因有明确认识，故可以采取防御行为以排除、防御危险；但对于产生风险的原因则无法得出确切结论，只能根据经验与概率对一些行为进行规范，以预防风险、防患于未然——即使如此，危害结果可能仍会发生。因此，在当今这个风险社会，要想完全避免风险是不可能的，必须承认"剩余风险"的存在。所谓"剩余风险"，是指社会生活中适当出现，为大众所接受且无法律后果的风险。简言之，是一种发生概率很低、不重要且可以被忽视的风险。② 例如，运用化学物质所可能产生的风险具有不确定性与未知性，但出于社会进步与经济发展等因素的考虑，现实生活中无法排除运用化学物质的可能性，因此必须允许这种行为存在。只是站在风险管理的角度上，必须对风险进行评估，调查、仿真化学物质暴露时人类及环境可能受到的影响，并对于各种暴露情形评估其概率，以及分析可能产生的危害。再如，环境行政法中所规定的管制标准往往要考虑到诸多因素；对于环境的危害可能只是其中之一。故低于国家规定的标准值并非意味着没有任何危害，而是行政机关考量现行科技下之最佳可行控制技术的"容许差值"，亦属于风

---

① 参见：傅玲静.我国化学物质法制规范体系之检讨——以德国法制之观察及比较为中心[J].科技法学评论，2013(2)：153-202.
② 同①.

险防控中可被接受的"剩余风险"。①

显然,各种破坏环境行为所造成的风险属于我们生活中的"巨型风险"。这些风险一旦转变为实害,将会是长时间、跨国界、不可逆的。充满讽刺意味的是:过去,我们运用科技对抗环境带来的风险;而现在,这种对抗所产生的恶果,反过来却已经成为人类社会面临的巨大风险。但是,我们不可能停止一切开发、利用环境的活动,否则世界发展将陷入停滞;而应当尽量控制这些活动所带来的风险,使其处于一个可以接受的范围。为了实现这一目标,在环境法领域中,基于科技或专业知识设定一个特定的极限值作为预防危害发生的危险门槛,已经成为一项十分重要的制度。环境标准划定了行为与具体危害出现之间的安全距离,并通过对行为的管制,以尽可能达到危害极小化的要求。② 另外,由于人类害怕环境风险背后隐藏的巨大危害,即使无法确切证实风险与危害结果的关联性,但为了达到最大程度限制风险发生的目的,就允许制裁措施在距离危险发生尚有一段距离时便可以提前介入,尽可能防患于未然。

(二) 环境刑法的预防转向

在风险社会中,刑法也体现出较为明显的预防性导向。传统的犯罪行为通常是人类感官上可受知觉的利益干扰状态;而风险社会意义下的犯罪行为,却是一种对未来且未知的可能性干扰。因此,风险社会实际上需要的是通过刑法将风险予以微量化的规范结果,借此降低社会的不安全状态。换言之,刑法在风险社会的结构下,转变为具有危险防御意义的调控手段,以稳定整体的社会系统运作为其首要目标。③ 当前,国家与政府被期待担负着更多地介入社会问题、维护安全稳定的功能。因此,在对风险的高度恐惧面前,控制一般人从事风险行为已成为政府维护社会稳定的迫切需要。刑法在事实上已将预防原则由"危险"预防的角度,提前到"风险"预防的层次,不再是要求在有高度可能造成损害的危险尚未发生前即采取防范措施,而是更进一步地要求预

---

① 参见:王晨桓.失落的行政从属性?——新修正"刑法"第190条之1的实然与应然[J].月旦司律评,2018(1):62-76.

② 参见:傅玲静.我国化学物质法制规范体系之检讨——以德国法制之观察及比较为中心[J].科技法学评论,2013(2):153-202.

③ 参见:古承宗.环境风险与环境刑法之保护法益[J].兴大法学,2015(2):181-231.

防风险发生,以排除危险发生的可能性。此时,刑法的效果与其说是防范了严重危害结果的发生,还不如说是满足了民众对于造成风险行为的憎恨,从而提升了民众的安全感。

举个通俗的例子,古典刑法对于犯罪成立与刑罚适用持一种保守的态度,就如同一道社会防卫的高墙,保护居民在其中安居乐业,只有在行为人破坏了这道高墙时才会发挥作用。后来人们发现,如果等到行为人破坏高墙后再处罚,未免为时已晚,可能会造成较为严重的损失,由此将防线适当予以提前——针对某些特定行为,只要行为人意图破坏高墙,并且造成了一定的危险时,就予以处罚。因此,只要发现有人拿着武器向高墙冲过去,就可以动用刑罚手段,而不必非得等到其走到墙下。此时,就实现了从处罚实害犯向处罚危险犯的过渡。后来,人们发现有些原本不违法,或是仅违反行政法的行为虽然对高墙的安全没有直接危险,但具有极大的风险。例如,行为人在墙的附近从事一些高风险行业,虽然事实上没有对高墙造成任何影响,但一旦失手或者日积月累,就可能会动摇地基,引发墙体的崩塌。为了避免这种巨大风险,且出于一劳永逸的思想,人们索性在高墙之内再建了一堵内墙,原则上禁止他人触碰。如此一来,墙内的自由活动空间就减少了,刑法也实现了从处罚危险向处罚风险的演进。

学者们将现代刑法的这一发展趋势评价为"预防刑法""风险刑法"或"象征刑法"。一般认为,预防刑法的特点主要包括:第一,为了应对重大社会问题,刑法从最后手段变为优先手段,往往在未经深思熟虑的情形下扩张刑事立法的范围,创设新的犯罪。立法者在这种犯罪化的过程中获得回应社会问题的敏捷力、行动力等政策上的象征性利益。第二,过度高估立法实证经验上的成效,从而导致实际上根本不期待刑法是否能够有效降低风险的发生,只要能使国民认为"风险被降低"就足够了。事实上,刑事立法者除了消解社会的不安感之外,或许其原本就无意对立法是否有效的问题提出任何解释,从而更不可能期待其进一步调整由此可能产生的立法不足问题。第三,法益具有不断抽象化、早期化的趋势,制造出越来越多诸如社会风化、社会秩序等超个人法益,从而使得刑法的介入时机愈发提前、介入标准愈发模糊。甚至在有些情况下,法益的具体内容已经十分稀薄,实质上只是在保护公民的安全感或信赖感。第四,简化归责程序。不再要求危害行为与危害结果之间具有严格的因果关系,只要在概率学的角度上,行为对法益表现出一定的危险嫌疑时,国家就可以采取相应的刑事制裁手段。另外,通过大量设立抽象危险犯,将对结果的判断转化为对行为的认定,进而在事实上排除了因果关系这一构成要件要素。① 第五,刑罚的机能更侧重于积极的一般预防。为了有效预防风险,必须要求人们牢固树立规范意识,按照一定的规则或流程进行活动。只要大家都能够遵照一般规范,行为符合社会预期,就会大幅降低风险发生的可能性。因此,积极的一般预防理论主张通过刑罚训练国民的规范意识,确认刑法规范的妥当性,维护其对遵守规范的预期,从而实现社会生活的平稳安定。

关于预防刑法的正当性问题,虽然理论界尚未达成共识,但多数学者都主张在承认其合理性的基础上,予以适当限制。如劳东燕教授指出,如果预防是因技术的进步与由此引起的不确定性而引起,则只要技术前进的步伐不停息,在可预期的将来,预防必定是只增不减的。因此,对于刑法体系的预防走向既不能盲目反对,也不应一味追捧。② 而应在正视这一现象的基础上,考虑风险控制与理论的发展。毕竟,传统刑法处理的都是实际发生的具体问题,但现在还需要应对社会中尚未成为现实的重大风险,故刑法理论必须产生相应改变,以适应社会发展的需要。因此,当前我们需要解决的已不再是为什么要在国民的自由活动范围内修建内墙的问题;而是在已经修建内墙的情况下,内外墙的间隔应当如何确定的问题。

而环境刑法完全符合现代刑法"预防性"或"象征性"等鲜明特点。为有效防范环境风险,《里约环境与发展宣言》明确提出了预防性原则:"为了保护环境,各国应按照本国的能力,广泛采取防备措施。遇有严重或不可逆转损害的威胁时,不得以缺乏科学的充分可靠性为理由,延迟采取符合成本效益的措施防治环境退化。"这一原则直接指导了环境刑法的发展与变革。有学者认为,预防原则在环境刑法中的体现主要表现为:第一,预防对环境的具体危害行为;第二,在预防危害的目标内避免或减少污染环境的行为;第三,对未来环境形成预先保护措施,特别是为了对基本自然生态的保护及维持其永续存在。③ 传统学说将国家的要素分为人民、土地与主权。在环境逐渐恶化的今

---

① 参见:古承宗.风险社会与现代刑法的象征性[J].科技法学评论,2013(1):115-177.
② 参见:劳东燕.风险社会与变动中的刑法理论[J].中外法学,2014(1):70-102.
③ 参见:王服清.论"预防原则"之意涵与应用[J].中正大学法学集刊,2012(2):117-187.

日,"土地"这一要素的含义已不单指国家版图的大小,而应是一个纯净、适合人类生存的环境。换言之,国家的任务从传统的维护国内和平的"警察国家",到近代保障人民自由的"法治国家",再到现代实现社会正义的"福利国家",最终进阶为保障人类生存的"环境国家"。① 为了有效实现国家这一新型职能,在面对种类多样、性质各异、危害莫测的环境犯罪时,环境刑法充分发挥了其在环境保护方面的先期屏障作用,在预防原则的指导下提前介入,而无须等到严重环境污染后果的发生。② 在保护对象上,也从原先具体的生命、健康、财产等权利,转向了较为抽象、模糊的"环境法益"这一超个人法益。在主客观归责上,客观上的因果关系以及主观罪过的证明条件一直呈现出被简化的趋势,因果关系的推定、严格责任等规则纷纷被引入到污染环境罪的认定中;立法者大量采用危险犯,尤其是抽象危险犯的立法方式,基本上省略了原因和结果之间的证明程序。随着社会的发展,这一预防刑法趋势体现得更为明显。

  由此可见,环境刑法是典型的风险刑法、预防刑法。甚至有学者指出,环境刑法的预防原则正在成为挑战传统刑法基石的试验场,实现了由保护法益为基础的"核心刑法"向保护功能为导向的"法定刑法"的过渡。③ 在这一背景下,传统刑法理论在处理环境犯罪问题时难免会有些"水土不服"、力不从心,既不足以提供完整的理论基础,也无法适应当前的立法与司法现状。因此,我们必须在预防刑法的背景下对传统理论进行思考与创新,在教义学上发展出与时俱进、充满活力的环境犯罪理论,以切实解决实践中的突出问题。如果因恪守古典刑法而故步自封,以旧眼光看新问题,则势必会造成理论与实践的脱节。

---

  ① 参见:李建良.论环境保护与人权保障之关系[J].东吴法律学报,2000(2):1-46.
  ② 参见:张旭.我国环境犯罪立法的梳理与前瞻[J].东北师范大学学报(哲学社会科学版),2016(4):98-103.
  ③ CENTONZE F,MANACORDA S. Historical pollution[M]. Cham:Springer International Publishing,2017:vi.

第二章
环境刑法的立法特色与发展趋势

第一节 域外环境刑法概览

一、德国环境刑法概览

德国是大陆法系国家的典型代表,其对于环境犯罪的立法与理论研究在欧洲乃至全球都具有十分重大的影响。当前,德国采取一元的环境刑法规范模式,在刑法典中设立危害环境犯罪专章,统一规范各种环境破坏或污染行为的可罚性。但这种立法模式绝非一蹴而就的,环境犯罪正式进入德国刑法典经历了一个漫长而复杂的过程。

在德国1871年刑法典的制定过程中,囿于当时的社会与经济条件,大规模的环境污染事故难以发生,污染环境行为大多十分轻微,种类也较少,因此淡出人们的视野。当时,刑法典中仅规定有"公共危险施毒罪""虐待动物罪""破坏安宁噪音罪"等寥寥数例与人类生活安宁密切相关的罪名,其余污染环境行为则均通过联邦及各州的行政法规加以制裁。[1] 此后,由于一战、二战的影响以及政局的动荡,德国政府无暇顾及环境的刑法保护问题,仅在1960年《水务法》等几部单行法律法规中设立了特定污染环境行为的刑事责任。时至20世纪60年代末70年代初,德国政府和公众才明显意识到了其所面临的严

---

[1] 参见:赵秉志,王秀梅.大陆法系国家环境刑法探究[J].南京大学法律评论,1999(2):204-215.

重的环境污染问题,并认为该问题已经成为德国工业化发展进程中的重要障碍,给人民的身体健康造成了严重的损害和危险,应当动用刑罚这一最为严厉的制裁手段加以惩治。1971 年 9 月 29 日,联邦政府向议会提交了通过立法实施环境工程的报告,主要目标是"为人类确保一个其能够健康且有尊严生活的环境""保护土壤、空气、动植物免受人类干预之不利影响"与"消除人类干预所引发的损害与缺陷"。这一提案揭开了德国环境刑法创设的大幕。一时间,《DDT 法》《洗涤剂法》《垃圾处置法》《废水排放法》《联邦自然保护法》等 600 余部行政法律法规如雨后春笋般纷纷出台或得到修订,立法者在其中规定了大量的刑事责任条款,从而将部分污染环境的行为在刑法典之外设立为犯罪。① 由此可见,德国当时的环境犯罪主要以附属刑法规定为主。

但到了 1970 年代末,人们惊异且沮丧地发现,尽管当局努力采取了上述诸多措施,但德国的环境状况却并没有得到有效的改善。据此,有关部门认为,主要原因在于当时的环境法欠缺统一明确的目标与立法计划,以至于在执行时总会发生难以解决的目标冲突现象。尽管国家耗费了大量的行政资源,却只能得到不成比例的微小成果。当时,各种环境犯罪散落于附属刑法之中,彼此之间缺乏有机联系,且由于颁布时间的先后差异导致立法存在一定冲突,有必要对其加以整合。此外,有关部门还认为,需要进一步提高国民的环保意识,增强刑法对环境污染行为的威慑力。如果将环境犯罪从附属刑法纳入刑法典中,无疑会起到较强的宣示作用:污染环境并非单纯违反秩序的行为,而是具有严重的法益侵害性,属于刑法核心区域所规制的范畴,应当引起人们的高度重视。综上所述,出于通过刑事司法系统对环境犯罪行为进行更严厉的制裁,从而提高一般威慑的水平;利用刑事司法系统中的警察与检察官等资源,方便对罪犯提起诉讼以及进一步提升公众的环境保护意识三个主要目的,②德国将整合后的环境犯罪纳入到刑法典中。1980 年 7 月 1 日,修改后的德国刑法典正式生效,增加了第 29 章"危害环境犯罪",对环境犯罪进行了系统、全面的规定。这一改革无疑是成功的。实证结果显示,将环境犯罪统一纳入刑法后,德国社会大众的环保意识确有提升。同时,环境犯罪的刑事追诉数

---

① MEURER D. Umweltschutz durch umweltstrafrecht? [J]. Neue Juristische Wochenschrift,1988(34):2065-2071.

② TIEDMANN K. Die neuordnung des umweltstrafrechts[M]. Berlin:De Gruyter, 1980:18.

量也显著增加,公司企业不敢轻易触法,从而达到了环境保护的立法目的。①1994年,德国再次对环境刑法进行了部分修正,针对学者和司法机关的建议完善了部分犯罪的构成要件,尽可能使刑罚权的发动保留正当性与最后手段性。

当前,德国刑法第324条至330条分别规定了水污染、土地污染、空气污染,招致噪音、震动以及非游离辐射,危害环境之废弃物清理,不法营运设施,未经允许处理核燃料、其他危险物质与物品,危害保护区,逸漏有毒物质致重大危险等类型的犯罪。这些规定精细、具体,涉及危险犯、结果犯与结果加重犯等多个犯罪类型,再结合行为人主观上的故意与过失、犯罪的既未遂等条件,设置了清晰的法定刑幅度。此外,还专门规定了主动悔过、没收以及相关用语的定义等问题。我国有学者对德国环境刑法的特点进行归纳,总结出"有效贯彻了明确性原则""深度实现了责任主义原则"与"彻底贯彻了刑罚个别化"等三个特征与意义。② 但是,这三大意义应当是德国刑法条文所共有的特点,并无法突出环境刑法的具体特色。此外,也有德国学者认为环境刑法设置了大量的空白罪状,对其明确性进行质疑。因此,"有效贯彻了明确性原则"能否作为德国环境刑法的特征是值得讨论的。笔者认为,德国环境刑法最鲜明的特点就是行政从属性,这是其与刑法典中其他罪名最根本的差别,是这些犯罪由附属刑法转化入刑法典这一立法过程的当然产物,可以视为核心刑法与附属刑法"妥协"后的产品。目前,德国的环境犯罪保留了大量的行政法印记,如构成犯罪需要满足违反相应的行政法义务、未经行政许可、违反可执行的禁令、违反相应的行政法规等条件。相应地,在进行认定时,就需要行政法与刑法的有效互动。对于该问题,笔者将在下文中以专章予以详细介绍。

二、日本环境刑法概览

日本对环境犯罪构建了一体化的立法体系。与德国相比,日本刑法典并未设立独立章节规定环境犯罪,相关内容散见于刑法分则之中,主要通过第142条至第147条对污染饮用水等行为进行规制。不过,水源只是刑法的保护客体,制定这些条文的根本目的还在于保障人类的饮水安全与身体健康,不能

---

① 参见:恽纯良.抽象危险犯作为对抗环境犯罪的基本制裁手段——以污染水体行为为例[J].月旦刑事法评论.2018(8):30-67.

② 参见:李梁.德国环境刑法的立法模式及其对我国的借鉴意义[J].法学杂志,2018(11):64-70.

算作纯粹的环境犯罪。除此之外，《水污染防治法》《废弃物法》等附属刑法中也有一些相关罪名的规定。

日本环境刑法立法最突出的特色在于特别刑法。在经历了四大公害事件后，为了对日益严重的公害问题做出及时、有效的回应，日本痛定思痛，于1967年制定了《公害对策基本法》，将公害进行了明确分类，并制定了以保护人体健康与保全生活环境为目的的环境标准。为了配合《公害对策基本法》的实施，严厉惩处公害犯罪，在全面修订刑法尚不现实的情况下，日本于1970年制定了公害罪处罚法这一特别刑法，以七个条文分别规定了立法目的、故意犯、过失犯、双罚规定、因果关系推定、追诉时效与第一审管辖权。该法是为专门应对环境犯罪所制定的特别法，具有环境刑法总则的地位。根据该法规定，故意在工厂或事业场的事业活动中排放了有害人体健康的物质，从而使公众生命健康发生危险的，处3年以下惩役或300万日元以下罚金；致人死伤的，处7年以下惩役或500万日元以下罚金。出于缺乏业务上必要的注意，过失犯本罪的，也将根据造成的危险或致人死伤的后果承担相应的法定刑。

公害罪处罚法的内容突破了传统刑法的理论窠臼，其创新之处主要体现在：其一，公害犯罪在"发生危险"阶段即可予以处罚，而无须对人的健康造成实际伤害；其二，将犯罪主体扩大为法人；其三，在排放有害物质与具体发生危险状态之间设定了因果关系推定的规则。上述规定充分体现出日本对惩治环境犯罪的原创性思考。[①] 为了避免与传统刑法典的体系编排与架构设计相冲突，这些原创性的内容并未被吸收入刑法典，而是以特别刑法的形式呈现，兼顾了刑法的安定性与立法的完整性。不过，该法系主要针对企业的排污行为，且由于日本法院对公害罪法所规定犯罪的成立要件作了限定解释，并能够适用其他附属刑法中规定的罪名，导致该法规定的公害罪在实际上成为几乎没有适用余地的犯罪类型，只能给人们带来一旦发生紧急事态就可以依据其起诉的安心感，象征意义要大于实际效果。[②] 从这个角度讲，我国不少学者认为日本环境刑法的立法模式以特别刑法为主的观点是不准确的。只能说特别刑法是日本环境刑法的特色，但绝非主要内容，司法适用也极少。在实践中，日

[①] 参见：曲阳.日本的公害刑法与环境刑法[J].华东政法学院学报，2005(3)：96-101.
[②] 同上。

本是综合采取刑法典、附属刑法与特别刑法等模式惩治环境犯罪的。

三、美国环境刑法概览

(一) 环境司法的历史沿革

美国针对环境污染的刑事立法始于1899年的河流与港口法,规定对可航水域处置废料的行为以轻罪处罚。20世纪七八十年代,国会出台了一系列环境保护法案,如1970年的清洁空气法,1972年的联邦水污染管理法修正案,1972年的联邦杀虫剂、杀菌剂、杀鼠剂法案,1974年的安全饮用水法案,1976年的毒物管理法、资源保护与恢复法案以及1980年的环境反应、补偿和责任法案,并且在每部法案中都规定了刑事责任条款。① 但在1980年代之前,由于政府侧重于经济建设与资源开发,主要依靠行政法规范与民事救济作为处理环境问题的主要方式,国民也并未对环境问题予以重视,故美国的环境犯罪只是轻罪(最高刑为1年以下的监禁)。而司法机关对轻罪的关注度明显不足,更倾向于将有限的司法资源用于那些影响力大的重罪上,再加上取证难度较大,故环境犯罪实际进入刑事诉讼程序的极少,鲜有人因定罪而被判处监禁。据有学者统计,整个1970年代,联邦检察官只对25件环境犯罪提起了公诉。②

进入1980年代后,美国的环境污染情况愈发严重,国民的环保意识日益高涨,环境执法部门也逐渐意识到,只有采取有力的环境刑事治理模式,才能有效规制环境污染行为。联邦环保署的官员明确指出,我们在环境执法中吸取的重要教训是,如果个人和公司仅面临行政罚款或民事赔偿,通过权衡利弊,他们很可能会将上述惩罚纳入经营成本,而继续从事违法活动。③ 大量的环保相关法案随之出台与修正,不少环境犯罪都设立了重罪条款,甚至在联邦环境法中也设立了一级危险犯罪;罚金刑的数额与监禁刑的刑期也得到了相应提升。与此同时,国会还成立了美国量刑委员会,该委员会制定的具有约束力的指导方针极大地延长了联邦法官必须判处的刑期和罪犯实际服刑的最短

---

① LAZARUS R J. Meeting the demands of integration in the evolution of environmental law:reforming environmental criminal law [J]. Georgetown Law Journal, 1995(7):2407-2529.

② HABICHT II F H. The federal perspective on environmental criminal enforcement:how to remain on the civil side[J]. Environmental Law Reporter News & Analysis,1987(12):10478-10485.

③ O'HEAR M M. Sentencing the green-collar offender:punishment,culpability, and environmental crime [J]. The Journal of Criminal Law and Criminology, 2004(1):133-276.

时间。① 显然，上述措施的目的是严厉惩处环境犯罪，提升刑罚的威慑力。

但在制定伊始，进入刑事程序的环境案件仍然为数较少，主要原因在于美国环保行政系统与司法系统的相关职能不够完善，处理环境犯罪的力量较为薄弱。一方面，美国联邦环境保护署并不擅长刑事领域，缺乏刑事调查能力与必要的权限，故多采取民事或行政手段处理环境犯罪问题。正如有专家所指出的，这些案件的解决需要环境保护署调查能力的重大提升。环境保护署必须提高其审计工厂污染控制操作的能力，获取和分析多种有毒污染物样本的能力，以及追踪和识别秘密排放的能力……这种调查能力应针对以下情形：存在最大可能减轻重大环境损害或公共卫生损害的情况，或涉及严重违法者的情况——包括重复和持续的违反或严重程度的违反。由于刑事专业知识的欠缺与调查权限的不足，在1979—1981年间，联邦环保署向司法部提起的刑事诉讼中有将近60%被拒绝。②

另一方面，美国司法部也没有专门的环境犯罪部门。当时，其虽设立有环境执法部，但主要负责处理环境民事诉讼的赔偿问题。尽管司法部已经开始进行部门之间的整合与重组，主要目的也是为了加强刑事起诉，并将执法行动重点放在"严重违规"和"蓄意或顽抗违规"上，但迟迟没有成效。主要原因不外乎权力争夺与部门利益的分配问题——这项改革究竟是由司法部的刑事部门主导，还是由负责环境案件的土地部门主导。由于部门之间的争权夺利，导致了改革的难产甚至停滞。后来，司法部充分发挥智慧，通过创建一个非正式但复杂的方案，由土地部和刑事部的代表定期举行非正式会面，并在二者之间分配环境案件，从而回避了将犯罪执法项目交给哪一部门的难题。不过，这种改革在实践中被证明是行不通的，问题主要出在司法部与环境保护署的协调上。环境保护署更偏向于与土地部门而非刑事部门合作，理由是其与土地部门长期就环境民事诉讼展开合作，关系更为密切，沟通交流也更为方便；此外，刑事部门的律师还代表了其他政府机构，可能会产生利益冲突，故环保署不认为该部门是一个积极的同盟者。由于存在上述障碍，尽管部分环境犯罪案件

---

① BRICKEY K F. Environmental crime at the crossroads: the intersection of environmental and criminal law theory[J]. Tulane Law Review, 1996(2):487-528.

② STARR J W. Turbulent times at justice and EPA: the origins of environmental criminal prosecutions and the work that remains[J]. George Washington Law Review,1990(4):900-915.

被起诉,但多是局部的、零星的,主要系对重大环境事件的反应,而非寻常的执法措施。① 综上所述,虽然美国在环境刑法的立法上取得了一定进步,但在执行上却并未得到相应的提升,导致立法并未充分发挥出预期作用。

为了克服这一局面,联邦环境保护署于 1981 年被授权雇用刑事调查人员,首批人员至少都具有从事 5 年以上刑事调查与监督工作的专业经验,有的甚至超过了 20 年。1984 年,美国司法部批准了环境保护署的请求,即在一段没有具体说明的实验期间,由环境保护署调查人员担任美国的特别副执法官。这段时间持续了 4 年。直到 1988 年,国会通过了医疗废物追踪法案,正式授予联邦环保署刑事调查员充分的警察权力。并且,环保署终于可以不再通过司法部,而是能够直接向法院提起环境犯罪公诉。1990 年,国会又通过了污染起诉法案,为打击环境犯罪赋予了更为充分的司法资源。该法案为联邦环境保护署授予了其长期以来梦寐以求的调查权限以及执法时携带枪支的权力,其刑事执法能力得到了进一步提升。在 1983 年,联邦环保署只有 23 名刑事调查官;而到了 1990 年,这一数字增长到了 110 名。此外,司法部的改革也有了重大进展。他们于 1982 年 11 月成立了环境犯罪单位(Environmental Crimes Unit),并于 1988 年将其上升为部门等级(Environmental Crimes Section),专门负责处理环境犯罪。自此以往,越来越多的环境案件被提起公诉。在 2002 年,联邦环保署向司法部移交起诉的环境犯罪为 250 件,总刑期超过 215 年,总罚金高达 6200 余万美元——而在 1984 年只有 31 件被移交。2001 年,被起诉的环境犯罪人总数为 371 人——而在 1984 年只有 36 人。② 在大家的共同努力下,环境刑法成为近年来美国发展最快并且日益成熟的一个法律领域。

(二)立法现状与特点

美国属于普通法系国家,在联邦层面没有成文的刑法典,故不可能制定独立的环境刑法。但在各种行政法案中,则有相应的刑事制裁规定。因此,在联邦层面,美国的环境刑法以附属刑法为主要立法形式。例如,在美国联邦清洁水法中,就分别规定了具有过失、明知、明知会造成危险而违反本法规定、虚假

---

① STARR J W. Turbulent times at justice and EPA: the origins of environmental criminal prosecutions and the work that remains [J]. George Washington Law Review,1990(4):900-915.
② O'HEAR M M. Sentencing the green-collar offender: punishment, culpability, and environmental crime[J]. The Journal of Criminal Law and Criminology, 2004(1):133-276.

陈述等情形的,应当被判处罚金或监禁刑。在美国联邦清洁空气法中,也规定了一系列犯罪行为,如过失排放空气污染物,并且由于疏忽使他人陷于迫在眉睫的死亡或严重身体伤害危险之中的,可以处罚金或 1 年以下监禁;如果系明知排放有害空气污染物,且明知该污染物会使他人陷入前述危险状态的,则可以处罚金或 15 年以下监禁。这些附属刑法在处罚样态上基本分为三类:妨碍环境行政监管的欺骗及造假、违反行政法义务或未取得行政许可的排污行为以及未支付行政费用等其他类型。美国各州和联邦类似,也主要依据环境行政法规定刑事责任条款。各州除了在杀虫剂使用、有毒化学品排放、核能利用等方面与联邦法保持一致外,在其他多个领域都根据本州的具体情况单独立法。其中,不少州法还走在了联邦法的前面,如东北部的一些州早在联邦立法之前,就首先采取刑事手段规制环境违法行为。① 此外,有些州还制定了独立的环境刑法典,对环境犯罪进行了明确规定。

目前,美国环境刑法在立法技术上主要采取三种模式:刑法模式、行政法模式与混合模式。在刑法模式中,环境犯罪的规定与传统犯罪并没有什么不同,都要求特定的罪过与发生特定的结果。之所以对其贴上"环境犯罪"的标签,是因为这些行为造成了环境污染,如污染了当地唯一饮用水来源的地下水,或是向空气中排放有毒气体致人死亡。在行政法模式中,环境犯罪是在现有行政管理体制的基础上发展起来的。环境犯罪被定义为对行政机关的管制违反,具体表现为三种类型:在未获得相关许可证的情况下操作机器设备或进行生产经营;违反文书的要求,妨碍相关部门进行环境监控、检查或者弄虚作假,故意瞒报;以及其他不涉及对环境造成损害或损害威胁的违规行为,如对前述未经授权处理、储存、存放、排放或以其他方式处置特定废物的人,以及不缴纳相关环保费用的行为人进行惩罚,等等。通过刑事制裁,国家能够更为有效地确保行为人遵守环保机关的管理。目前,这种模式在立法中处于绝对的支配地位。但是,也有不少学者对此提出批评,认为环境法和刑法的构造存在显著差别,故不能不加区分地采取行政法模式规定环境犯罪。在环境犯罪普遍被规定为轻罪的情况下,对主观罪责与因果关系的轻视并不会造成严重后果。但在上升为重罪后,就必须正视该问题的存在。而混合模式则是上述两

---

① 参见:周峨春,孙鹏义.环境犯罪立法研究[M].北京:中国政法大学出版社,2015:93.

种模式的结合,既要求造成环境损害的结果,又要求必须违反行政法规实施危害行为。①

当前,美国的环境刑法主要具有以下特点:

第一,法网严密,罪刑均衡。美国环境刑法主要根据主观罪过的不同,以抽象危险犯、具体危险犯与实害犯三种模式构造了罪刑规范,对造成污染后果的实害犯还考虑到切断行政关联的情况,形成了惩治环境犯罪的严密法网。② 由于部分犯罪仅系违反了行政规定,不需要造成具体危险或实害,故相较而言刑罚也较为轻缓;但对于涉及重大环境污染或给他人生命健康造成严重威胁的行为,则大幅加重处罚,不过同时也赋予了检察官以更重的证明责任。③ 具体而言,将过失违规污染环境的犯罪规定为轻罪;将故意违规污染环境的犯罪规定为重罪,法定最高刑一般在3—5年之间;如果使他人生命或重大健康陷入紧迫危险的,法定刑再次升格,最高可以判处15年监禁,从而形成了轻重有序的罪刑阶梯。④

第二,遵循先例,法官造法。作为判例法国家,判例在美国的环境犯罪审理中发挥着重要作用,在事实上成为环境刑法的重要组成部分。通过美国联邦法院与各州上诉法院的经典判例,环境犯罪条款得到了详细的解释与不断的完善,并发挥着丰富理论研究与反哺环境立法的功能。正如有学者所言:"环境法的建构与应用会因为具体问题中判例法所扮演的角色而变得复杂起来,因为当法官在解释法律规范中特定词语的含义时,会经常形成判例法或者法律修正案。"⑤

第三,民刑交叉,多管齐下。美国环境刑法的另外一大特色是环境刑法与民事制裁相互交叉,同一条款会同时规定民事、行政与刑事责任条款。这导致

---

① LAZARUS R J. Meeting the demands of integration in the evolution of environmental law: reforming environmental criminal law [J]. Georgetown Law Journal, 1995(7):2407-2529.

② 参见:贾学胜.美国对环境犯罪的刑法规制及其启示[J].暨南学报(哲学社会科学版),2014(4):60-68.

③ BRITTANY Y, MERIN C, SEAN L, et al. Environmental crimes[J]. American Criminal Law Review, 2018(55):1095-1160.

④ O'HEAR M M. Sentencing the green-collar offender: punishment, culpability, and environmental crime [J]. The Journal of Criminal Law and Criminology, 2004(1):133-276.

⑤ BURNS R G, LYNCH M J, STRETESKY P. Environmental law, crime and justice[M]. New York: LFB Scholarly Pub., 2008:98.

环境犯罪与行政违法、民事侵权等行为的界限较为模糊,且不会刻意限制刑事条款的使用,而是由环保署、检察官等评估是同时适用民事、行政和刑事程序,还是单独适用某种措施以更好地制裁行为人。例如,部分环境犯罪可以被作为特殊的民事侵权行为处理,通过民事诉讼程序的集体诉讼取代提起刑事诉讼。如此一来,检察官就具有十分广泛的起诉裁量权。由于司法资源的限制,他们往往只会将最严重的环境犯罪提起公诉。根据有学者的统计分析,美国检察官对环境犯罪提起公诉时的主要考虑因素包括:危害行为是否对人体或环境造成了严重危害;是否对政府实施了欺骗误导行为;是否违反了偏向技术性问题规定的行政义务;是否在某段时间内多次重复违规;等等。①

四、欧盟环境刑法概览

对于环境违法行为,欧盟委员会更倾向于采取刑法进行管制。欧盟环境违法行为犯罪化的开端始于欧洲理事会于1998年11月4日通过的《通过刑法保护环境公约》。签订公约的各成员国都承诺在刑法中制定特别条款以保护环境。公约第2条规定了一系列侵害环境的危险犯,如"非法向空气、土壤或水中排放、引入一定数量的物质或电离辐射,导致或可能导致这些物质持续变质或对他人造成死亡或严重伤害,或对受保护的古迹、其他受保护物体、财产、动物或植物造成重大损害"等类型,并要求缔约国将这些行为在国内法中予以犯罪化。值得注意的是,公约2.1(a)条规定了实施上述行为致人重伤、死亡或产生导致该结果的危险时,就不再需要满足"非法"这一要件。此外,公约还规定了一些抽象危险行为,但允许缔约国视情况将其规定为刑事犯或是行政犯。② 该公约虽未在实践中得到执行,但由于系欧洲首个关于环境刑法的公约,故具有十分重要的指导意义,影响了后续政策与指令的制定。

2000年,丹麦在当时被称为"第三支柱"的框架内迈出了第一步,针对严重环境犯罪采取行动。2003年1月27日,欧盟委员会在欧洲议会的支持下通

---

① UHLMANN,DAVID M. Prosecutorial discretion and environmental crime redux:charging trends, aggravating factors, and Individual outcome data for 2005-2014 [J]. Michigan Journal of Environmental & Administrative Law, 2019(2):297-370.

② FAURE M. The revolution in environmental criminal law in Europe[J]. Virginia Environmental Law Journal, 2017(2):321-356.

过了 2003/80/JHA 这一框架决定。2015 年 9 月 13 日,欧洲法院在 C-176/03 案件做出了一项著名的判决,以违反欧盟条约第 47 条为由废止了上述框架决定,理由在于法院认为采取与环境保护有关的刑法措施的权限属于欧洲共同体。直到 2007 年 2 月 9 日,欧盟委员会才提出了 2007/0022(COD)的新提案,建议制定通过刑法保护环境的指令,从而启动了欧盟环境刑事立法程序,并宣示了其严惩环境犯罪的坚定决心。[1]

在环境刑法领域,欧盟还通过了两项指令,一项与环境犯罪有关(Directive 2008/99),另一项与船源污染有关(Directive 2009/123),统称为环境犯罪指令。这些指令明确表明,欧盟委员会认为现有的惩罚制度不足以使环境保护法得到遵守,而刑事处罚与行政处罚或民事赔偿机制具有本质区别,体现出更严重的社会否定性评价,故有必要将刑法作为这一领域的执行机制。其中,2008/99 号指令被视为刑法巩固和环境保护"欧洲化"的标志。[2] 其第 3 条与第 4 条规定了各种因此可由刑法强制执行的罪刑,包括非法运输废物,杀害、运输或买卖濒危物种,消耗臭氧层物质,向空气、水或土壤非法排放对环境造成重大损害以及非法从事危险活动等。[3] 对于指令中部分内容较为模糊的术语,委员会并未做出明确解释,而是在立法中刻意为之,以授权各成员国根据本国的法律、国情、文化等因素自行理解。该指令要求成员国完成两项主要任务。首先,促使每个会员国将指令所列罪刑纳入国内刑法。其次,每个国家都有义务根据国情需要,实行有效、适度和劝阻性的制裁。

五、其他代表性国家和地区环境刑法概览

(一)苏联/俄罗斯环境刑法概览

与 1926 年刑法典相比,1960 年苏联刑法典增加了污染水体或大气、破坏国有自然资源等四种破坏环境的行为。由于苏联国土广袤、物产丰富,当时人们更重视自然资源的经济属性而非环境属性,故倾向于将环境犯罪理解为盗

---

[1] FAURE M. Vague notions in environmental criminal law[J]. Environmental Liability, 2010(4):119-133.

[2] SOLODOV D, ZEBEK E. Environmental criminal enforcement in poland and russia: meeting current challenges[J]. Utrecht Law Review, 2020(1):140-150.

[3] FAURE M, WEBER F. The diversity of the EU approach to law enforcement—towards a coherent model inspired by a law and economics approach [J]. German Law Journal, 2017(4):823-880.

窃自然资源的"经济犯罪"。反映在1960年苏联刑法典中,这些环境犯罪被规定在第五章"侵犯财产犯罪"、第六章"经济犯罪"与第十章"侵害公共安全、公共秩序与公共健康的犯罪"中。随着时代的发展,尤其是受德国刑法典增设环境犯罪与1992年里约宣言的影响,越来越多的学者对俄罗斯刑法典中的环境犯罪提出修改意见,认为当时混杂式的编排体系不利于有效打击环境犯罪,且过于注重对资源本身的保护,而忽视了环境对人类的影响。基于上述理由,俄罗斯刑法进行了相应调整,在1997年正式生效的新版本中专门设立第26章,系统规定了环境犯罪。当前,俄罗斯的环境犯罪大体上可以分为三类:专门犯罪、相关犯罪与附属犯罪。其中,专门犯罪指刑法典第246—262条以及其他章节中规定的破坏生态环境或自然资源的49种犯罪;相关犯罪主要指违反相关行政管理义务,可能会造成环境污染或事故的35种犯罪;附属犯罪则指刑法典第285条滥用职权罪、第286条逾越职权罪、第292条职务伪造罪与第293条玩忽职守罪等相关犯罪。不过,俄罗斯对环境犯罪规定的法定刑并不高。通常而言,环境犯罪的法定最高刑不超过5年有期徒刑。并且法院也倾向于实施相对温和的制裁措施。如在2016年,在被指控犯有环境犯罪的8642名罪犯中,只有301人被判处实际监禁。而在2011—2015年间判处罚金的环境犯罪案件中,38.5%的案件不超过5000卢布(约72欧元),只有2.3%超过50万卢布。同期,只有2.4%至4.4%的案件中,罪犯被判处监禁;而在高达20.6%至26.9%的案件中,法院均判处了缓刑。① 因此,有学者呼吁应当进一步提升法定最高刑,设定更高额的赔偿,以应对当前日益严重的环境问题。②

(二)法国环境刑法概览

法国的环境犯罪可被大致分为三种处罚类型:第一种是处罚危害自然资源的行为;第二种是处罚危害野生动植物、森林景观的行为,目的在于保护大自然;第三种则是从维护城乡景观的目的出发,处罚破坏纪念堂外观或城市整体和谐性的行为。不过这三种类型并未规定于法国刑法典中,而系以附属刑

---

① SOLODOV D,ZEBEK E. Environmental criminal enforcement in poland and russia: meeting current challenges[J]. Utrecht Law Review,2020(1):140-150.

② GILMANOV M M,GILMANOV I M,BAKLANOV P A. Comparative analysis of environmental crimes elements provided for by the criminal code of the russian federation[J]. Advances in Economics,Business and Management Research,2020(114):426-430.

法的模式分散规定于行政法之中,如法国环境法典第 L226—9 条规定了污染空气罪,L432—2 条规定了污染淡水罪,L218—73 条规定了污染海水及盐水罪,等等。相较而言,法国刑法典则未明确规定破坏环境类犯罪,仅以附带方式对破坏环境的行为进行规范。除了当破坏环境与严重危害公共秩序的企业有所关联时,该行为会因构成恐怖主义行为而被处罚外,①并无其他明文规定。②

(三) 英国环境刑法概览

英国环境刑法立法沿袭其法治生成路径的"自然演进型"本色,在经历首次工业革命近百年后方获得发展机会,遵循了从生活圈到自然环境的扩展规律,规制范围逐步扩大,最终形成环境污染型与生态保护型立法体系,甚至将刑法作为处理环境污染的主要手段。英国在大量的行政法案(Act)中,以附属刑法模式规定了环境犯罪,如 1974 年《污染控制法》第 31 节第 7 条规定:"任何人引起有毒、有害物质进入水体,引起水污染的,应判处不超过二年的监禁或罚金,或二者兼有。"③1990 年颁布的《环境保护法案》不仅规定了行政机关对废物排放的限制、空气污染的控制及禁止令等,还对严重损害环境的行为规定了刑事处罚措施。1991 年的《水资源法》将向控制水域故意排放有毒物质、未经许可从河床开采矿产或盗挖植物的行为规定为犯罪。1993 年的《清洁空气法》则将严重污染空气的行为规定为犯罪。④ 而 1995 年修改完善后的《环境保护法》也规定了对环境犯罪进行处罚的条款。在民众要求采取更强硬措施对付破坏环境者的舆论压力下,英国环保署又于 1998 年 11 月发布了一套用以加强环境刑事执法的刑事起诉指南。⑤ 不过,对环境犯罪最常见的制裁

---

① 法国刑法第 421-2 条规定:"当有意地联系以威吓或恐惧严重危害公共秩序为目的之个人或集体公司时,将性质上具有置人类或动物之健康或自然界于危难之物质引入大气层、地上、土地中、饮食中或饮食成分中或包括领海在内之水域中之行为,亦构成恐怖主义行为。"
② 参见:林士钦.从法国环境刑法之有关规定反思"刑法"第 190 条之 1[J].军法专刊,2019(4):72-95.
③ 钱小平.环境刑法立法的西方经验与中国借鉴[J].政治与法律,2014(3):130-141.
④ 参见:周峨春,孙鹏义.环境犯罪立法研究[M].北京:中国政法大学出版社,2015:92.
⑤ 参见:傅学良.刑事一体化视野中的环境刑法研究[M].北京:中国政法大学出版社,2015:43-44.

措施还是罚金,诸如监禁等其他类型的制裁则很少适用。①

不过,英国逐渐发现刑法对环境犯罪的制裁较为有限;大量案件由于证明标准与节省司法资源的考虑不会进入司法程序,从而逃脱了法律制裁。因此,英国也开始逐渐通过其他法领域去解决环境问题,以求利用各种手段全方位地保护环境。近年来,英国正逐渐加强环境行政法体系,将行政法作为处理环境问题的主要手段;刑法仅被作为针对严重案件的最后制裁方法。②

(四)我国香港地区环境刑法概览

我国香港地区与英国类似,以附属刑法的方式构建起环境犯罪体系。如《空气污染管制条例》中规定了污染空气及相关行为的刑事责任,如将有害或厌恶性排放物排出于大气中的,可处罚款20万港元及监禁6个月;未遵从监管部门对其发出的空气污染消减通知的,首次定罪,可处罚款10万港元,第二次或其后再被定罪,可处罚款20万港元及监禁6个月。《水污染管制条例》亦然,通过详细的规定编织出较为严密的刑事法网。根据该法规定,实施将任何废物或污染物质排放入水质管制区内水域的,将任何会阻碍(不论是直接的或结合其他已进入该等水域的物质)正常水流的物质排放入水质管制区内的任何内陆水域,而阻碍的方式,是引致或相当可能引致污染情况严重恶化的,以及将任何物质排放入水质管制区内的公用污水渠或公用排水渠等行为的,均将构成犯罪。

(五)我国台湾地区环境刑法概览

我国台湾地区采取二元立法模式,不但在所谓"刑法"第190条、第190条之1等条文规定了"环境犯罪"条款,而且在所谓"空气污染防制法""水污染防治法""海洋污染防治法""废弃物清理法""矿业法""森林法""野生动物保护法"等规范文件中均设有环境破坏或污染行为的"刑罚"规定,由所谓"附属刑法"构成"环境刑法"的主要内容。根据保护目的与规制对象的不同,台湾地区所谓"环境刑法"条文主要分为两大不同方向。一是保护环境生态利益,具体又可以分为以下四类:(1)对空气的保护,主要体现于所谓"空气污染防

---

① CENTONZE F,MANACORDA S. Historical pollution[M]. Cham:Springer International Publishing,2017:256.

② FAURE M. The revolution in environmental criminal law in Europe[J]. Virginia Environmental Law Journal, 2017(2):321-356.

制法"与"刑法"第190条之1;(2)对水体或水源的保护,主要体现于所谓"水污染防治法""饮用水管理条例""土壤及地下水污染整治法""海洋污染防治法""刑法"第190条与第190条之1;(3)对土壤的保护,主要体现于所谓"土壤及地下水污染整治法"与"刑法"第190条之1;(4)对整体生态环境的保护,主要体现于所谓"环境影响评估法"与"野生动物保育法"。二是防止环境污染,具体又可以分为以下三类:(1)废弃物污染防治,主要体现于废弃物清理法与资源回收再利用法;(2)毒性物质污染防治,主要体现于所谓"环境用药管理法""毒性化学物质管理法"以及"刑法"第190条之1;(3)放射性物质污染防治,主要体现于所谓"刑法"第187条之1与第187条之2。

就"刑法"而言,近年来台湾地区"环境刑法"的热点问题集中在所谓"刑法"第190条之1的修正上。该"法条"是台湾地区惩治"环境污染犯罪"的主要条文,但存在实践中适用面较窄、认定困难等突出问题。在日月光废水污染案等具有较大影响力案件的推动下,台湾地区于2018年对190条之1进行了较大幅度的修改,具体表现为:第一,在第一项增加了"他法"这一兜底性方法。第二,删去了"致生公共危险"这一构成要件要素,使本罪由具体危险犯变为抽象危险犯。这一修改也引发了理论界对该罪法益的争论。第三,在第二项增加了"代理人、受雇人或其他从业人员"这一犯罪主体。第四,调整了部分行为类型的法定刑。第五,对在业务活动中实施污染环境行为增设了过失犯。第六,增设了第一项与第二项行为的未遂犯。第七,增设排除程度显然轻微个案之可罚性的条款。

就"附属刑法"而言,台湾地区"行政法律"中规定的环境犯罪罪行明确,符合罪刑法定原则的精神,如所谓"空气污染防治法"规定:"公私场所固定污染源排放管道排放空气污染物违反第二十条第二项所定标准之有害空气污染物排放限值,足以生损害于他人之生命、身体健康者,处七年以下有期徒刑,得并科新台币一百万元以上一千五百万元以下罚金。"此外,"立法机关"在实践中针对新情况、新问题不断对"附属刑法"进行修正,以保持条文的生命力。由于将"环境犯罪"规定于有关的经济、行政"法规"中,这也决定了台湾地区治理"环境犯罪"具有"刑事法律"规定与"非刑事法律"规定并行,刑事责任与民事、行政责任(如限期改善、停工停业、勒令歇业等)并用的特点。此外,与"刑法"的规定相反,台湾地区"环境刑法"中规定了法人犯罪主体,共同构成了

"原则不罚、例外罚之"的法人处罚模式。

六、域外环境刑法的主要特点

通过上文对德国、日本、美国等具有代表性的国家以及我国香港、台湾地区环境刑事立法上的发展历程、现状与特色进行梳理，不难看出，域外环境刑法主要具有下列共同特点：

第一，环境刑法扩张化。在环境刑法诞生的早期，各国原则上只将污染饮用水源、泄露有毒物质等对人类生存环境有重大影响的危险行为规定为犯罪。但随着环保事业的蓬勃发展与公民环保意识的兴起，为了更好地防控风险、保护法益，环境犯罪的罪名越来越多，行为方式趋于多样，构成要件趋于完善，保护范围不断扩大，由之前对"人类环境"的单一保护向"人类环境"与"生态环境"双重保护的立场转化，并朝着保护"生态环境"的方向不断发展。[①] 兼之联合国、欧盟等国际组织的不断推动，人类已就严惩环境犯罪的必要性与迫切性达成了共识，对环境的刑事保护力度不断加强。尤其在人类已经进入风险社会的今天，这种立法上的趋势愈发明显，即使在世界各国刑法都不断扩张犯罪圈的背景下，环境刑法也堪称其中更新最快、变动最大的那一部分。

第二，立法形式多元化。与传统犯罪主要由刑法典规定不同，世界各国或地区对环境犯罪的立法形式多种多样，广泛采取刑法典、附属刑法、特别刑法等形式。在英美法系中，判例也在司法实践中发挥着重要作用。目前，各国环境刑法的立法形式主要表现为以下四类。第一类是将环境犯罪直接整合到刑法典中。如德国于1980年、荷兰于1989年、奥地利于1989年、芬兰于1995年、葡萄牙于1995年、西班牙于1995年、俄罗斯于1997年相继实行了修正后的刑法典，其中明确规定了环境犯罪条款，有的甚至独立成章，充分体现了对惩治环境犯罪的重视。第二类是在环境行政法中规定环境犯罪。20世纪90年代，借助制定完善环境法典的浪潮，不少国家将环境犯罪纳入其中。如英国在1990年的环境保护法案、丹麦在1991年的环境保护法、爱尔兰在1992年的环境保护法案中均规定了刑事条款，使附属刑法成为打击环境犯罪的有力武器。第三类是采取特别立法模式，制定特别刑法规制环境犯罪。巴西是这

---

① 参见：傅学良.刑事一体化视野中的环境刑法研究[M].北京：中国政法大学出版社，2015：41.

一模式的典型代表,其于1998年制定了《环境犯罪法》,同时规定了环境犯罪与违法问题、实体与诉讼问题,被认为是当时世界上先进的环境刑法之一。[①] 第四类是综合立法模式,将刑法典、附属刑法、特别刑法模式"三轨齐下",互相配合,以日本为典型代表。当然,这四种分类的界限不是绝对的,完全可以采取多种类型的立法模式。如我国台湾地区在"刑法"与各种环保法中都规定了环境犯罪。并且,大陆法系与英美法系的立法形式也在不断融合,英美等国在进行环境法典等成文法的编纂,德日等国亦越发重视环境犯罪判例在实践中的指导作用。

第三,犯罪类型多样化。传统的环境刑法以规定实害犯为主。但如前所述,由于环境犯罪的危害巨大且难以即时显现,等到结果发生后再予以处罚将不利于法益保护,故当前大多数国家的环境刑事立法都采取预防为主的原则,规定了大量的行为犯或危险犯,将环境法益保护前置化,意图最大限度地控制风险。其中,抽象危险犯行为模式主要针对未能遵从环境法约束且具有较高风险的行为进行惩罚;具体危险犯则主要针对排污行为给人的生命健康等利益造成直接危险的行为进行惩罚;如果发生了严重的实害结果,则将进一步构成相应的结果犯或结果加重犯。如此一来,就形成了抽象危险犯、具体危险犯与实害犯的多元犯罪类型,构建起较为严密、便于操作的罪名体系。

第四,刑法与行政法关系十分密切,互动非常频繁。一是在环境刑事立法上体现出或多或少的行政从属性。就功能上说,环境行政法为行为人设定了多项环保义务,而刑法则在行为人违反这些义务时予以刑事制裁。这就导致环境犯罪的具体行为类型在事实上由行政规范决定,从而使刑法与行政法产生了非常密切的关系。这种关系在附属刑法模式中体现得尤为明显,其立法模式通常是在行政法中详细规定行为人应当遵守的行政规定或应当履行的行政义务,然后在法律最后以"违反本法第××条规定的,处以……"之类的刑事条款收尾。即使在刑法典中,也多采取空白罪状的立法模式,如欲确定犯罪构成要件,必须参考相关行政法律法规的具体规定。

二是在环境犯罪的查处与认定中需要行政机关与司法机关进行密切配合,环境刑法的成效有赖于双方共同努力。否则,即使制定了强有力的环境法

[①] 参见:周峨春,孙鹏义.环境犯罪立法研究[M].北京:中国政法大学出版社,2015:95.

与刑法,但如果没有充分的能力去执行法律,或是二者没有进行有效的衔接,就不可能达到预期效果。例如,尽管蒙古国对环境犯罪规定了严厉的制裁措施,但他们仍面临着非法采矿项目激增、偷猎野生动物以及非法破坏其他资源的威胁。其中一个重要因素就在于这些案件发生在远离现代基础设施与法律支持系统的广袤原野上,不利于政府的监管与查处。① 这种执法能力的不足导致尽管拥有良好的立法与尽责的官员,也难以在严惩环境犯罪方面取得实质性成果。与之相反,德国则在公众对环境犯罪追诉率低的批评后进行反思,认识到只增加刑法条文的局限性。为了改善这种不利局面,德国专门设立了隶属联邦内政部的环保警察,一旦发现环境污染现象就立即采取有效手段,将危害结果控制在最小范围内。② 由此可见,协调好环境刑法与环境行政法、环境犯罪审判与环境行政执法之间的关系,是高效惩治环境犯罪的关键所在。

第五,刑罚日趋科学、完善。目前,环境犯罪的刑罚措施多种多样,刑罚结构逐步完善,刑罚适用更为科学;而非刑罚处理方法与刑罚的配合适用,使得罪责承担方式进一步复杂化、多元化。首先,在刑罚设置与裁量中体现出"轻轻重重"的特点。在总体上提高了自由刑、罚金刑的上下限,对侵害公众生命健康的污染类犯罪,一般都进行十分严厉的处罚,部分国家甚至设置了十年以上的监禁刑,对犯罪人具有极高的威慑力。但对于犯罪情节轻微并能积极认罪悔罪者,则予以较大幅度的从宽处理。如在美国,对于行为被发现违法后21日内,如果行为人承认犯罪,或具有自首等情节的,可以在量刑上获得最高减免75%的优待。③ 而德国刑法第330条b则规定了"主动悔罪"。其第一款规定:行为人在重大损失产生之前主动防止危险或排除其引起的危险状态的,法院可以依法裁量减轻或免除特定条款的刑罚。在同等条件下,行为人不受特定条款的处罚。第二款规定:即使危险或违法状态非因行为人而消除,只要其主动且付出了真诚的努力,即可减轻或免除刑罚。这就意味着,行为人过失犯特定环境犯罪的,只要为消除危险付出了诚挚的努力,且危害结果最终未发

---

① RHODES L. Environmental crime and civilization: identification, impacts, threats and rapid response [J]. Comparative Civilizations Review, 2018(79):6-18.
② 参见:傅学良. 刑事一体化视野中的环境刑法研究[M]. 北京:中国政法大学出版社,2015:42.
③ BRITTANY Y, MERIN C, SEAN L, et al. Environmental crimes[J]. American Criminal Law Review, 2018(55):1095-1160.

生,即可不构成犯罪。

其次,财产刑的适用比例越来越高。理由主要在于:(1)行为人大多系出于经济利益的考虑而污染环境或破坏资源,很少会直接追求侵害特定人的生命健康。故一般而言,犯罪者的主观恶性不大。(2)实施环境犯罪的单位与个人大多出于减少成本或追逐利益等经济目的,且恢复生态环境所需的费用往往十分高昂,给政府造成了较为沉重的负担。因此,对行为人适用财产刑既可以增加犯罪成本、对其形成有效威慑、剥夺再犯能力,也能够将所缴纳的财产用于生态修复,满足环境治理的后续需求。(3)在环境犯罪中,过失犯占据相当大的比例,而对过失犯判处财产刑会比判处自由刑收到更好的效果。(4)环境犯罪中的法人犯罪为数众多,欧美几乎所有的国家都在刑法典或附属刑法中规定了环境犯罪的法人责任。由于不可能对法人处以自由刑,故采取财产刑就成为必然选择。

最后,在刑罚适用时充分考虑对象的具体情况,做到"量身定制"的处罚。美国有学者提出,不同的组织具有不同的动机、组织结构和决策过程,会就激励和制裁做出不同响应。因此,应当从企业行为的实际出发,进行"量身定制的执法",即根据组织类型对同一罪刑的违法者给予不同的处罚。一方面,应当根据组织类型进行执法。例如,与小公司相比,大企业具有更为复杂的决策程序与更多的决策人员,更难以证明相关人员的主观罪过。因此,对于实施环境犯罪的大公司,应当以对公司进行巨额罚金为主,而不应轻易采取严格责任等理论处罚负责人。但对小公司而言,由于组织架构简单、人员组成明确,证明负责人的犯意相对更为容易,对其适用自由刑就能够起到更好的威慑效果。另一方面,应当根据组织类型评估处罚。例如,不仅可以根据违法行为来评估罚金或罚款的数额,还可以根据公司价值来评估。这将有助于确保不论公司的支付能力如何,处罚都具有同样的威慑作用,进而消除这样一个事实——对于同样数额的惩罚,小公司会面临破产,而大公司则只将其纳入年度预算。①

---

① FORTNEY D C. Thinking outside the "black box": tailored enforcement in environmental criminal law[J]. Texas Law Review, 2003(6):1609-1635.

第二节　我国环境刑法的发展与完善

一、我国环境法律体系概述

目前,我国已经形成了由宪法、环境保护基本法、民法、刑法、诉讼法等相关法律以及环境保护单行法、环境保护行政法规、环境保护地方性法规等不同效力等级的法律规范组成的环境保护法律体系,为有效惩治环境犯罪提供了坚实的法律基础。

(一) 环境宪法

我国宪法第 9 条第 2 款规定:国家保障自然资源的合理利用,保护珍贵的动物和植物。禁止任何组织或者个人用任何手段侵占或者破坏自然资源。第 26 条规定:国家保护和改善生活环境和生态环境,防治污染和其他公害。由此可见,我国宪法将保护环境、防治污染与公害作为国家政策,为刑法规制侵犯生态环境、自然资源等犯罪提供了明确的宪法依据。

(二) 环境行政法

我国目前的环境行政法体系是一个以要素保护为重心和主线的法律规范系统。除个别法律带有综合性的内容外,大多数环境类法律均发挥单行法的规范功能,主要包括规范污染控制、规范单项资源利用和生态保护三类法律。在污染防治领域,形成了以大气污染防治法、水污染防治法、固体废物污染环境防治法、环境噪声污染防治法、放射性污染防治法等法律为主体的污染防治法律子系统;在自然资源保护领域,形成了土地管理法、水法、矿产资源法、草原法、森林法等法律为主体的法律子系统;在生态保护领域,形成了野生动物保护法、水土保持法、防沙治沙法等法律为主体的法律子系统。[①] 由于我国环境犯罪条文大多采取空白罪状的立法技术,以违反相关环境行政法为前提,故环境行政法为环境犯罪提供了行为认定标准与法律依据。

(三) 环境民法

我国民法典第 9 条规定,民事主体从事民事活动,应当有利于节约资源、

[①] 参见:徐以祥.论我国环境法律的体系化[J].现代法学.2019(3):83-95.

保护生态环境。该原则被称为"生态环境保护原则"或"绿色原则",在民法和环境保护法之间搭建了沟通的平台,为民事主体在民事活动中积极保护生态环境提供了基本遵循,使两大部门法的体系关系进入了新的发展阶段。民法典侵权责任编第七章规定了环境污染和生态破坏责任,解决了环境污染损害赔偿的责任分配问题。该法明确规定,因污染环境、破坏生态造成他人损害的,污染者无论是否具有过错,均应当承担侵权责任。在环境侵权诉讼中适用举证责任倒置,即行为人应当就法律规定的不承担责任或者减轻责任的情形及行为与损害之间不存在因果关系承担举证责任。此外,物权编第七章规定了相邻关系,包括处理相邻关系的原则、依据与具体标准等,也涉及环境保护的部分内容。这些民事法律为审理环境刑事附带民事诉讼及相关非刑罚处理方法提供了法律依据。

(四)环境程序法

我国的程序法明确规定了环境公益诉讼制度,实现了诉因由"对人的损害"转变为"对环境的损害"的重大转变,回应了新时期生态文明建设和绿色发展的现实需求。民事诉讼法第55条规定,对污染环境、侵害众多消费者合法权益等损害社会公共利益的行为,法律规定的机关和有关组织可以向人民法院提起诉讼。人民检察院在履行职责中发现破坏生态环境和资源保护、食品药品安全领域侵害众多消费者合法权益等损害社会公共利益的行为,在没有前述机关和组织或者前述机关和组织不提起诉讼的情况下,可以向人民法院提起诉讼。前述机关或者组织提起诉讼的,人民检察院可以支持起诉。在实践中,环境公益诉讼对惩治环境犯罪起到了有效补充作用,与刑事诉讼共同发挥了惩治犯罪、修复生态的作用。

(五)环境刑法

当前,我国所有环境犯罪均被规定在刑法典中,集中于第六章"妨害社会管理秩序罪"的第六节"破坏环境资源保护罪"中,其他条文也有所涉及。这是本书所要重点讨论的内容,将在下文予以详细论述。需要指出的是,环境刑法具有浓烈的技术法性质,大量采取空白刑法立法技术或是将行政行为纳入构成要件要素,并且需要专业知识来认定行为人是否造成了环境危害。[1] 此

---

[1] 参见:郑昆山.环境刑法之基础理论[M].台北:五南图书出版有限公司,1998:17.

外,两高还颁布了《关于办理环境污染刑事案件适用法律若干问题的解释》《关于审理破坏森林资源刑事案件具体应用法律若干问题的解释》《关于审理破坏野生动物资源刑事案件具体应用法律若干问题的解释》《关于审理非法采矿、破坏性采矿刑事案件具体应用法律若干问题的解释》《关于审理破坏土地资源刑事案件具体应用法律若干问题的解释》等一系列司法解释及相关规范性文件,为准确认定、处理环境犯罪提供了较为明晰的标准。

二、我国环境刑法的历史沿革

(一) 1979 年刑法的相关规定

1979 年刑法(下文简称"79 刑法")是新中国第一部刑法典。其整体条文数较少,也并未设立专章或专节规定环境犯罪,而是散落于分则各章之中。其中,与破坏环境相关联的主要罪名包括:第一,规定于分则第二章危害公共安全罪中的部分罪名,如刑法第 105 条和第 106 条规定了以危险方法破坏河流、水源、森林等危害公共安全罪,涵盖了因破坏环境进而危害公共安全的内容。而第 114 条规定的重大责任事故罪与第 115 条规定的违反危险物品管理规定肇事罪,也对生产作业中出现的严重破坏环境行为进行惩治。第二,规定于分则第三章破坏社会主义经济秩序中的部分罪名,如刑法第 128 条规定了盗伐、滥伐林木罪,第 129 条规定了非法捕捞水产品罪,第 130 条规定了非法狩猎罪。这四个罪名是当时环境犯罪的核心罪名。第三,分则第八章的玩忽职守罪涵盖了国家工作人员由于玩忽职守,造成重大环境污染事故或者破坏,致使公私财产、国家和人民利益遭受重大损失的行为。不难看出,当时对环境犯罪的规定较为粗疏,涵盖的范围十分有限,原则上仅限于部分破坏资源型的犯罪,而未包括污染环境型的犯罪。

(二) 单行刑法与附属刑法的相关规定

在"79 刑法"生效到 1997 年修订完善刑法之前,我国主要通过单行刑法与附属刑法的立法模式不断严密环境犯罪的法网,以弥补刑法的滞后性。1988 年 1 月,全国人大常委会通过的《关于惩治走私罪的补充规定》规定了走私国家禁止出口的文物、珍贵动物及其制品的犯罪。1988 年 11 月,全国人大常委会颁布了《关于惩治捕杀国家重点保护的珍贵、濒危野生动物犯罪的补充规定》,增设了非法捕杀国家重点保护的珍贵、濒危野生动物罪,使其从"79 刑法"规定的非法捕捞水产品罪和非法狩猎罪中脱离出去。而 1995 年的大气污染防治法、固体废物污染环境防治法以及 1996 年修订的水污染防治法分别以类推的形式创立了大气污染罪、违反规定收集、储存、处置危险废物罪与水污染罪等三个新罪名。①

(三) 1997 年刑法的相关规定

1997 年刑法(下文简称"97 刑法")突破了我国环境犯罪的传统立法模式,在刑法分则第六章妨害社会管理秩序罪第六节,独立设置了"破坏环境资源保护罪",通过 9 个条文,以列举方式规定了污染环境、非法进口、处置进口固体废物、破坏水产资源、破坏野生动物资源、破坏矿产资源以及破坏珍贵林木资源等 14 个环境犯罪罪名。此外,还在刑法分则第九章渎职罪中规定了负有特定环境资源保护义务的国家机关工作人员玩忽职守、滥用职权的相关犯罪。此后,国家愈发重视环境犯罪,相继以修正案或者立法解释的形式对环境犯罪进行了修改完善,丰富了我国环境刑法体系。例如,2001 年刑法修正案(二)是专门针对环境犯罪进行的修正案,将"非法占用耕地罪"修改为"非法占用农用地罪",相应增加了草地、林地、滩涂等犯罪对象,扩大了该罪的适用范围。

而在 2002 年刑法修正案(四)的 9 个条文中,就有 3 条涉及环境犯罪,对其进行了大幅修改。具体而言,修改刑法第 344 条,增设非法收购、运输、加工、出售国家重点保护植物、国家重点保护植物制品罪,并对非法采伐、毁坏珍贵树木罪的罪状进行了修改,犯罪对象由"珍贵树木"扩大至包括"国家重点保护的其他植物",行为方式除原来的"非法采伐、毁坏"外,增加了"非法收购、运输、加工、出售"行为。相应地,"非法采伐、毁坏珍贵树木罪"这一罪名也修改为"非法采伐、毁坏国家重点保护植物罪"。修改刑法第 345 条第 3 款规定的"非法收购盗伐、滥伐的林木罪",删除了"牟利目的"与"在林区"这两个构成要件要素,并增加了非法运输的行为方式,罪名也相应修改为"非法收购、运输盗伐、滥伐的林木罪"。

2011 年刑法修正案(八)也对环境犯罪进行了较大修改。其中,对原第

---

① 参见:高铭暄,徐宏.改革开放以来我国环境刑事立法的回顾与前瞻[J].法学杂志,2009(8):24-28.

338条规定的"重大环境污染事故罪"进行修改,删除了条文中"向土地、水体、大气"的规定,从而取消了对该罪"排放、倾倒、处置"行为方式的限制;将作为犯罪对象的"其他危险废物"修改为"其他有害物质",扩大了行为对象的范围;删除了"造成重大环境污染事故,致使公私财产遭受重大损失或者人身伤亡的严重后果"这一具体的后果性要求,并通过一系列司法解释实现了该罪从实害犯到危险犯的转变。相应地,该罪的罪名也被修改为"污染环境罪"。此外,还对第343条规定的非法采矿罪进行修改,删除了"经责令停止开采后拒不停止开采"这一构成要件要素,并以"情节严重"代替"造成矿产资源破坏"的表述,从而扩大了该罪的处罚范围,更便于实践操作。

在2020年底通过的刑法修正案(十一)中,环境犯罪再次得到了较大程度的修正与完善。其中,第338条污染环境罪增加了"处七年以上有期徒刑,并处罚金"这一档次的法定刑,第二款明确规定:"有前款行为,同时构成其他犯罪的,依照处罚较重的规定定罪处罚",从而在立法上解决了多个罪名竞合时的处罚问题。增加了第342条之一,将违反自然保护地管理法规,在国家公园、国家级自然保护区进行开垦、开发活动或者修建建筑、情节严重的行为规定为犯罪。此外,破坏野生动物资源犯罪也变动较大。不仅将以食用为目的非法猎捕、收购、运输、出售野生动物的行为规定为犯罪,还将非法引进、释放或者丢弃外来入侵物种、情节严重的行为犯罪化。

当前,我国的环境犯罪主要集中在刑法分则第六章第六节的16个罪名。这些罪名根据侵害对象,又可具体分为三类:一是污染环境型犯罪,指行为人非法排放、处置有毒有害等物质,污染环境的行为,包括"污染环境罪""非法处置进口的固体废物罪"与"擅自进口固体废物罪"3个罪名。二是破坏生态平衡类犯罪,指行为人非法猎捕、采伐野生动植物资源,危害物种多样性的行为,包括"非法捕捞水产品罪""危害珍贵、濒危野生动物罪""非法狩猎罪""非法猎捕、收购、运输、出售陆生野生动物罪""危害国家重点保护植物罪"与"非法引进、释放、丢弃外来入侵物种罪"共计6个罪名。三是破坏自然资源型犯罪,指行为人非法开采或利用自然资源的行为,包括"非法占用农用地罪""非法采矿罪""破坏性采矿罪""盗伐林木罪""滥伐林木罪""非法收购、运输盗伐、滥伐的林木罪"与"破坏自然保护地罪"共计7个罪名。

此外,刑法分则其他章节也规定了相关环境犯罪,如第二章危害公共安全罪中的"非法制造、买卖、运输、储存危险物质罪",第三章第二节走私罪中的"走私珍贵动物、珍贵动物制品罪""走私珍稀植物、珍稀植物制品罪""走私废物罪",第六章第四节的"故意损毁名胜古迹罪",第九章渎职罪中的"违法发放林木采伐许可证罪""环境监管失职罪""非法批准征用、占用土地罪""动植物检疫徇私舞弊罪""动植物检疫失职罪"等等。还有些犯罪也能由环境污染或破坏行为所引起,或是能够造成该后果发生,如放火罪、决水罪、破坏生产经营罪,等等。

不难看出,"破坏环境资源保护罪"中的16个罪名在犯罪构成要件上可以清晰表明其设立具有保护生态环境或自然资源的目的,构成要件也系直接针对破坏环境的行为,应当属于环境犯罪的核心类型。放火罪、环境监管失职罪等犯罪虽然也能造成破坏环境的后果,但设立这些犯罪的主要目的是为了保护其他法益,危害后果也往往不以破坏环境为限,故应当属于环境犯罪的外围类型,或被称为"派生罪名"。①

三、我国环境刑法的立法完善

(一) 环境刑法立法的模式完善

如前所述,关于环境刑法的立法模式,世界各国并不相同,包括统一的刑法典、附属刑法、特别刑法等多种模式。我国在"97刑法"颁布之前,刑法典、附属刑法与单行刑法中均规定了环境犯罪;而在"97刑法"颁布后,环境犯罪被统一规定在刑法中。这种大一统式的立法模式是否科学,我国应否借鉴国外的其他立法模式?围绕这一问题,学者们进行了较为深入的研究,兹简述如下。

1. 刑法典模式的优缺点

通过刑法修正,将所有散落于其他法律中的环境犯罪均纳入刑法典的立法模式,主要具有以下优点:第一,统一环境刑法立法体系,使分散于各法律中的规定不再叠床架屋,出现冲突或矛盾;第二,便于司法机关及民众准确、全面地了解一国核心环境犯罪的规定,以免因为某一行为被附属刑法规定而予以轻视或有所遗漏;第三,国家通过将环境犯罪纳入刑法典,具有较强的威慑力,

---

① 参见:付立庆.中国《刑法》中的环境犯罪:梳理、评价与展望[J].法学杂志,2018(4):54-62.

能够向国民彰显其严惩环境犯罪的决心与对环境保护的重视,并借此提升公众对环保的重视程度。

但是,这种立法模式也存在下列缺点:第一,刑法需要保持稳定,一旦予以修正,需要经过十分严格的程序,耗费大量时间,很难及时跟上社会的发展步伐。但环境犯罪的行为类型广泛且发展迅速,故要求立法上体现出一定的灵活性。第二,刑法典是一国法律体系中的基本法律,必须忠实自身规定的基本原则,如果法典中充斥着具有例外性、难以说明的法律规定,就不能充分、协调地发挥机能,反而容易自相矛盾。① 环境犯罪作为犯罪的一种类型,在因果关系认定、犯罪主体、行政从属性等方面具有自身的特殊性。只修改刑法分则的具体犯罪条款,非但难以进行系统与概括性的规定,反而还会使人产生琐碎之感;但如果修改总则,又不一定适用于其他类型的犯罪。这对立法技术无疑是较大的考验。第三,环境犯罪的惩治需要刑事实体法与程序法相互配合。为了更有利于犯罪刑事诉讼的顺利进行,设立同时规定实体与程序问题的特别法不失为高效之举。第四,刑法修正也无力对行政机关的环境监管职责等预防性问题进行规定,但对特别法而言,则不存在这一障碍。第五,将其他法律中的刑事责任条款整合入刑法,势必会将原有法律拆散,其能否保持连贯性将成为无法回避的问题。② 由于这些法律都要进行修正,故对立法者而言也将是一项浩大的修法工程。

2. 附属刑法模式的优缺点

采取附属刑法这一立法模式的优点主要在于:将犯罪规定在相关环境法律中,能够体现出行政法与刑法在环境犯罪认定中的密切关系。由于这些犯罪被规定在行政法中,故修正起来也较为方便,不会影响刑法典的稳定性,且更能适应社会发展的需要。此外,相较刑法中空白罪状的立法模式,附属刑法对环境犯罪构成要件的规定也更为明确具体,便于理解。

但这一立法模式的缺陷也较为明显:首先,立法者没有以协调一致的方式描述环境犯罪。各个刑事条款被割裂开来,分布在水法、空气法、森林法、废物

---

① 参见:张明楷. 日本刑法的修改及其重要问题[J]. 国外社会科学,2019(4):4-21.
② 参见:郑昆山. 环境刑法之基础理论[M]. 台北:五南图书出版有限公司,1998:129.

法等诸多环境行政法中,不利于形成完整的环境犯罪体系,①且彼此之间可能存在重复或冲突之处。这种附属刑法的"过度肥大化现象",势必会造成解释与适用上的困难。其次,多数人不会去刻意关注附属刑法中的相关环保规定,不知道某种破坏环境行为被规定为犯罪的情况并不罕见,从而不利于强化人们对环境保护的遵法意识与重视程度,并容易模糊刑法的一般预防功能。但反对意见回应称,一般而言,某人是否会犯罪与十分了解刑法没有关系。将环境犯罪规定在附属刑法中,即使对一般人的教育与预防意义较弱,却能够对从事该专业领域的人树立清晰的行为指南。例如,行为人想要经营化工厂,肯定会去了解环境法中的相关规定;而在阅读法条的过程中,自然而然就会发现其中规定的刑事责任条款,反而有利于其主动遵守法律,避免实施犯罪行为。②这种反驳虽有道理,但却无法否认民众普遍轻视附属刑法的事实。至少从普法的角度来说,刑法典中规定的犯罪要比附属刑法中规定的犯罪更为深入人心。最后,司法机关一般会认为,刑法典中规定的犯罪才是最重要、最核心的罪名;相较而言,附属刑法中规定的犯罪社会危害性较小,优先度较低,往往得不到足够重视,分配的司法资源也相对较少,从而不利于惩治环境犯罪。

3. 特别刑法模式的优缺点

以特别刑法的方式专门规定环境犯罪,具有内容完整、具体、针对性强等特点,能够兼顾实体与程序,更能起到遏制、打击与预防环境犯罪的功能。首先,增加法的接近性是法典编纂最重要的优点之一,这在特别刑法中表现得尤为明显。特别刑法将某类问题进行集中规定,可以使社会大众对该领域的相关法律问题有一个通盘了解,使法律工作者获得了明确的法律,并为学者提供统一的研究文本。其次,基于特别法适用优于普通法的法理,特别刑法的立法模式可以在刑法不进行任何变动的情况下,在事实上修改刑法的内容,从而维护刑法的稳定性。相较于普通犯罪,环境犯罪无论是犯罪构成还是证据规则等方面都具有特殊之处,不宜混为一谈。因此,在不修改现行立法的情况下,将环境刑事法与程序法统一到一部特别法中是较为科学、合理的做法,有利于使环境刑法走向统一性与权威性。最后,从立法设计上看,特别刑法不会采取

---

① FAURE M. The revolution in environmental criminal law in europe[J]. Virginia Environmental Law Journal, 2017(2):321-356.

② 参见:张明楷.日本刑法的修改及其重要问题[J].国外社会科学,2019(4):4-21.

行政从属性这一立法技术,从而避免了该立法技术的争议与缺陷。

与附属刑法类似,特别刑法这一立法模式也具有难以克服的问题。一般认为,特别刑法亦不属于刑法的核心领域,民众对其了解不多,故在提升国民环保意识方面作用不足,在判断是否具备违法性认识时也存在较大难度。此外,特别刑法的制定势必会在一定程度上削弱刑法典的功能与作用。国家不可能出于方便的需要无限制地制定特别刑法,而必须具有较为充分的理由。如果每遇到一类引发广泛关注、具备共同特点或是新类型的犯罪时,都制定特别刑法,无疑将导致刑法典形同虚设。如果只是为了彰显环境刑法的重要性而创设独立的环境刑法,是否还要创设专门规制腐败犯罪、食品药品安全犯罪、军事犯罪等类型的单行刑法呢?这不是一个容易回答的问题,最终只会导致刑法典的支离破碎。

4. 对我国环境刑法立法模式的建议

我国的立法传统具有注重法典化的鲜明倾向,刑法典也经历了这么一个演变的过程。① 自"97刑法"颁布后,我国就再也没有制定过附属刑法与单行刑法,而是均以修正案的方式修改刑法。由此可见,立法者的倾向是维护刑事立法的统一性与集灼性。② 因此,在刑法典之外规定环境犯罪不符合我国当前刑事立法的特点。此外,如果像日本、巴西那样制定一部集刑法、刑事诉讼法等为一体的环境特别法,更会面临不同部门法之间的协调问题,可行性极低。在我国反恐怖主义法的立法过程中,也曾有不少观点主张将其制定成一部同时涵盖反恐怖主义行政法、刑法和刑事诉讼法内容的综合法,但这一主张最终并未被立法机关采纳。与恐怖主义犯罪相比,对环境犯罪采取特别法这一立法模式的必要性无疑更低。③ 综上所述,在今后相当长的一段时期内,我国环境立法还应当采取刑法典模式。

在坚持现有刑法典立法模式的基础上,随之而生的问题是:当前刑法对环境犯罪的编排体例是否合理,有无进一步调整、完善的空间?通过对相关问题进行梳理,笔者将围绕以下争议问题展开讨论。

---

① 参见:赵秉志.中国环境犯罪的立法演进及其思考[J].江海学刊,2017(1):122-132+238.
② 参见:高铭暄,徐宏.改革开放以来我国环境刑事立法的回顾与前瞻[J].法学杂志,2009(8):24-28.
③ 同①.

第一,将环境犯罪纳入危害社会秩序章节内是否合理?

当前,我国的环境犯罪被规定在刑法第六章"妨害社会管理秩序罪"中。笔者认为,这种编排体例值得商榷。通常认为,环境犯罪侵犯了国家对环境的管理秩序,而这种秩序属于广义的社会秩序的一部分,故进行如此分类。但是,环境管理秩序这一用语过于模糊,且无法说明环境犯罪的本质。刑法之所以保护国家对某种物品或某一行业的管制,其实质在于如果不施加这一管制,就会侵犯国家、社会或者公民个人的利益。至于国家、社会的利益,无疑也与多数的个人法益密切相关——倘若没有人们业已熟知的那些"看得见摸得着"的所谓"经典"个人法益,就不存在抽象的精神法益或集体法益。例如,没有个体的生命安全、健康、财产安全等生活实质内容(实则为"自由"的各种不同表现),就没有"公共安全"这一集体法益。① 因此,我们必须对"国家对……的管理秩序"这一概念进行进一步的深化,明确隐藏在其背后的国家所真正意图保护的利益。

笔者认为,与其说环境刑法保护的是国家对环境的管理秩序,不如更直接、更精确地认为,其保护的是生态环境利益。而无论是社会秩序还是社会管理秩序,都与生态环境存在较大差异。前者以人类为中心,强调人与人之间的和谐有序,进行形成稳定的社会秩序;而在后者的视角中,人类社会只是环境的组成部分,人与自然的和谐相处、生态系统的稳定有序亦是生态环境的重要内涵。"如果说环境管理秩序这个概念所强调的是国家权力和公共意志的话,那么环境生态利益这个概念则具有强烈的复合性、辐射性和延展性,更显人本性和人文性。"② 另外,"环境刑法不是只为了保障环境行政法,不是只关系着管理、分配与秩序问题,而是将人类自然生活空间里的种种生态形态,如水、空气、风景区以及动植物世界等,视为应予保护的法益"③。显然,社会秩序或社会管理秩序无法完全涵盖生态环境利益的内涵。因此,为了更好地彰显生态环境对人类社会可持续发展的重要价值,也不宜将环境犯罪保留在刑法危害

---

① ROXIN,CLAUS. Das strafrechtliche unrecht im spannungsfeld von rechtsgüterschutz und individueller freiheit[J]. Zeitschrift für die gesamte Strafrechtswissenschaft,2004(4):929-944.
② 高铭暄,徐宏.改革开放以来我国环境刑事立法的回顾与前瞻[J].法学杂志,2009(8):24-28.
③ 叶慧.环境保护——一个对刑法的挑战[A].;环境刑法国际学术研讨会文辑[C].台北:1992. 27.//转引自钱小平.环境刑法立法的西方经验与中国借鉴[J].政治与法律,2014(3):130-141.

社会秩序犯罪的章节中。

第二，是否将环境犯罪纳入危害公共安全章节内？

我国台湾地区所谓"刑法"将属于"环境犯罪"核心内容的第190条与第190条之1规定在"公共危险罪"一章中。有学者指出，公害之所以真正可怕，是因为其会对公共安全、公共卫生与公共福利等维护社会本体存立的条件予以严重危害，足以使一般人在日常生活中产生随时受害的深切恐惧感。因此，就本质而言，公害犯罪侵害的是人类共同生活安全，属于危害公共安全的犯罪类型。大陆亦有学者表示赞同。诚然，环境犯罪与公共安全犯罪都具有广泛性、蔓延性、不特定性、高危害性等特征，但二者的差异也较为明显。公共安全犯罪的危害结果一般具有瞬时性，行为与危害结果间隔较短；而环境犯罪的危害结果则往往具有累积性，甚至经年累月、历经一代或数代人后方能显现出来。公共安全犯罪直接侵害不特定或多数人的生命、健康、财产等权益，而环境犯罪对人类的损害往往是间接的，甚至在规定非法猎捕动物等犯罪的立法例中，更难以论证危害行为与人类有何紧密关系。综上所述，环境犯罪尽管与公共安全犯罪具有一定的相似性，但与仅旨在保护当代人生命、健康等法益的公共安全犯罪具有本质差别，故不应将其纳入刑法危害公共安全犯罪的章节中。不过，环境犯罪与公共安全犯罪具有较为密切关系，德国、俄罗斯等国刑法典均是在危害公共安全罪的前后规定环境犯罪。

第三，环境犯罪是否有必要单独成章？

笔者赞同部分学者的论述，即为了进一步增强刑法在环境保护上的威慑力，体现国家重视环境保护的精神和态度，提升人们保护环境的自觉性，应当考虑将破坏环境资源犯罪从其现处的第六章中剥离出来，并整合规定在其他章节的走私珍贵动物、珍贵动物制品罪，走私珍稀植物、珍稀植物制品罪，走私废物罪等相关环境犯罪，在危害公共安全罪之后独立成章。事实上，在"79刑法"制定过程中，我国立法机关也曾有将环境犯罪单独设置专章的考虑。[①] 不可否认，这种改动牵一发而动全身，也与我国刑法典目前的大章制不协调，动静太大，需要慎重考虑。正如有学者所指出的："如果环境犯罪独立成章，那么

---

① 参见：高铭暄，赵秉志.新中国刑法立法文献资料总览（中册）[M].北京：中国人民公安大学出版社，1998：950，985-986，1036-1038.

知识产权犯罪、产品质量犯罪等是否也要独立成章?"①因此,如果需要调整,更科学的做法是对刑法典的章节设置进行全面调整,参考德日等国的刑法典,采取小章制的编排体例。这种模式更有利于刑法分则的精细化与环境刑事立法的成熟化。

当然,环境犯罪究竟是规定于核心的刑法典中,还是以附属刑法、单行刑法等形式呈现,本身就没有绝对的优劣之分。事实上,无论是采取统一立法模式的德国,还是采取附属刑法模式的美国,抑或是采取双轨制的我国台湾地区,在抗制环境犯罪上都取得了较大的成效,但也面临相同的问题——刑法与行政法、法官与执法人员之间的关系仍未完全理顺,导致环境犯罪的追诉数量低于预期,或是对行政违法行为施以了刑事处罚。因此,采取何种立法模式并非解决问题的关键,最重要的还是取决于技术上如何通过不法构成要件的设计,严格区分刑法与行政法之间的功能差异,以及坚守刑法本身所应有的正当性基础,从而科学、合理地制定与运作环境刑法。

(二)环境犯罪的罪名完善

近年来,增设环境犯罪罪名的呼声日益高涨。不少学者纷纷建议增设"危害海洋环境罪""噪声污染罪""污染特定区域罪""破坏草原罪""破坏湿地罪""损害动物幼体或蛋卵罪""破坏自然保护区罪""虐待动物罪""非法食用野生动物罪"等罪名,以加强对环境的保护力度。无疑,这些建议的初衷值得肯定,并且部分建议已经被立法者所采纳。但在对法律进行完善时,却不能一味扩张罪名。确有增加必要的,自然应予增加,如"噪声污染罪";但如果现有罪名可以解决的,出于刑法稳定性的考虑,就没有针对某一具体问题增设罪名的必要。毕竟,刑法规定不能是单纯行为事实的罗列,而应是某种类型的社会生活事实之抽象。构成要件从具体到抽象是刑事立法技术的重大进步,立法针对的是普遍性问题,不可能对每种具体行为类型都制定一款条文。如有学者主张,应当针对放火损毁森林资源,非法加工、出售明知是盗伐、滥伐林木等行为规定为犯罪。②但是,放火损毁森林资源的行为,完全可以用放火罪予以规制;非法加工、出售明知是盗伐、滥伐林木的,如果事前通谋,构成共同犯罪,

---

① 付立庆.中国《刑法》中的环境犯罪:梳理、评价与展望[J].法学杂志,2018(4):54-62.
② 参见:赵秉志,陈璐.当代中国环境犯罪刑法立法及其完善研究[J].现代法学,2011(6):90-98.

若无通谋,亦可以成立赃物类犯罪。再如上文提到的"破坏草原罪",司法解释已经明确对破坏草原的行为可以以非法占用农用地罪定罪处罚,①故也无须改变现状,增设新的罪名。至于将虐待动物行为入罪,笔者认为,刑法并非追求人类与动物和平共存的最合适的手段;相较而言,行政法等其他法律管制方式对于维护动物福祉更为有效。毕竟,左右动物保护成败、维持一个尊重且爱护生命环境的关键绝非通过刑罚树立威慑与预防效果。既然目前连行政法都并尚未将虐待动物规定为违法行为,刑法也不必提前介入。综上所述,没有必要对上述行为增设新的罪名。毕竟,刑法的罪名不是越多越好,而是越合适越好。

笔者认为,尽管刑法修正案(十一)已经进行了一定程度的完善,但当前最需要修改的罪名仍是污染环境罪,建议参考德国刑法典的相关规定,将该罪名分解为污染水域罪、污染空气罪与污染土壤罪。我国不少学者也持这一观点。理由主要在于:

首先,水、土壤与空气的性质各异,可能的污染源与污染行为方式各有不同,规定在同一法条中过于概括,无法体现出这三种污染类型的特点,更难以对症下药,分别对三种污染类型进行有效规制。具体而言,在危害表现上,水对人类、动植物的影响较直接,水体一旦遭受污染,其危险性即产生。而土壤即使遭受破坏,其对人类或生物的危险性也非实时可见,②往往需要通过专业检测才能确定,危害后果具有隐蔽性与滞后性。在危害后果上,不同环境媒介的污染状态对人类或动植物的生存具有不同的侵害意义。例如,水体污染会涉及流域范围内的生物、沿岸农作物以及人类饮用水等;空气污染则因为空间范围的无限制而具有更为明显的扩散性,波及范围极广;③而土壤中的污染物则难以迁移、扩散与稀释,容易不断积累而导致污染分布不均匀,主要集中于局部地区。④既然不同的污染模式会产生不同的危险结果与影响范围,环境

---

① 当然,笔者也承认这一规定值得商榷,有类推嫌疑。不过,既然当前存在解决办法,就没有必要另起炉灶了。
② 参见:恽纯良.抽象危险犯作为对抗环境犯罪的基本制裁手段——以污染水体行为为例[J].月旦刑事法评论.2018(8):30-67.
③ 参见:古承宗.评析2018年新修正之"刑法"第一九〇条之一——以抽象危险犯与累积犯之辨证为中心[J].中正大学法学集刊,2018(61):157-238.
④ 参见:喻海松.环境资源犯罪实务精释[M].北京:法律出版社,2017:40.

刑法就有必要针对个别环境媒介的污染模式,创设相对应的不法构成要件。例如,基于水的重要生态意义与易污染性,可以规定只要实施了损害水质的行为,不需要对人体造成危险即可成立犯罪;而考虑到土壤的降解功能与大气的强流动性,则可将其设定为对人类法益的危险犯罪。因此,采取分别设置罪名的方式,可以针对不同的环境媒介设计强度及标准不一的犯罪要件,更有利于实践操作。①

其次,现有的污染环境罪惩治大气污染犯罪的能力明显不足,需要进行修改,以解决实践中的突出问题。当前,如何有效控制消除雾霾,提升空气质量,是我国环境保护的重要问题。但全国却鲜有因为大气污染而入罪的案例。一方面是因为大气污染往往是多方面因素所造成的,因果关系与责任认定存在较大困难;另一方面也在于我国刑法规定的不完善。污染环境罪与相关司法解释中均未明确规定向大气排污的具体认定标准,实践中采用的排放、倾倒、处置含重金属的污染物、危险废物等行为标准,以及致使乡镇以上集中式饮用水水源取水中断、致使基本农田等基本功能丧失或者遭受永久性破坏等结果标准原则上只能适用于向土壤或水流中排污的情形。即使最高人民法院相关会议纪要指出,对重污染天气预警期间,违反国家规定,超标排放二氧化硫、氮氧化物,受过行政处罚后又实施上述行为或者具有其他严重情节的,可以适用司法解释"其他严重污染环境的情形"这一兜底条款追究刑事责任。但这种做法毕竟只是权宜之计,只能规制部分危害行为,且不能对污染大气入罪标准进行清晰界定。因此,在现有罪名下,大量的大气污染行为难以入罪,确有必要对污染环境罪予以完善。

最后,分别设置罪名更有利于实现罪责刑相适应。实践中,不少行为人都针对不同的环境媒介实施倾倒、排放、处置污染物的行为,并造成了相应的污染后果。但由于目前我国刑法只规定了污染环境罪这一个罪名,且司法实践中针对同一罪名不进行并罚,故对其只能以一罪论处。可以说,即使其对多种媒介造成了严重污染,处罚也不能突破该罪的法定最高刑。在污染环境罪刑罚设置偏轻的情况下,这种罪责刑失衡的问题表现得更为明显。反之,如果刑

---

① 参见:谢煜伟.论排放毒物污染环境媒介罪:与各环境行政刑罚法规之关连性[J].台大法学论丛,2019(48):1375-1434.

法增设了污染水域罪、污染空气罪与污染土壤罪,就能对上述行为进行数罪并罚,以实现罚当其罪。如果行为人实施了一个行为,同时污染多种环境媒介的,则构成想象竞合犯,依照处罚较重的犯罪定罪处罚,也不会引发重刑主义的担忧。

  批评意见认为,根据环境媒介的不同分项设置污染环境罪的具体罪名,固然有具体明确、重点突出等优点,但也有罪名过于烦琐、包容性不强、可能导致立法滞后等缺点。① 还有学者指出,关于水体之保护,完全可以涵盖对土壤之保护。水道之于土壤,犹如血管之于肉体,而土壤的污染也通常来自水体的污染,是间接受害对象。因此,保护水体同时具有保护土壤的功能,只要水体能够得到有效保护,基本上就可以杜绝土壤的污染。此外,水体的污染比较集中,且对污染的承载能力较弱,造成的危害更为明显,易于发觉。② 因此,没有必要专门规定污染土壤的犯罪。但笔者认为,很难找到除了大气、水域和土壤之外的基本环境媒介。仅规定污染环境罪一罪固然具有较强的包容性,却无法体现出各污染类型的特性,立法上的滞后性体现得更为明显。此外,尽管对水体的保护能够在一定程度上起到预先保护土壤的效果,但实践中显然存在只污染土壤而不污染水体的行为,如在土壤上堆积、填埋危险废物等行为。倘若只规定污染水体的犯罪,就无法对这些行为进行处罚,从而造成法律漏洞。即使在论者所在的台湾地区,也针对污染水体与土壤规定了不同的罪名。因此,上述批评意见难以成立,针对基本环境媒介设立不同罪名的观点更具有合理性。

---

  ① 参见:赵秉志.环境犯罪及其立法完善研究:从比较法的角度[M].北京:北京师范大学出版社,2011:74-75.
  ② 参见:许玉秀.主观与客观之间:主观理论与客观归责[M].北京:法律出版社,2008:362-363.

第三章
预防转向的实质限度:环境法益的确立

无论是传统刑法还是预防刑法,都必须以保护法益为根本任务,只不过在法益的范围与保护的时机上存在差异。尽管随着刑法的预防性转向,法益理论呈现出日益抽象化、扩张化、模糊化等特征,但只要坚持刑法是法益保护法的本质属性,就会在较大程度上限制犯罪成立范围的恣意扩张。环境刑法也不例外,只有明确其保护法益的种类与具体内容,才能建构惩处环境犯罪的合理性与正当性,并在实质上限制刑法的处罚范围。因此,本章主要从环境犯罪的保护法益入手,探讨对环境刑法预防转向的实质限度。

第一节 环境伦理的审视

一、环境伦理的理论发展

伦理与法律的最初形态同体共生,昭示法律得以实行的内在动力在于其自身具有合理且坚实的伦理基础;而是否倾力体现和适应伦理基础,则是衡量法律良善的重要指标。[①] 传统上的伦理只强调调整人与人、人与社会之间的关系。但随着社会发展与文明进步,人们对生态环境越发重视,开始思考人与环境之间的关系。在此情形下,伦理对象便扩大到了整个自然界,强调人与自

---

① 参见:侯艳芳.环境刑法的伦理基础及其对环境刑法新发展的影响[J].现代法学,2011(4):114-122.

然间关系的环境伦理应运而生。环境伦理的诞生为环境时代人类反思、建构与自然的和谐关系提供了有益视角。① 同时,环境伦理也直接影响到我们对环境犯罪的态度,而对环境犯罪法益的认识也与持何种环境伦理观紧密相关。因此,在讨论环境犯罪的法益之前,有必要先将西方学者关于环境伦理观的代表性观点进行简要梳理。②

第一,人类中心主义。这是人类对于环境伦理的最初看法,甚至是我们本能上的认知。该观点起源于两千多年前的古希腊,主张人是世界中心与最终目的。因此,伦理原则只能应用于人类,对其他生物的关怀仅限于有益于人类的生物;并且与其他生物相比,人类的需求和利益具有最高的价值。具体而言,人类中心主义具有以下主要内涵:一是人与其他生物不同,只有人才能被当成道德考虑的对象。二是人类具有优越性,超越自然万物,是大自然的主宰者。三是人对待动物只有间接义务,只是为了尊重人类的本性。"征服自然""控制自然"甚至"否定自然"是该理论最好的注解与背书。

随着社会的发展进步,这种观点逐渐被人们质疑,认为是产生环境恶化的主要原因之一。理由主要在于人类中心主义是一种"唯我独尊"的狭隘意识,以人类自身利益为优先考虑对象,只将环境作为实现自身目的的手段,肆无忌惮地利用、改造环境和资源,导致自然资源的枯竭和环境的污染恶化,最终影响到人类的生存发展。于是,部分学者对该观点进行了修正,发展出弱化的人类中心主义。该说认同人与大自然之间密不可分的关系,大自然不能只具有满足人类需求的消费价值,还应成为激励人类心灵和价值形成的重要来源。为了避免疯狂开发、破坏环境资源导致人类自身与其他生物的共同毁灭,作为自然主人的人类,应当主动承担起自然管理者的角色,维护地球生态系统的稳定和平衡。不过,该说认为人类之所以对环境负有道德责任、进行道德关护的理由不是因为环境具有内在价值,而是为了保护当今人类的整体利益和未来世代的长远利益。③

第二,生命(物种)中心主义。该观点的伦理特性是重视生命的个体价值,

---

① 参见:范纯,杨博超.环境危机与环境安全[M].北京:国际文化出版公司,2013:64.
② 参见:田文富.生态文明视域下环境伦理与绿色发展研究[M].郑州:河南大学出版社,2015:17-20.
③ 参见:孟伟.环境刑法的伦理基础[J].法商研究,2004(6):11-15.

认为除了人类之外,任何有生命的动物及植物个体都是环境伦理的考察对象,人类应当对一切生命承担道义责任。其内部又包括"感受痛苦说""动物解放说""动物权说""尊重生命说""尊敬自然说"等多种观点。如有学者认为,人类应当秉持敬畏生命的道德理念,保持生命、促进生命,使生命达到其高度发展。该观点迈出了人类中心主义向外扩展的第一步,但对象还仅限于有生命之物。如果将对象作进一步扩展,同时涵盖生命体与无生命的环境时,生态中心主义就随之形成。

第三,生态中心主义。该说认为,宇宙是一个由众多子系统构成的有机整体,按照生态法则组合并运转,呈现出一种平等、和谐的关系。因此,应当重视生态系统的整体价值;只有在生态系统这一整体中,才能决定个体的角色和地位;整体生态的平衡和稳定要重于个体生命的生存。该说的对象除了人类和动植物之外,还包括山川、河流、土地等无生命的自然界物体,以及它们之间的互动关系。作为生态系统"命运共同体"中的一员,人类与自然界是一个休戚与共、密不可分的整体,人类维持生态平衡和物种多样性就是维护人类的生存与发展。其中,生态人文主义是生态中心主义对人类中心主义批评的产物,主张在人类文明的前提下包容自然生态环境,认同自然生态的内在价值,既强调人是自然进化的产物,也主张人类有区别于其他自然生物的尊严。因此,人应当超越自然而非融于自然,二者共生共存。自 20 世纪末以来,随着生态学研究的新进展,人类对环境的认识也发生了变化,开始从以人类为中心向以生态为中心的方向转变,环境立法对环境的定义也发生了转变,"全球环境""生态系统"等概念在环境立法中出现的频率越来越高。例如,俄罗斯将环境法称为"生态法",日本 1993 年的环境基本法中也多次使用了"地球环境"的概念。正如日本有学者所言,如果无可替代的地球环境遭到破坏的话,人类将不得不作为"地球人",在"宇宙船地球号"里同患难,共命运。①

当前,非人类中心主义成为环境伦理学的主流。这是因为多数人都认为是人类中心主义引起了环境破坏。而为了抑制这种行为,就必须承认人以外的存在物本身也具有价值与权利。② 这种伦理观反映出这样一种认识,即环

---

① 参见:岩佐茂.环境的思想:环境保护与马克思主义的结合处(修订版)[M].韩立新,张桂权,刘荣华,等译.北京:中央编译出版社,2006:78.

② 同上。

境本身就是值得保护的。人类只是生物圈的组成部分之一和众多物种中的一个,凭什么能在地球上其他生物面前享有特权,确实是一个值得怀疑的问题。①

除了上述分类之外,亦有学者采取环境正义观、物种正义观与生态正义观的表述,不过内容与上述人类中心主义与非人类中心主义没有本质区别,兹用下表予以简要说明:②

绿色犯罪学视角下的三种正义观

类型	主要内容	关注点	环境危害的认定
环境正义观	每个人都有权利拥有一个健康的环境,享有环境公平	环境权是人权或社会权利的延伸,旨在提高人类生活质量	环境危害建立在以人为中心的价值观念之上
生命正义观	消除对非人类动物的物种歧视,强调动物权利与动物福利,培养相互尊重的关系	非人类动物基于功利主义观念、固有价值和负责任的关怀伦理而享有权利	环境损害是根据非人类动物在环境中的位置及其不受虐待的固有权利来构建
生态正义观	关注生态圈的质量和非人类物种的权利,人类有保护自然的责任	人类只是复杂生态系统的组成部分,保护生态系统也是保护自己	环境危害建立在生态危害和人为的破坏性干预基础之上

环境伦理观的上述演进,正是人类对自我认识反思与深化的体现,揭示了环境危机的价值观和社会根源,并且重新审视与反思了现代发展观,具有非常重要的意义。

二、动物权利探析——以侵害动物为例

生命中心主义主张"动物解放""众生平等",关于动物权利和动物福利的

---

① PEMBERTON A. Environmental victims and criminal justice: proceed with caution[A]. SPAENS T, WHITE R, KLUIN M. Environmental crime and its victims: perspectives within green criminology[C], Farnham: Ashgate Pub Co., 2014:63-86.

② WHITE R. Eco-justice and problem-solving approaches to environmental crime and victimisation [A]. SPAENS T, WHITE R, KLUIN M. Environmental crime and its victims: perspectives within green criminology[C]. Farnham: AshgatePub Co., 2014:87-102.

研究直接影响了"动物法"性质的变化。激进的立场宣称,当前人类对待动物的许多做法和态度从根本上来说是不道德和错误的,是一种非人类的压迫形式。应当将动物视为与人类平等的法律主体,故人类应当尊重、爱护动物,法律也应惩罚虐待、伤害等侵害动物权利的行为。这种环境伦理观在当今西方世界具有较为重要的地位,相关的"动物解放"运动蓬勃发展,有些国家与地区甚至将部分侵害动物的行为规定为犯罪。如德国动物保护法第17条规定,无正当理由杀害脊椎动物或对其造成严重或长期痛苦的,处以三年以下徒刑或罚款。我国台湾地区所谓"动物保护法"规定,违反相关规定,实施宰杀、故意伤害等行为,致动物肢体严重残缺或重要器官功能丧失的,亦构成犯罪。我国也有学者主张刑法急需增设虐待动物罪,理由在于对动物的保护不仅是维护生态平衡必不可少的措施,也体现了人类更深刻的宇宙观和更人道的道德关怀。随着人类环保观念的日益进步更新,虐待动物所表现出的主观恶性已经不能够为人类道德所容忍。并且西方很多国家也已规定了该罪,值得我们参考借鉴。① 那么,动物在法律上应当具有何种地位?是否有必要承认其主体地位?法律禁止侵害、虐待动物的理由又是什么?

(一) 观点综述

首先需要承认的是,认为侵害动物是错误的与认为动物也有权利其实是两码事。即使将侵害动物规定为犯罪,也不意味着必然承认动物本身具有权利——事实上,传统观点一直将动物视为人类的财产。② 如有学者明确指出,动物一直被普通法定义为人的财产,并根据管理这种财产的法律,它们可以被主人认为合适的任何方式对待。人类繁殖它们,卖了它们,杀了它们——甚至折磨它们——都不会与任何法律冲突。③ 因此,虐待动物侵犯的不是动物的权利,而是人类的权利——要么损害了他人的财产权,要么侵害了一般人对动物所具有的情感,要么破坏了爱护动物这一社会公序良俗。例如,1871年普鲁士帝国刑法中虽然设立了虐待动物罪,但却并非为了阻止对动物的折磨,而是

---

① 参见:赵秉志,陈璐.当代中国环境犯罪刑法立法及其完善研究[J].现代法学,2011(6):90-98.
② KORSGAARD C M. Kantian ethics, animals, and the law[J]. Oxford Journal of Legal Studies, 2013(4):629-648.
③ SANKOFF P,WHITE S W. Animal law in australasia: a new dialogue[M]. Sydney:The Federation Press, 2009:1.

保护人们不至于在目睹动物受苦时的感情挫伤。① 日本动物爱护及管理法第1条明确规定,本法的目的在于在国民间提高爱护动物的风气与尊重生命的涵养,培养友爱与和平的情操,同时也防止由于动物引起生命、身体及财产的损害。台湾地区的一些判决书也指出,其杀害犬只之手法实属残忍,足使一般人心生反感并起怜悯之心……亦为一般人所难以卒睹。恣意残害动物之生命,严重影响社会善良风气,所为非是,实应予谴责非难。显然,这些立法与判决之所以处罚侵害动物的行为,都是为了保护人类的利益。

不过,随着时代的发展,人们对法律为何惩罚侵害动物行为的认识也逐渐发生了变化,渐有采取生命中心主义伦理观的趋势。德国民法典第90a条明确规定,动物不是物。它们由特别法加以保护。其动物福利法第1条也开宗明义地指出,人类有责任保护作为共同创造之物的动物的生命与福祉。著名刑法学家罗克辛教授指出,人类是万物之灵,是可以确保,也可以干扰他的持续生存的唯一生物。因此带来一个特别责任——只有人类可以维护自然的多样性。对虐待动物而言,人可以对被虐待的动物以感同身受的方式感到同情,如同对人一般,彼此之间是"异种的兄弟"。② 在保护人类的共同生活中,将因此在不同的减轻程度下,不仅包含形成过程中的生命,而且也包含高等动物的生命。动物的痛苦情感,是在相当于一定程度上的人的痛苦感情的水平上加以规定的。③

与此同时,台湾地区判例对虐待动物罪的保护法益也呈现出不同观点。如台湾地区有关法院判决书还指出,生命无价,众生平等。"人"与人类以外之"动物"俱为宇宙之一环,就生命之尊严与价值而言,并无畸轻畸重之分……以人为中心之时代,随着人类文明进步与环境生态保育之重视与了解,本应有所反省。"万物俱为我所用"之观念,业因人类之利己与盲目,遭到大自然之严重反扑。人类对这世界不应再抱持"唯我独尊"之观念,而应对万物产生敬谨与感恩之心。……况人性与兽性间最大之区别,即在于人类较一般动物具有更高的智慧与发自内心之慈悲,于生存竞争之环境中,纵不得已须剥夺其他动物之生命法益,然仍应以最公道、温和之方法为之,而尽量减少其他动物之痛苦

---

① 参见:郑昆山.德国环境刑法发展趋势之研究[J].东海大学法学研究,1996(3):205-247.
② 参见:罗克辛.法益讨论的新发展[J].许丝捷,译.月旦法学杂志,2012(12):257-280.
③ 参见:罗克辛.德国刑法学总论:第1卷[M].王世洲,译.北京:法律出版社,2005:17-18.

与恐惧。台湾地区有关法院判决书指出：任何以非伦理之方法对动物施虐之行为人，均应接受相应的"法律"制裁，"法律"并不会半夜凌晨零时"睡着"，"法律"没有死角，也没有假期。本判决更欲借此宣示："法律"的尊严不只在保障人权，更在于同等对待动物，尤其应正视"动物权"的新兴社会议题，及对生命权的尊重！台湾地区有关法院判决书更是明确指出，首度将虐待动物致死之行为入罪化，非如以往仅将动物视为"人之财产"，仅在动物有其所有人之情况下，始就伤害动物之行为人以"刑法毁损罪"加以制裁，而系进而将动物之身体、生命视为独立之法益，而与"人之权利"予以区分并加以尊重，期待以"刑罚"吓阻之方式改善社会上层出不穷之虐待动物等偏差行为……且其侵害之法益，系具有感受创伤、痛苦之独立动物生命法益，应以人类之生命、身体法益加以模拟。不难看出，"法官"将动物视为与人类平等的主体；人类既然不能侵犯同类，也不应侵犯动物。

（二）动物主体地位之否定

笔者认为，可以肯定的是，被侵害、虐待动物自身的痛苦与不利仍来源于人类的视角；而判断行为是否构成违法或犯罪行为，也只能基于人类的视角。但是，权利主体应当能够自我主张其权利，而动植物或其他环境媒介显然不能做到这一点。即使由人类代为主张，人类又如何得知其内心想法？还得经过人类的价值判断与利益取舍。因此，动物权利之所以能够作为一种权利，不过是将人的世界观强加给动物，由人类从自身的立场出发，将此种权利视为所谓的"动物权利"，而非由动物替自己划定出权利的内容与范围。① 这使得所谓的与人无关的生态法益本身就缺乏正当性基础。正如有学者所言，权利是人们在作为人并像人那样生存的运动中被提出来的，通过其正当性得到社会承认而被人们逐渐获得、扩大和形成的。任何权利的获得都不是轻而易举、一蹴而就的，而是经过一代代人不断努力追求的结果，甚至很多人为此牺牲了宝贵的生命。因此，权利不是被给予或施舍的，如果主体不提出要求，就不会，也不配得到权利。正是因为自然物和动物本身不会主张权利，故人以外的存在物是不可能充当权利主体的。这种试图把由人的权利发展而来的概念扩展到人

---

① 参见：古承宗. 评析2018年新修正之"刑法"第一九○条之一——以抽象危险犯与累积犯之辨证为中心[J]. 中正大学法学集刊，2018(61)：157-238.

以外的做法,不管意图如何,都会使"权利"这一弥足珍贵的概念暧昧化、相对化甚至矮化。①

此外,倘若为了维护动物的利益而将虐待行为认定为违法或犯罪行为,相当于人类替动物主张了权利。但是,人类为何具有这种"代理人""监管人"的权利？其来源并不是不证自明的。或许可以认为,作为万物之灵的人类,有保护动物不受侵害的义务,但这种义务来源仍然含混不清,更多属于一种道德义务,能否直接转化为法律上的义务是令人怀疑的。另外,如果人类具有这一义务,则范围就不应局限于用刑法惩罚虐待动物等行为,而应当推而广之,包括民事、行政等领域。例如,对其他侵害动物福利的行为,也应当允许人类代为提起民事诉讼。关于这一问题,西方已有学者进行了详细论述,他们主张:既然法律可以为不能说话、没有意识的国家、企业、无行为能力人等赋予法律资格,为其设立监护人或代理人,为什么不能赋予动物甚至一切自然物体以法律资格,从而通过人类进行诉讼以保护他们的利益呢？② 虽不否认该观点具有一定的合理性,但在当前还过于超前,不但理论本身有待进一步完善,认为动物要求权利不过是"代理人"的主观臆测;并且不具有可操作性,难以应用于法律实践。在我国,现行的诉讼法均未明确赋予动物以法律主体资格,无法就单纯侵害动物权益的行为提起诉讼。基于法秩序的统一性与刑法的谦抑性,自然更不应当将虐待、骚扰动物等行为规定为违法或犯罪行为。

当然,主张人类与其他动物处于平等状态的生命中心主义伦理观,完全可以作为促进法律系统进化的催化剂,或是导致利益衡量的基准发生变化。亦即,我们在讨论生态问题时,也应当考虑对动物造成的影响,而不能一味以人类利益为中心。但如果依据该理论将动物直接作为和人类平等的法律主体,赋予其相应的权利义务,在当前看来还不具备坚实的理论基础,仍然任重而道远。

---

① 参见:岩佐茂.环境的思想:环境保护与马克思主义的结合处(修订版)[M].韩立新,张桂权,刘荣华,等译.北京:中央编译出版社,2006:89-90.
② KORSGAARD C. M.. Kantian ethics, animals, and the law[J]. Oxford Journal of Legal Studies, 2013(4):629-648.

第二节　环境法益的争鸣

诚如瑞士刑法学者 Wolfgang Wohlers 所言,环境刑法规范系统的建构,基本上就是法益理论的问题。唯有精准掌握环境刑法保护法益的内涵,才能以此为基础处理后续相关问题。[①] 而在不同的环境伦理观下,对环境法益的认识也有所不同。关于环境犯罪的保护法益,理论界主要存在以下几种观点:

一、人本法益论

人本法益论认为,环境法益必须能够与个人法益相联结,环境污染也必须能够对人类生命、身体健康或其他利益产生危害。详言之,环境本身并不值得保护,保护环境的根本目的在于人的利益;环境本身也不是独立的法益,对于个体而言只是一种人格的发展条件。我们通过刑法保护环境,实际上是从规范技术上将个人法益予以前置化保护。因此,刑法的任务不在于环境保护,而是确保人类的生命、健康等利益免受环境污染所引发的危害。人类中心主义观点的支持者强调,在当代工业社会,出于经济发展、提高人类生活水平的需要,绝大多数污染行为都是完全合法的。因此,刑事起诉应当仅限于个别案件。甚至一些人认为,刑法绝非保护环境的合适手段,或者更糟的是,在环保领域使用刑法是有害的,只会起到适得其反的效果。理由在于刑法转移了人们对法律污染这一真正问题的注意力,并成为阻止政府在自然资源消耗的行政法或税法方面进行必要改革的借口。这种观点是一种由来已久的思想,指导了早期环境犯罪的立法,具有极大的影响力。[②] 如果持这种法益观,则刑法只能处罚那些给人类法益造成危害的侵害环境行为。

对该说的批评主要在于:第一,刑法中的任何法益都必须与个人法益相关,认为环境法益必须还原为个人法益的观点实属理所当然。既然如此,由于刑法中已经规定了危害个人生命、健康、财产以及公共安全的犯罪,就没有必要重复设立环境犯罪,从而造成刑法条文的冗杂。第二,侵害环境的行为究竟

[①] 参见:古承宗.环境风险与环境刑法之保护法益[J].兴大法学,2015(18):181-231.

[②] SCHÜNEMANN B. Principles of criminal legislation in postmodern society: the case of environmental law[J]. Buffalo Criminal Law Review, 1997(1):175-194.

能否侵害人的利益,并非一个容易回答的问题,而要受到科技水平、认知能力等多方面因素的限制。可能某种侵害环境的行为确实会侵害人类利益,只不过我们当时尚未发现这种关联,或是无法预估这种危害的具体程度;也可能不会侵害当代人的利益,却会危及下一代的利益。在这种情况下,如果对是否侵害个人利益的判断过严,可能会造成处罚上的漏洞;如果过宽,也可能会导致该说与其他学说之间界限的模糊。第三,该说严格限制刑事手段在环境犯罪中的适用,往往会为了经济发展而限缩环境犯罪的成立范围,不利于环境保护。当前,加强环境保护已经成为全球的发展趋势。不少国家的环境刑法都惩罚单纯破坏环境的行为,"尽管在立法视点及层次上还存有差别,但均已不同程度地摒弃传统的保护人类法益的立法模式,开始把环境法益提高到与人类利益同等重要的高度加以刑法的调整"①。因此,该观点不符合立法与司法现状,已经落伍于新的时代了。

二、生态法益论

随着有关环境伦理的发展,人们越来越感到一种道义上的义务,即我们也应当防止不直接影响人类的环境损害的发生。于是,立法者与司法者开始刻意模糊人类中心主义与非人类中心主义的界限,着重强调生态环境本身的价值。生态法益论在不回溯到其他个人法益的前提下,将环境直接列为刑法保护的对象,视为对于人类具有本质重要性的自然生存基础,认为其本身就具有值得保护的重要价值,而确保人类生存充其量只是环境保护功能下的一种附随效果而已。如德国有学者认为,从德国基本法第20a条要求的"国家有责任为将来的世代保护自然生存基础"规定即可推断出,作为"自然生存基础"的生态环境是非常重要的权利,不需要借助于其他权利而得到保护。如果持这种法益观,环境犯罪的成立就不以对人类法益造成危害为前提,从而大幅提前了刑事处罚的时机。

对该说的主要批评意见在于:首先,该观点带有强烈的伦理及道德性要求,导致刑法过度介入原本属于个人内在自律的伦理德行范畴。如前所述,借由刑法保护动物的命题,不排除只是人类觉得自己有责任提供一定的保护,而

---

① 杨春洗,向泽选,刘生荣.危害环境罪的理论与实务[M].北京:高等教育出版社,1999:99.

这样的伦理性思维却无法作为动物保护法所保护法益的法理准据。① 如何正确认识人与环境的关系,是否承认动物福利等问题,在当前更多是价值取向与观念情感上的问题。如果将环境、物种等单独作为刑法所保护的法益,相当于变相以刑法强化或推动民众形成某种价值取向,这已经远远超出了刑法的规范目的与能力范围。正如我国学者所指出的,该观点使刑法对环境犯罪的处理大大前移,由此扩大了刑法的处罚范围,并使得人与生态之间的关系演变为生态成为人类的主宰。一旦松弛法益对立法的批判作用,就会陷入刑法无处不在的危险,这种滥用刑法的过程也是消解刑法的自损过程,其结果无疑难以与推进法治和保障人权的方向相吻合。② 如果承认动物、环境媒介与人类的平等地位,为什么同时允许保护之,又允许杀害或进行合理的污染呢?如果目的仅在于保护环境,也无须非得将其作为与人类平等的主体或纳入法益保护的范畴。通过人类的理性判断建立保护制度,亦可达到相同的目的——而这种保护制度也绝非必须是刑事制度。

其次,刑法在环境犯罪上采取的法益观必须与特定时期的生产力发展水平相适应。以生命或生态为中心,通常被批评为发达国家内受过高等教育的中产阶级的"奢侈品"。在经济不发达地区或者发展滞后地区,一部分人的生存和生活条件有限,他们首先追求的必然是自己的利益,又怎么会有心思去关怀其他生物呢?难道要将发展中国家对于环境开发利用的行为都评价为侵犯法益的行为吗?我国也有学者认为,生态中心主义法益观在我国似乎仍是奢侈品,将环境法益的保护建立在这种观念之上,是一种超越当前客观实际的论调。③

再次,法律是人所制定的,旨在维护社会秩序。凡是被纳入法律制度的规范对象,先决条件必须是与个人交往及社会运作有所关联。德国著名刑法学家李斯特教授曾经说过,所有的法律都为人类而存在。人类的利益,无论是个人的或整体的,都应当透过法律条文的制定而受到保护与促进。我们将这种

---

① BLOY, RENÉ. Die straftaten gegen die umwelt im system des rechtsgüterschutz[J]. Zeitschrift für die gesamte Strafrechtswissenschaft,1988(3):485-507.
② 参见:刘艳红.环境犯罪刑事治理早期化之反对[J].政治与法律,2015(8):2-13.
③ 同上。

法所保护的利益称为法益。① 由此可见,作为法益的利益必须以人类为出发点。法益既然是"人的规范"意义下的概念,则必然以对人有利或有害作为定义的基准点。而非人类中心主义思想必然无法突破人类利益的角度。如果保护生态环境不是为了人的利益,那么又是为了谁的利益呢？和人类完全无关的内容为什么要被纳入法律之中呢？况且,我们生活在环境中,保护环境与我们自身利益紧密相关,不可分割。割裂环境与个人利益之间的关系,将保护重点完全放在生态上,把人的存在与生态完全脱钩是不现实的。这一做法充其量只能说明社会对环境保护的重视,而无法说明为什么需要用刑法保护环境。② 更何况,德国基本法第20a条也并未明确指出生态环境可以单独作为法益;亦可认为其出发点是为"将来的世代"保护环境,归根到底仍是保护人类利益,是人类中心主义思想的体现。

最后,生态法益论违反了社会契约论的基本原则,即国家行为的范围应限于对其公民的保护。③ 根据卢梭的观点,公民之所以让渡自由给国家,是为了更好地保护自己的权利;而国家主权行为的目的也应是实现公共利益。倘若逾越了这一界限,就失去了正当化的依据。贝卡里亚也指出,人们牺牲一部分自由是为了平安无扰地享受剩下来的那份自由。……无疑每个人都希望交给公共保存的那份自由尽量少些,只要足以让别人保护自己就行了。这一份份最少量自由的结晶形成惩罚权……如果刑罚超过了保护集存的公共利益这一需要,它本质上就是不公正的。④ 归根到底,人们之所以建立国家,之所以赋予国家以刑罚权,无非是为了保护自己的生命、财产、自由等利益。倘若刑罚的发动与这些利益完全无关,甚至和人类无关,那么国家又凭什么可以对国民施加刑罚呢？

此外,还有学者认为,该说混淆了法益与行为客体之间的关系。以杀人罪为例,现实存在的人只是行为客体,抽象的生命权才是该罪的保护法益。与之类似,生态环境是现实存在、可以为人所直接感知的具体事物或现象,或许能

---

① LISZT V. Rechtgut und handlungsbegriff im bindingschen handbuche[J]. Zeitschrift für die gesamte Strafrechtswissenschaft, 1886(6):663-698.
② 参见:古承宗.环境风险与环境刑法之保护法益[J].兴大法学,2015(18):181-231.
③ SCHÜNEMANN B. Principles of criminal legislation in postmodern society: the case of environmental law[J]. Buffalo Criminal Law Review, 1997(1):175-194.
④ 参见:切萨雷·贝卡里亚.论犯罪与刑罚[M].黄风,译.北京:中国法制出版社,2002:9-10.

够被理解为一种集合性概念,但也只是环境犯罪的行为客体,而非保护法益。① 同理,1998年欧洲理事会通过的《通过刑法保护环境公约》,虽然强调各缔约国应采取适当且必要的措施,在其国内立法中将所列的故意、过失导致任何人或空气、土壤、水、动植物的实质损害行为规定为犯罪,但也绝非有学者所指出的"清晰地表明环境法益成为与个人法益并列的环境犯罪侵害对象"②。理由也在于这里的"空气、土壤、水、动植物"与"人"一样,仅是犯罪侵害的对象而非刑法保护的法益。因此,在环境作为侵害对象的情况下,还必须论证其背后隐藏的、更深层次的内容究竟是什么。

三、人本与生态调和论

正是由于上述两种观点都存在一定缺陷,故部分学者对二者进行了折中,发展出人本与生态调和论。在理论调和后,人类中心主义不再坚持只有与人相关的利益才能成为法益,而是肯定与人类生存条件有关的生态环境可以作为保护法益;生态中心主义也不再坚持单纯的生态媒介可以独立成为法益,并且承认生态与人类生存条件之间的相关性。二者的关系在于:生态法益处于直接受保护的位阶,而个人法益则有赖于生态法益获得确保后,间接地受到保护。但不可否认的是,保护环境的最终目的在于使现在及未来的人类得以避免呼吸被污染的空气,踏在被污染的土地上,使用受污染的水,而是仍然可以拥有多元、多样的动植物物种的自然环境。目前,该说为德国理论界的通说。台湾地区也有不少学者持类似观点,理由主要在于台湾地区所谓的"刑法"第190条之1"排放毒物污染环境罪"修正前的规定系以投弃、放流、排出或放逸毒物或其他有害健康之物,而污染空气、土壤、河川或其他水体,致生公共危险为其犯罪构成要件。其中,"空气、土壤、河川或其他水体"等环境媒介代表生态法益;"致生公共危险"则代表诸如生命、身体、健康等个人法益,③二者实现了有机统一。虽然台湾地区在2018年对该"法条"进行修订,删除了"致生公

---

① RENÉ, BLOY. Die straftaten gegen die umwelt im system des rechtsgüterschutz[J]. Zeitschrift für die gesamte Strafrechtswissenschaft, 1988(3):485-507.
② 钱小平.环境刑法立法的西方经验与中国借鉴[J].政治与法律,2014(3):130-141.
③ 参见:古承宗."刑法"第190条之1的"污染"[J].月旦法学教室,2016(10):27-29.;反对者认为该立法持人类中心主义,参见:林士钦.从法国环境刑法之有关规定反思"刑法"第190条之1[J].军法专刊,2019(4)72-95.

共危险"这一要件,导致对该条所保护的法益尚存在一定争议。不过,由于其仍然处于所谓"刑法"公共危险罪这一章内,可以认为其法益并未发生变化,仍然采取人本与生态调和的法益观。

对该观点的批评意见在于:首先,和绝大多数折中说一样,在处理极端情况时,本说并没有提供一个明确的标准——在两种利益发生冲突时,究竟是保护人类利益优先,还是保护生态环境优先?事实上,即使持这一法益观,多数人也更关心影响人类利益的损害,而非只影响环境的损害。毕竟,自然界所有生命体之间都存在物竞天择、适者生存的竞争与冲突关系,不可能面面俱到地谋求所有生命体的福祉与利益。人类在与其他生物存在利益上的冲突时,难免会考虑自身利益;在其他生物之间存在利益冲突时,人类也会以实现自己利益最大化为出发点。但这么一来,该说又与人本法益论有何本质区别?如果人们认为保护环境是为了个人的福祉,那么为何要对不危害人类的污染行为予以刑事处罚呢?其次,某种环境是否与人类生存发展相关,由于涉及环境问题的复杂性与科学认知的程度,是一个难以回答的问题。如果认为所有的环境要素最终都会与人类关联,也会导致该说与人本法益论的混同。最后,该理论也无法明确区分对自然资源的必要利用这一合法行为,与有害滥用这一违法行为之间的界限。①

四、其他观点

少数学者认为,环境刑法的保护法益是内容为"自然资源"的集合性法益。自然资源为个人或社会发展的必要条件,但由于数量有限,且存在过度消耗或蓄意破坏的情形,最终可能导致无可挽回的耗尽,使我们的下一代失去利用资源的机会。因此,考虑到自然资源兼具社会意义的消耗特性,环境本身所代表的自然资源在刑法上就具有特别的保护需求。②

批评意见认为,如果国家仅因为自然资源具有有限性,就拥有发动刑罚权的正当性,那么环境刑法的规范目的恐怕会被过度简化为实现经济意义上的

---

① SCHÜNEMANN B. Principles of criminal legislation in postmodern society: the case of environmental law[J]. Buffalo Criminal Law Review, 1997(1):175-194.

② HEFENDEHL R. Die materialisierung von rechtsgut und deliktsstruktur[J]. Goltdammer´s Archiv für Strafrecht, 2002(149):26.

资源分配正义。而且，任何国家都无法禁止利用自然资源的行为，刑法也只应处罚那些"过度"消耗自然资源的行为。但是，如何界定是否"过度"的标准，不是一个容易回答的问题。尤其在重定性轻定量的德国，很难在立法上明确进行区别对待。这样一来，模糊的立法可能会沦为国家将环境污染随意转嫁给行为人的工具。① 更何况，资源的分配一般都是依靠国家政策或相关经济、行政类法规，似乎也没有刑法介入的余地。

此外，还有"行政从属法益""修正的行政从属法益"等学说，②但影响较小，且存在较大缺陷。以行政从属法益说为例，该说认为环境犯罪的界限在于是否违反行政机关的管理。如此一来，环境犯罪就成为侵害国家法益的犯罪。因此，只要系国家实施或支持的环境污染行为，无论造成多大的危害后果都不会构成犯罪，这一结论显然不合理。另外，环境犯罪也并非均为传统意义上的"行政犯"——污染环境进而损害他人生命健康的，在本质上无疑属于"自然犯"，和行政利益没有任何关系。正如有学者所指出的，明知会对他人生命健康造成严重威胁，还故意向河流、土壤、大气等媒介中排放危险化学物质的，严重程度并不逊于故意杀人。③ 因此，这些学说问题较多，多数学者都对此持反对意见，在此就不再进行详细介绍了。

最后，为避免概念上的混淆，方便下一步讨论，需要对我国部分学者的代表性观点进行解释。张明楷教授将环境犯罪的法益观分为纯粹人类中心的法益论、纯粹生态学的法益论与生态学的人类中心法益论，尽管名称不同，但内容与笔者的上述分类基本对应。周光权教授则将环境犯罪的法益观分为人类中心论与生态中心论。但是，他认为的"生态中心论"明显不同于笔者上文所论述的"生态法益论"。周光权教授指出："生态中心论并不是脱离人类利益去抽象地看待环境法益，保护环境的最终目的仍是保护人类利益，但这种人类利益是一种未来的、预期的利益，就现实保护而言，只能转换为保护与人类生存密切联系的现实整体环境。个人法益受到实际损害的事实可能成为环境犯

---

① 参见:古承宗.环境风险与环境刑法之保护法益[J].兴大法学,2015(18):181-231.
② 参见:恽纯良.抽象危险犯作为对抗环境犯罪的基本制裁手段——以污染水体行为为例[J].月旦刑事法评论.2018(8):30-67.
③ MOORE E, MILLS M. The neglected victims and unexamined costs of white-collar crime[J]. Crime and Delinquency, 1990(3):408-418.

罪的加重处罚事由。"①不难看出,他主张的"生态中心论"其实与笔者所称的"人本与生态调和论"基本一致。

第三节 环境法益的认定

一、人本与生态调和论的坚持

(一)人类与环境的关系之辩

前文已述,各种环境伦理学说与环境法益学说的争议焦点都主要集中于人类和环境的关系上。亦即:我们在设计制度时,究竟应当以人类为中心,还是以环境为中心?在二者发生冲突时,究竟谁处于更优越的地位?

笔者认为,人类中心主义和非人类中心主义的思想本质相同而角度不同。相同点是二者均尊重生命、尊重存在;不同点则在于是否纯粹从人的利益出发。但是,即使不纯粹从人的利益出发,无论如何都只能以人的利益为依归。理由主要在于:主张以环境作为权利主体,必须明确"由谁来代表环境主张权利"这一关键问题。而该问题的制度设计,又势必会受到人类中心主义思想的左右。例如,当环境与人类的利益发生冲突时,究竟如何进行取舍,当然还得由人类进行决定,故在本质上仍然是"人类"与"人类"之争,只不过是不同理念之间的碰撞而已。而在人类所创设的道德与法律中,人类当然无法将自己之外的动物当成与人类同等的地位,且让其参与制度的运作——事实上,它们也不可能有能力参与其中。因此,我们虽然可以考虑在人类秩序中尊重动物,但却不能直接将动物的秩序直接视同于人类的秩序。② 如此一来,可以认为二者并不冲突。③

正如有学者所指出的,保护环境根本不用建立在自然的"权利"与"固有的价值"这些虚构的概念上,而要以对现实的认识为前提。④《里约环境与发

---

① 周光权.刑法各论:第3版[M].北京:中国人民大学出版社,2016:421.
② 参见:李茂生.动物权的概念与我国动物保护法的文化意义[J].月旦法学杂志,2003(3):155-180.
③ 参见:许玉秀.主观与客观之间:主观理论与客观归责[M].北京:法律出版社,2008:345-346.
④ 参见:岩佐茂.环境的思想:环境保护与马克思的结合处(修订版)[M].韩立新,张桂权,刘华荣,等译.北京:中央编译出版社,2006:93.

展宣言》指出,人类处在关注持续发展的中心,有权同大自然协调一致从事健康的、创造财富的生活。环境资源、生态系统与物种的多样性对人类具有意义与价值,能够为人类提供在地球上生生不息的基础条件。而人类既是自然环境的使用者,更是其中的一员,不能为了自己的发展需要而随意破坏生态环境,还应当为人类社会的永续发展着想,有责任为子孙后代留下一个健康的生态环境。随着经济发展与社会进步,当人类逐渐解决了温饱问题后,便会对生活品质产生更高层次的追求。由于地球的封闭性,一旦环境被污染,这种不利影响势必将回归到人类。从小处说,如果生存在被严重污染的环境中,人类无疑会感到痛苦。从大处讲,作为生态系统中的一分子,如果人与自然的正常关系遭到了不可逆转的破坏,人类自身迟早也将无法生存——一个为了促进工业发展使得大多数动植物遭灭种的世界必将大幅削减人类的生活质量。就此而言,大多数保护环境的方法——包括使用刑法——均与个人的法益概念相一致。① 因此,保护环境其实也是对人有尊严生存的保护。综上所述,人类只有在良好的环境中才能生存与发展,故其与环境之间应当是和谐相处而非相互竞争的关系。保护环境就是保护人类。

当然,这一观点会被认为带有浓厚的理想主义色彩——谁都不会否认人与自然和谐共处的美好图景,但二者肯定会发生冲突。此时,是否如批评者所指出的,人本与生态调和论最终会与人本法益论殊途同归,使得环境保护沦为人类利益的附庸?笔者对此持否定态度。维护自然肯定要与人类生存的需求相结合,从而有助于丰富我们的生活。在我们当今这样一个文明社会,人类不可能像之前那样做出竭泽而渔的事,完全走向环境的对立面,更多的则是以牺牲部分环境利益为代价,促进社会的发展。倘若人类的收益与环境的破坏程度严重不成比例,相信任何国家都会对这些行为依法予以严惩。因此,人类中心主义与非人类中心主义的争论绝不是完全对立的学说,而涉及"取舍"与"比重"问题。② 不是说只有当环境有利于生命健康的时候才会保护,或是在保护环境时不考虑人类的任何利益,而是说只要环境跟人的生命、身体、自由发展不冲突的时候,就值得保护。

---

① 参见:Claus Roxin. 法益讨论的新发展[J]. 许丝捷,译. 月旦法学杂志,2012(211):257-280.
② 参见:李建良. 论环境保护与人权保障之关系[J]. 东吴法律学报,2000(2):1-46.

事实上,也很难想象哪些严重污染环境行为却不会损害人类的利益。正如有学者所指出的,对环境资源的侵害都是对人类环境权益的损害,只是这种损害方式可能是直接的,可能是间接的;可能是现实的,可能是潜在的;可能是已经为现代科学技术所证明的,也可能是客观存在但尚未被证实的。"我们居住的这个星球上的任何自然环境要素——水、大气、森林、植被、高山、平原、城市、乡村……其实早就不是单纯的'自然的自然'了,而是打上了人类活动印记的'人类的自然'。"①例如,尽管过度损害地球的自然资源、破坏气候、污染水源和土地,对现存的世代而言可能尚无重大影响,甚至可能会暂时提高生活质量;但从长期来看,无疑会因此造成土地无法居住,或者对未来世代的生活质量或发展可能性造成巨大影响。② 此外,还有人认为,由于沙漠里没有居民,"行为人在条件极度恶劣、没有任何经济和审美价值的荒漠中倾倒了三吨危险废物"的,显然与人的利益没关系。③ 但在我国司法实践中,却将这种行为认定为犯罪,腾格里沙漠环境污染案就是例证。这就意味着我国处罚只侵害环境而不会危害人类的行为。但笔者认为,这种观点有待商榷的。理由在于地球是一个生态系统,内含人类生命得以延续不可缺少的动物、植物以及支撑各种生命的物质,它们形成了能量流、物质流和信息流。在这个系统中,每一种物质都有其特定的位置和功能,对于生态平衡具有不可或缺的作用。在地球生态系统中,沙漠为陆地、海洋输送营养物质。清洁的沙尘既可以改良土壤,也能够为海洋生物提供营养。如果沙漠被污染,输送的就将是污染物,进而对与人类关系密切的陆地及海洋生态造成破坏。因此,清洁的沙漠也是一种生态利益,与人的生存具有十分密切的关系,污染沙漠亦会侵害人类生存的环境。当然,如果所侵害的确实是对人类无益的动植物品种或生物聚落的生存条件时,人类的生存条件不会因为保护或破坏这些不太会被注意到的自然生态而受到太大影响。但此时,无论是基于经济的考量还是刑法的谦抑性,相信国家也不会将这些行为评价为犯罪。

---

① 陈自强.环境犯罪的本质及其展开[M].成都:四川大学出版社,2017:145.
② 参见:Claus Roxin.法益讨论的新发展[J].许丝捷,译.月旦法学杂志,2012(211):257-280.
③ 参见:安然.厘清、反思与前瞻:环境犯罪的立法理念研究[J].中国地质大学学报(社会科学版),2015(4):61-69.

(二) 人本与生态调和论的现实基础

首先,人本法益论的观点明显与我国刑法的实际规定不符。尽管我国有部分环境犯罪,如擅自进口固体废物罪明确规定,除了造成重大环境污染事故外,还必须致使公私财产遭受重大损失或者严重危害人体健康的,才能构成犯罪,但大多数环境犯罪都没有这一限制。以破坏资源型与破坏生态型的环境犯罪为例,很难解释非法猎捕动物、盗伐植物等行为会给他人的生命、健康等利益造成直接损害;如果强调对财产造成损害,就将使这些犯罪沦为纯粹的财产犯罪,也无法论证为什么无证砍伐自己所有的林木也构成犯罪。此外,如果认为环境犯罪侵犯的是人类对环境享有的使用权等权利,也存在逻辑上的漏洞。环境权是环境法学研究成果在刑法学领域内的渗透。关于环境权的定义与内容,目前在环境法学界都尚未达成定论。即使采用接受度最广的概念,也只是对环境权进行抽象概括,而不具体区别其中的各个利益。如果贸然将其引入环境刑法的法益理论中,无疑会违反法益概念的明确性,而定性上的模糊也将给刑法适用造成困难。此外,环境权的范围较为广泛,但并非所有内容都需要得到刑法这一后盾法的保护,如该说主张的环境享受权、环境审美权等,显然难以融入刑法的运行体制。① 正如张明楷教授所指出的,如果猎捕或砍伐的是一般人难以看到的动植物,就很难认为侵犯了人们的欣赏权。国外没有大熊猫,外国人对此的欣赏权又将如何保障?② 而在事实上,即使杀害的系原产地并非我国或我们大家根本看不到的珍贵、濒危野生动物,也仍然成立犯罪。因此,将所谓的环境权连接人类利益与环境,作为人本主义法益观的论据也是行不通的。

其次,生态法益论的观点也不符合我国国情。如果赞同该观点,就意味着只要侵犯生态法益就将构成犯罪,而无须考虑是否有利于人类法益。这样一来,对苍蝇、老鼠等危害人类的物种、生物等进行灭杀的行为就理应构成犯罪,为了发展经济而破坏环境、使用资源的行为也将全面入罪。显然,这一结论无法令人接受,也与我国允许在一定条件内排污、开采利用资源的法律规定与现状不符。而一旦主张因为有利于人类而阻却犯罪,就又会面临利益衡量的问题,在事实上与人本法益论没什么区别。此外,我国关于环境犯罪的立法大多都以"违反……规

---

① 参见:陈梅.在从属性与独立性之间:论环境刑法的定位[J].上海政法学院学报(法治论丛),2018(1):88-98.

② 参见:张明楷.污染环境罪的争议问题[J].法学评论,2018(2):1-19.

定"为前提,而相关的行政法律规定无疑都与人类的利益紧密相关。因此,即使认为刑法处罚单纯危害环境的行为,也仍然无法绕开保护人类利益的前置性规定。这也印证了我国刑法无法处罚单纯破坏环境利益的行为。

最后,人本与生态调和论的法益观更符合我国立法与司法的实际规定。例如,2014年环保部《环境损害鉴定评估推荐方法(第Ⅱ版)》明确将"环境损害"定义为"因污染环境或破坏生态行为导致人体健康、财产价值或生态环境及其生态系统服务的可观察的或可测量的不利改变"。由此可见,环境损害既包括对个人法益的侵害,也包括对生态环境的破坏。再如,污染环境罪的犯罪结果是"严重污染环境"。根据相关司法解释,对是否"严重污染环境"的判断,既和环境本身受到的损害有关,也与个人法益相关。在包括兜底条款在内的18种情形中,有12种涉及排污地区、排污成分、排污方式、排污次数以及排污行为对农田、水源、森林的影响等非直接与人类相关的因素,甚至第10种明确规定"造成生态环境严重损害的"。该解释进一步指出,"生态环境损害"包括生态环境修复费用,生态环境修复期间服务功能的损失和生态环境功能永久性损害造成的损失,以及其他必要合理费用。这一规定将预期或未然的修复性损失计入污染环境罪具体的危害结果之中,非常契合生态法益保障的发展观。其余6种则直接涉及个人的生命、健康、身体、财产等法益,亦体现出立法者对人类法益的重视。由此不难看出,"严重污染环境"既包括造成了财产损失或者人身伤亡的结果,也包括已使环境受到严重污染或者破坏的情形。"这足以表明,我国污染环境罪的立法,承认环境法益的独立性,且保护环境的最终目的是为了人类法益免受侵害。"①

综上所述,人本与生态调和论能够正确揭示人类与环境之间的关系,无论较单纯的人本法益论还是生态法益论都更为全面,也更符合我国的国情与立法司法现状。在此基础上,接下来需要讨论环境法益的具体类型与内容。

二、环境法益的类型——集体法益

社会在发展,时代在演进,不同的时空因素在不同的政治制度、经济形态

---

① 张志钢.摆荡于激进与保守之间:论扩张中的污染环境罪的困境及其出路[J].政治与法律,2016(8):79-89.

与社会结构下,会产生不同的价值观与伦理道德标准,从而影响法益的概念与刑法保护的范围。尤其在人类进入风险社会之后,面对新样态的侵害,传统的法益种类已经不足以解决这些问题;人们通过刑法来管制、预防危害的呼声也日益高涨。在这一背景下,为了确保社会安全,法益也不再仅具有立法批判功能,而是更多地扩大其保护机能,并成为刑法范围扩张的最佳理由。[①] 在现代刑法中,法益保护从一个消极的入罪化标准转化为积极标准。传统上被塑造为对立法者不可引用某一法益保护的批评,已经变成了对立法者就特定行为施予刑罚的要求。借此,法益保护原则在功能上发生了彻底改变。正如有学者所言,通过法益的吸纳作用,使原本有处罚疑虑的行为都能被认为已经"侵害法益"。通过这样的操作,法益成为一个具有紧实外形却欠缺实质内容,只要能够在理论上说得通,就可以"生产"刑罚管制的、具有知识论意义的中间转换接口。[②] 只要某种利益能被放到法益这一"容器"内,具有被保护的意义,那么它在理论上就是法益。例如,借用雅科布斯教授的观点,那些为保护核心法益而设置的预防性规范所保护的抽象性、前置性利益,也能够被评价为法益。

从应然角度来讲,水、空气、土地等环境要素作为人类生存空间的组成部分和自然生活基础,是当代人与后代人的共同财富,无疑是值得通过刑法加以保护的。将其纳入法益的范畴,就能够为刑法保护提供正当性基础。台湾地区的通说也认为,环境保护并非以特定类型的政治意识、阶级主体为保护对象,无论是自然保育还是公害防治,都有科学证实作为后盾;环境保护亦非以特定的社会意识、特定国家或人群为保护对象,而是全球均面临环保的需要,整体国际社会都具有连带关系,甚至与整个宇宙空间相关联。此时,以科技、物理之依据为基础,基于保护的必要性,环境法益应当被纳入刑法的保护法益。[③] 正如罗克辛教授所指出的:"将所提及的保护客体纳入一个扩大的法益概念,也因此是必要的和允许的,因为是基于过去十年的发展而来,而人类直到今日才有所体认。刑法不应该忽视世界变迁,特别必须整合这些变迁及其理念。"[④]因此,根据时代背景创设新的法益类型——环境法益或生态法益,尽

---

① 参见:王正嘉.风险社会下的刑法保护机能论[J].法学新论,2009(1):75-100.
② 参见:许恒达.刑法法益概念的苗生与流变[J].月旦法学杂志,2011(10):134-151.
③ 参见:柯泽东.环境刑法之理论与实践[J].台大法学论丛,1989(2):119-196.
④ Claus Roxin.法益讨论的新发展[J].许丝捷,译.月旦法学杂志,2012(12):257-280.

管会在一定程度上突破传统的法益概念,但却更符合时代精神,具有合理性。

在类型上,环境法益属于一种集体法益。尽管传统刑法只保护个人权利和价值,但保护集体利益和价值已日益成为现代刑法的重要任务。所谓集体法益,是指法益概念中与个人法益相对的,却又具有关联性的那部分利益;强调自身是全部的个人法益的集合,并以此与单个的或是部分的个人法益相区别。在抽象层次上,集体法益所指涉的是一种个人得以开展积极社会行动自由的基本条件,该条件一旦存在之后,就建立了一个涉及与多数人关系的领域。如果对该条件进行功能上的破坏,就会侵害多数人的自由行动空间。在功能层面上,随着社会的发展与风险的增加,个体的生存与发展越来越依赖于国家与社会的系统性和制度性保障;仅靠个体法益概念,已经无法满足长远性、全局性的人类利益保护需求,而集体法益的出现正是为了更有效地保护人类的存续性和长远性。① 根据德国学者的观点,集体法益可以分为以下三类:第一,与国家组织及其任务实现相关的法益。社会成员无法狭义地加以利用,这些法益只是主动保障他们的安全。第二,环境法益。虽然其可以被社会成员所利用,但因为基本上回溯于自然事实,故只能就其内涵做事实描述,国家原则上不可能无限量地提供、生产这类法益给大众。第三,社会成员若需要时,就必须能供每一个人使用的法益,如通货安全等。②

在关于集体法益与个人法益关系的见解上,存在一元说与二元说的对立。笔者认为,集体法益应当作为与个人法益并列的概念,而不存在着"由谁推导出谁"的关系。将公共财产承认为公共法益,虽然最终仍在追求个人利益,但并不表示这一法益是由个人法益推导出来的,或者必须还原为个人法益。③ 集体法益绝非个体法益的简单累加,而是存在超越个体法益的实存地位,"是以个体法益目标为支柱、以精神化和抽象化超个体法益为延展的双重体系,是同时具备目标属性的个体法益与基础属性的超个体法益的整合性二元结

---

① 参见:李川.二元集合法益与累积犯形态研究——法定犯与自然犯混同情形下对污染环境罪"严重污染环境"的解释[J].政治与法律,2017(10):39-51.
② HEFENDEHL R. Kollektive rechtsgüter im strafrecht[M]. Köln:Carl Heymanns Verlag, 2002:113-121.
③ 参见:钟宏彬.法益理论的宪法基础[M].台北:元照出版公司,2012:185-189.

构"①。事实上,只有当某一法益不能被明确地归属于个人所有时,才能被假设为集体法益。环境法益正是如此,虽然保护的是多个人的个人法益,但却不能确切还原或限定为特定种类的个人法益。当然,集体法益虽然具有不可分性,但其存在的意义还在于服务个人,出发点也是对个体法益的保护。因此,法益中既有服务于人类个体的个人法益,也有服务于社会生活中全体个人的集体法益,二者不存在相互替代的关系。综上所述,笔者采取二元论的观点,承认集体法益的独立价值。而环境法益既然属于集体法益,就不能被简单地还原为个人法益,故不应将环境法益理解为不特定的多数人生命、健康或环境权的集合;但其又与个人法益具有十分密切的关系,而非仅涉及环境本身,故不应将二者完全割裂开来。

三、环境法益的具体内涵

(一) 环境法益的概念

不可否认,作为集体法益,环境法益本身具有抽象性、概括性的特点,想对其进行准确定义十分困难。当前,关于环境法益的具体内容存在多种学说,其中,焦艳鹏教授的观点具有较大影响力。他主张,生态法益是指依据宪法或一般人权法准则确立的,人在生态环境领域所享有的包括呼吸清洁空气、饮用清洁水源,在安宁、洁净的环境中生活,并可合理享有与利用自然环境或自然资源的权利或利益。② 笔者认为,这种表述方式有被误解为持人本法益论之嫌。如果将环境法益作为个人所享有的权利,就完全可以以个人法益处理,而无法凸显出环境本身的固有价值。按照这种观点,认定环境犯罪仍然以侵犯个人对环境或资源的享用为必要——除非设置为抽象危险犯。如前所述,对个人的抽象危险与对环境的抽象危险仍具有时空上的差距。因此,在人本与生态调和论的视角下,与其将环境法益定义为人所享有的权利或利益,还不如定义为人类赖以生存的环境本身所体现的利益,即环境法益是法所保护的人类与自然互动形成的生态系统利益。这些利益直接影响到人类的生存与发展,也代表了人类所固有的利益,故有必要将其整合到法系统的规制脉络之中予以

---

① 李川.二元集合法益与累积犯形态研究——法定犯与自然犯混同情形下对污染环境罪"严重污染环境"的解释[J].政治与法律,2017(10):39-51.

② 参见:焦艳鹏.生态文明保障的刑法机制[J].中国社会科学,2017(11):75-98+205-206.

保护；①但是，其又不能还原为人类自身的利益，因此更应当作为集体法益予以保护。正如罗克辛教授所言，虽然"环境"的概念与"公共秩序""道德"一样过于含糊，难以作为独立的法益适用，但是保持土地、空气和水的清洁，使之免受使环境承受负担的有害物质的侵害，就绝对足够具体了。不仅是人的生命健康应当通过环境得到保护，使之免受危险，而且保护植物和动物的多样性，以及保护一个完整的自然，也都是属于一个符合人类尊严的生活内容的，因此能够融入一个与人类需要相关的法益概念之中。② 只不过，我们必须对这些与环境有关的法益进行塑造，并准确地加以描述。毕竟，环境法益或生态法益的称谓过于笼统，必须具体化以便于实践操作。

毫无疑问，水、土壤、大气等只是环境犯罪的行为对象，环境本身才是保护法益。因此，我们不能将环境法益细化为水、土壤、大气、资源等具体环境要素，否则就混淆了法益与行为对象；而必须深入探究这些要素本身所体现的价值与意义，以及其对人类生存发展的作用。笔者认为，环境法益主要包括水体、土地、大气、自然资源等所体现的生态价值。③ 首先，大气、水体、土壤等环境媒介作为生态环境的构成要素，其生态价值不言而喻。其次，森林、矿藏、动植物等自然资源除了经济价值外，更具有十分重要的生态价值，能够对人类的可持续发展产生重要影响。例如，森林具有防风固沙、涵养水土、光合作用、自然保育等作用。矿藏本身虽可能不具有什么生态价值，但其被储存于地壳并与地壳形成整体的状态则具有生态价值，若对其进行不当采掘，也可能破坏其生态功能。④ 而动植物的数量一旦严重减少，也可能会导致生物多样性被破坏，从而影响整个生态系统。主要原因为：第一，生物对生态系统内光合作用、养分循环等功能发挥着重要作用，每种生物都具有不同程度的生态功能。有的生物尽管从资源价值上看毫无用处，却可能具有重要的生态价值，并影响到其他生物的生存与繁衍。第二，生物多样性的增加会提升生态系统内各种作用的效率。第三，生物多样性会增加生态系统内各种作用的稳定性与有序性。

---

① 参见：古承宗.评析 2018 年新修正之"刑法"第一九〇条之一——以抽象危险犯与累积犯之辨证为中心[J].中正大学法学集刊，2018(61)：157-238.
② 参见：罗克辛.德国刑法学总论：第 1 卷[M].王世洲，译.北京：法律出版社，2005：18.
③ 参见：陈伟，熊波.刑法中的生态法益：多维转型、边缘展开与范畴匡正[J].西南政法大学学报，2018(1)：76-85.
④ 参见：焦艳鹏.生态文明保障的刑法机制[J].中国社会科学，2017(11)：75-98.

一个生态系统中物种的品类越多,生态系统网络化程度就越高,物质、能量等的输入输出渠道就密集,补偿功能与代谢功能就越健全,即使受到损害,也具有很强的自我修复能力。① 第四,生物多样性为人类提供了生存发展所需的重要物质资源,并且在文化发展与社会进步等方面扮演重要角色。而我们人类也是生物圈中的一分子,整个生物圈只有依赖所有生物调控或执行生态过程,方可发挥功能。故一旦某些物种灭绝,其原本承载的生态功能就随之消失,生物多样性遭受破坏后可能会引发生态系统的不稳定甚至崩解,从而破坏人类赖以生存与发展的基础。②

当然,这一危害后果只是在理论上具有可能性,而非必然性,因为危害后果可能多年后才能显现出来,而且我们也不可能为得出确定结果进行实验——面对这种不可逆、不可知、高风险的实验,一旦得出确切结果,人类就已经回天乏术,无力承担这种试错的风险。当前,我们只能证明二者之间存在正相关关系——生物多样性越复杂,生态系统越稳定。过往的历史事件也表明,这种预测是具有一定科学依据的。因此,国家为了预防这种巨大风险的发生,维护我们后代的利益,就只能采取较为保守的立场,在当前掌握的科学与知识体系下,将某些性质严重的非法破坏野生动植物资源的行为规定为犯罪。

不过也有人主张,当前对物种的保护存在难以解决的悖论——既然是濒危的野生动物,其数量一定十分稀少,因此在自然界发挥的作用十分有限。即使灭绝了,也不会对生态系统造成多大影响。例如,当一种动物在全世界只剩下十几只的情况下,完全可以说它们的生态价值是微不足道的。此时,又有什么理由将这种微不足道的生态价值评价为法益呢?但笔者认为,物种是一种由携带信息的基因流长期维持下来的动态的生命形态。物种的灭绝会导致生殖过程的中断,进而导致历史悠久的基因流的终结,而生命的活力正蕴藏在基因流中。因此,每一个物种的灭绝都会丧失那些独特的生物信息,从而加剧生命之流的衰竭过程。同为地球生态系统中的一分子,我们又有什么权利充当

---

① 参见:刘湘溶.人与自然的道德话语:环境伦理学的进展与反思[M].长沙:湖南师范大学出版社,2004:91.
② FREEDMAN B. Environmental ecology: the impacts of pollution and other stresses on ecosystem structure and function [M]. San Diego:Academic Press, 1989:267.

谋杀者的角色,去毁掉这些独特的生命故事,永久地终止这些物种的进化序列呢?① 如果这些生物在人类尚未认识与开发利用之前就消失,我们就再也无法认识、重造与模拟其生命的内部结构和生理生态功能,对人类将是不可挽回的损失。因此,从这个角度出发,完全可以肯定濒危物种的重要生态价值,其足以被评价为法益。

(二)环境法益与个人法益的关系

需要指出的是,我国有学者对人本与生态调和论存在误解,认为该说实际上是将环境法益与传统的人类法益并列为环境犯罪侵犯的法益。② 如有学者指出,从法益侵害的逻辑关系来看,首先是环境法益受到侵害,其次才是个人法益。换言之,个人法益是环境法益受到侵害后的加重结果,或者至少是环境法益在受到侵害的同时,也会产生个人法益侵害的危险,而个人法益的实际损害则应是加重构成。③ 但笔者认为,人本与生态调和的法益论承认环境法益的独立价值,环境犯罪所侵犯的法益只有环境法益,其可能,但不必然侵犯人类法益。与上文所讨论的环境与人类的关系类似,要想准确理解环境犯罪的构造以及环境法益的内涵,也必须厘清环境法益与人类法益的关系。

诚然,环境与人本来就是相互联结、密不可分的;人与环境结合在一起,才是现实生活的形态。完全把保护重点偏重于"人"或"环境"的任何一方,都是不全面、不适当的。综上所述,环境犯罪所侵害的是一种结合"人"与"环境"的法益结构。④ 但是,环境法益与人类法益的"结合"却绝非并列关系或先后关系,而是直接与间接、显性与隐性的关系——环境犯罪所侵犯的环境法益必须与人类法益有关联。由于人类的生活离不开环境,故环境法益表现为侵害人类法益的传递性要素。如向饮用水源中排放污水的,一旦水资源为人类所利用,必然会危害到他人的身体健康。此外,有些侵害行为看似只破坏了环境资源,与人类并没有直接关系,但倘若损害累积到一定的严重程度,也将产生侵害人类法益的后果——"也许某些环境恶化尚未对人产生明显损害,或某些

---

① 参见:霍尔姆斯·罗尔斯顿.环境伦理学:大自然的价值以及人对大自然的义务[M].杨通进,译.北京:中国社会科学出版社,2000:195-198.
② 参见:刘伟琦.处置型污染环境罪的法教义学分析[J].法商研究,2019(3):89-102.
③ 参见:钱小平.环境法益与环境犯罪司法解释之应然立场[J].社会科学,2014(8):96-105.
④ 参见:恽纯良.抽象危险犯作为对抗环境犯罪的基本制裁手段——以污染水体行为为例[J].月旦刑事法评论.2018(8):30-67.

目前看来经济价值不显著的生物的灭绝会被人类认为是与己无关的环境变化而冷眼相对。事实上,这些状况只是与单独的、具体的个人没有直接利害联系,但从人类整体的长远发展来看,却可能关系极其重大"①。因此,对环境法益进行独立保护,也是对人类法益的提前保护。

综上所述,即使环境污染行为并未实际侵犯人类法益,但侵犯的环境法益会对在此间生存的人类造成影响时,就可以成立犯罪。反之,如果行为虽然侵犯了环境法益,却因为服务于人类的生存发展而被社会所允许,就不应构成环境犯罪。当然,至于如何调和环境法益与人类法益关系,笔者认为,人本与生态调和论本身并无法给出解决问题的答案,只能由各国综合国情、现实需要与环保政策等因素,提前设立好相关行政标准,以此作为环境法益保护的边界,兼顾人类利益与非人类利益的平衡。环境肯定需要保护,但是否一定需要刑法保护,这就归结成刑法与其他部门法的调控范围问题,需要根据具体案情加以分析。例如,台湾有学者指出,关于水体纯净的确保,最有效的方式莫过于完全禁止排放废水。然而,不论是当代社会的生活模式或是政治运作,几乎不可能接受此种绝对的禁止模式。简单地说,环境利用与环境保护之间的平衡关系会随着人类不同面向的需求而有所调整。因此,在政策选择的技术上,社会内部性的关联要求往往会比社会外部性的考虑更具有优先性,借由刑法保护纯粹社会外部性的自然生态的刑事政策,现实上几乎是不可能存在的。②但无论如何,人本与生态调和论至少给我们划定了一个消极的标准:只要生态中心的法益不与人类中心的法益相抵触,就需要对生态中心的法益予以保护。

---

① 安然.污染环境罪异质性的法教义学分析[J].中国地质大学学报(社会科学版),2017(4):66-77.

② 参见:古承宗.评析 2018 年新修正之"刑法"第一九〇条之一——以抽象危险犯与累积犯之辨证为中心[J].中正大学法学集刊,2018(61):157-238.

第四章
预防转向的技术限度:行政从属性

如前所述,刑法与行政法关系密切、互动频繁是域外环境刑法的鲜明特征。尤其是德国的环境犯罪,多采取行政从属性立法技术,使得行政规范与行政行为积极融入犯罪的认定过程,发挥出举足轻重的作用。笔者认为,行政从属性这一立法技术亦能够对环境刑法的预防性转向进行合理限制,理由在于该技术能够通过行政法的作用限制犯罪的成立范围,从而充分实现刑法的谦抑性。在本章中,笔者将围绕行政从属性理论展开深入论述,探讨环境刑法预防转向在立法上的技术限度。

第一节 环境犯罪的行政从属性概述

一、刑法与环境法的冲突

在当代环境立法体系中,刑法与环境行政法具有十分密切的关系。刑法通过设立环境犯罪,为环境行政法提供了坚实的法律后盾。而大多数环境犯罪的成立,也建立在违反环境行政法的基础之上。但也有学者认为,环境行政法与刑法存在较大矛盾,用刑法保护环境的目标存在天然的缺陷,是难以达成的任务。具体而言,这种矛盾主要表现为以下三方面:①

---

① FORTNEY D C. Thinking outside the "black box": tailored enforcement in environmental criminal law [J]. Texas Law Review, 2003(6):1609-1635.

第一,环境法是雄心勃勃的。它设置了大量乐观、超前甚至不切实际的目标,希望通过立法使公民的行为方式发生巨大变化。无疑,环境法的这种目标会对环境改善起到非常重要的引导作用,但能否同样影响刑事司法机关则不无疑问。另外,这些目标实现起来十分困难,有些在短时间内不具有可操作性。因此,完全遵守环境法是一个例外,而不是普遍的规则。① 此外,由于环境法律法规无处不在,故违反法规的机会也无处不在;显然,百分百地合规是不可能的。如果违反行政法的规定而无法达成这些目标,就要通过刑法予以规制,无疑是强人所难。

第二,环境法是动态的。环境法最稳定的特征就是改变。一个稳定、可预测的监管机构,耐心地协商解决方案,然后这些方案将在数年,甚至数十年时间里固定不变的想法已经彻底过时了。② 这种不断修改的现象是环境法所特有的,深深植根于环境法与科学和政治的关系之中。一方面,环境法随着科学发现而不断变化,其所依据的许多科学知识是"试探性的和不确定的",如允许排污的阈值通常是科学猜测,处于不断变化的状态。这就在环境法中制造了一种不稳定的氛围——随着科学知识的进步,法规和规章必须定期修订。另一方面,国会经常以压倒性的优势通过环境法规,最终的投票结果掩盖了不同价值观和利益之间的激烈冲突。并且,民众对环境问题的看法也经常发生变动。将这种科学动力与不同部门政治风向的变化结合起来,结果就形成了一套变化如此之大、如此之快的法律体系。环境法于是成了"一个不断变化的万花筒",里面有相互争斗的组织与利益团体,其中的战略、目标和结果需要不断重新定义。在立法频繁变化的情况下,公民对行为的可预测性将大幅降低。

第三,环境法是复杂的。它具有技术性、模糊性、不确定性和详细性等特征,法律法规体系十分庞杂,涉及内容非常广泛,几乎不可能全面掌握其规定。以美国的相关环境法律为例,清洁水法的相关规定有2400多页,清洁空气法则高达4000多页!此外,由于环境法涉及部门为数众多,各部门在理解与执行法律时可能会彼此重复或相互冲突,造成当事人的无所适从。因此,法律应

---

① BRICKEY K F. Environmental crime at the crossroads: the intersection of environmental and criminal law theory[J]. Tulane Law Review, 1996(2): 487-528.

② LAZARUS R J. Meeting the demands of integration in the evolution of environmental law: reforming environmental criminal law [J]. Georgetown Law Journal, 1995(7): 2407-2529.

当如何对待不具有违法性认识的污染者呢？如果为了方便追诉犯罪而对行为人的主观罪过进行模糊处理，就可能导致几乎没有违法恶意的人陷入犯罪风险之中。

与环境法相比，刑法则非常稳定。从近代以来的几百年间，其基本框架和主要罪名并未发生大的变化。人们对刑法意义上的"对"与"错"形成了基本预期，能够提前预测自己所实施行为的法律后果，以及可能受到的刑罚程度。显然，刑法需要提供明确的结论，以证实犯罪的发生；而环境法中则到处充斥着科技引发的不确定性。所以，美国有学者明确指出，这些特点凸显了环境法理论和刑法理论交叉领域重要且尚未解决的问题，并使人们严重怀疑对环境违法行为实施刑事制裁的适当性和有效性。①

基于环境法与刑法在目标、结构等方面的巨大差距，故有学者认为，在后现代消费社会及其指导原则下，环境刑法不可能是合法的，因为没有任何值得刑事保护的法益存在。换言之，当代的社会环境使我们不可能建立一个名副其实的、真正的环境刑法。我们必须直面这么一个问题：为什么可以合法地大规模破坏环境？我们也必须承认，国家对环境资源的合法消耗远远超过犯罪行为带来的消耗。有人可能会说，对日益减少的环境资源进行行政管理符合公众的利益，而妨碍管理的人又侵犯了这种利益。但这种观点其实忽视了环境本身的价值，只是向国家的环境管理提供刑事保护而已。因此，我们只能将刑法作为绥靖政策的工具，根据"太少、太迟"的原则从事有限的保护活动，将范围相对较小的破坏行为认定为犯罪，从而使合法破坏环境这一广泛领域不受影响。这些狭隘的、主要具有"装饰"作用的改进并没有从根本上解决环境破坏的核心问题。②

笔者并不否认上述学者的观点具有一定合理性。无论在目标、结构、功能还是体系定位等方面，刑法与环境行政法都存在较大的差异，且各有优劣之处。例如：行政法是积极的，刑法是保守的；行政法体现出较为明显的预防性特征，而传统刑法则坚守事后回溯性的视角；等等。为了解决上述冲突，随着

---

① FORTNEY D C. Thinking outside the "black box": tailored enforcement in environmental criminal law[J]. Texas Law Review, 2003(6):1609-1635.

② SCHÜNEMANN B. Principles of criminal legislation in postmodern society: the case of environmental law[J]. Buffalo Criminal Law Review, 1997(1):175-194.

环境犯罪立法与理论研究的深入,行政从属性理论应运而生,较为全面地回应了这些问题,搭建了一道沟通刑法与环境法的桥梁。作为环境犯罪最鲜明的特征,行政从属性尽管饱受争议,却是任何人在研究环境犯罪时都无法回避的核心问题。在本章中,笔者将对环境犯罪中的行政从属性问题进行较为系统、深入的研究。①

二、行政从属性的概念与发展

所谓行政从属性,是指从属于行政规范或行政行为的性质。相应地,环境犯罪的行政从属性则指在判断环境犯罪成立与否时,需要依附、根据、参考相关行政法律规范的规定或行政行为的实施。简言之,即环境犯罪行为的认定取决于行政规范或行政行为。

德国关于环境刑法的制定和改革过程,正是对环境刑法行政从属性产生与发展的最好的实证诠释。在刑法增设环境犯罪专章之前,德国的环境犯罪长期存在于附属刑法之中,与杀人、盗窃、强奸等行为相比具有非常浓重的行政法色彩,其构成要件难免牵涉特别的行政法或行政行为,为了保持稳定也不得不被规定为空白构成要件。当这些犯罪中的重要部分基于刑事政策的考虑被从行政法转移到刑法典时,就需要行政从属性作为连接刑法与行政法的纽带,故这一概念随之产生。这一立法技术不仅在德国《环境犯罪防治法》的二次修订中被明确保留,而且在1980年7月1日生效的刑法典第28章"危害环境犯罪"的相关条文之中,一致应用了违背"行政法义务"的特征,同时透过刑法第330条d第四款立法定义之规定与拘束,对行政从属性予以精确的规范。② 自从环境犯罪被系统纳入刑法典后,行政从属性就成为任何刑法学者研究德国环境犯罪时都无法回避的重要问题,得到了系统而深入的探讨。多数学者承认,如果要使环境刑法与行政法完全脱离关系,就必须在刑法上找到一个可罚性的独立判断标准,并且不能与环境行政法相冲突。但是,目前尚无

---

① 关于行政从属性的其他基本问题与共性问题,可参考:刘夏. 犯罪的行政从属性研究[M]. 北京:中国法制出版社,2016.

② MILLER A. Das umweltstrafrecht im königreich spanien und der bundesrepublik deutschland[M]. Berlin:LIT Verlag Münster, 2004:42.;BRÄUTIGAMERNST S. Die bedeutung von verwaltungsvorschriften für das strafrecht[M]. Baden-Baden:Nomos Verlag, 2010:242-243.

法找到这一标准,刑法与行政法的联结仍然是唯一的可行路径,即便可能会因此产生与法律确定性相关的问题。因此,这一立法方式与犯罪的行政从属性特征将会在较长时间内稳定存在于刑法典中。此外,越来越多的人也意识到,这一特性并非环境刑法所独有,而是所有附属刑法共有的特征。当然,本书主要对环境犯罪的行政从属性进行研究。

在分类上,结合我国刑法的具体规定,可以将犯罪的行政从属性分为对行政规范的从属性与对行政行为的从属性这两大类。前者包括:第一,对行政规范所规定概念的从属性,即刑法上的部分概念需要参考相关的行政法律法规来阐明;第二,对行政规范设定标准的从属性,即要想厘清某一行为是否符合法律标准,需要求诸相关行政规范性文件;第三,对行政规范设立义务的从属性,如具有"违反……法规""违反……规定"等字样的条文。这一类型的犯罪在我国刑法典中占据了相当可观的数量,被张明楷教授称为"行政违反加重犯"。① 对行政行为的从属性,则可根据行政行为的主要表现形式及其在犯罪认定中的地位与作用,再详细划分为:第一,对行政许可的从属性,如刑法中关于"未经……许可""未取得……许可证"等表述,是消极的法定身份犯的典型表现形式;第二,对行政处罚的从属性,如"已受行政处罚的""给予二次以上行政处罚"等条文,此处研究的重点为行政处罚与刑罚的协调与衔接问题;第三,对行政命令的从属性,如规定"经……通知""经……责令"等作为构成要件要素的犯罪。

而根据刑法对行政法的从属程度,犯罪的行政从属性又可以分为绝对从属性与相对从属性。所谓绝对从属性,是指犯罪的成立仅需违反相应的行政法规或行政义务即可,而无须刑法增加额外的要素。美国、日本及我国台湾地区都有类似的立法例。这类犯罪也被称为单纯的不服从犯,将在下文进行较为详细的讨论。我国刑法中虽然没有典型的绝对从属性犯罪,但有些犯罪的成立没有数额、情节等要素的要求,只要行为人违反相应的行政法律法规,即可成立犯罪,从而使得犯罪的构成与否完全取决于是否违反行政规范,体现出极强的从属性。而所谓相对从属性,则指犯罪成立除了违反行政规范或行政义务之外,还需要刑法进行行为或后果的具体描述,从而存在独立解释构成要

---

① 参见:张明楷.行政违反加重犯初探[J].中国法学,2007(6):62-77.

件的空间。在实践中,这一类型是具有行政从属性犯罪的主要表现形式。

三、环境犯罪行政从属性的立法表现

我国的环境犯罪大多具有较强的行政从属性,根据前文关于刑法对行政法从属类型的分类,对相关法条进行梳理如下:

第一,从属于行政概念的环境犯罪。例如:第 339 条非法处置进口的固体废物罪、擅自进口固体废物罪中的"固体废物";第 340 条非法捕捞水产品罪中的"禁渔区、禁渔期或者使用禁用的工具、方法";第 341 条第一款危害珍贵、濒危野生动物罪中的"珍贵、濒危野生动物";第 341 条第二款非法狩猎罪中的"禁猎区、禁猎期或者使用禁用的工具、方法";第 343 条非法采矿罪中的"国家规划矿区";第 344 条危害国家重点保护植物罪中的"珍贵树木或者国家重点保护的其他植物";等等。

第二,从属于行政规范的环境犯罪。例如:第 338 条污染环境罪中的"违反国家规定";第 339 条第一款非法处置进口的固体废物罪中的"违反国家规定";第 340 条非法捕捞水产品罪中的"违反保护水产资源法规";第 341 条第二款非法狩猎罪中的"违反狩猎法规";第 342 条非法占用农用地罪中的"违反土地管理法规";第 343 条非法采矿罪与破坏性采矿罪中的"违反矿产资源法的规定";第 344 条危害国家重点保护植物罪中的"违反国家规定";第 345 条第二款滥伐林木罪中的"违反森林法的规定"。不过此处需要指出的是,其中部分条文已经规定了具体的行为方式,只要实施了法定构成要件行为,就必然会违反相关规定。故对这些犯罪而言,"违反……规定"更多只具有象征意义。

第三,从属于行政行为的环境犯罪。例如:第 339 条第二款擅自进口固体废物罪中的"未经国务院有关主管部门许可";第 343 条非法采矿罪中的"未取得采矿许可证擅自采矿"。当然,上述罪名是立法明示的情况,还有不少罪名虽然并未明确表述出行政许可的字眼,但就本质而言,如果得到了行政许可,行为人就不可能构成犯罪,故在事实上也从属于行政许可。就这个角度而言,提示可能存在违法阻却事由的"非法",与"未经许可"基本上是一个问题的两个侧面。[①] 例如,第 341 条规定的危害珍贵、濒危野生动物罪,是否属于

[①] 参见:张明楷.刑法分则的解释原理:第 2 版下[M].北京:中国人民大学出版社,2011:538.

"非法"的最重要的判断标准就是行为人是否具备许可证,故亦体现出对行政许可的从属性。再如,如果行为人在许可范围内合法排污的,也不可能成立污染环境罪,故该罪亦属于从属于行政许可的犯罪。

此外,我国环境犯罪中原先还存在从属于行政命令的犯罪,如原非法采矿罪的罪状为"擅自开采国家规定实行保护性开采的特定矿种,经责令停止开采后拒不停止开采,造成矿产资源破坏的"。由于本罪必须以"经责令停止开采后拒不停止开采"为要件,故入罪门槛过高。实践中,非法采矿地点多位于山上,且通信工具发达,故执法行动极易被发觉。通常是执法人员赶到现场时,违法人员早已闻讯逃走,无法对具体人员下达规范性行政执法文书。由于缺乏这一重要的法定证据,就导致行为人无法满足"经责令"这一构成要件要素。因此,许多非法采矿人员利用这一法律漏洞大肆开采国家矿产资源,造成严重破坏,却难以受到刑事制裁。为解决该问题,2011年实施的刑法修正案(八)对该罪进行了修改,取消了"经责令停止开采后拒不停止开采"这一要件。

当然,同一犯罪完全可以具备多种类型的行政从属性,并且不同类型之间也具有重合关系。以第343条规定的非法采矿罪为例,由于只要系"未取得采矿许可证擅自采矿",就必然"违反矿产资源法的规定",故其同时从属于行政概念、行政规范与行政行为。

第二节 行政从属性的正当性证成

一、对环境犯罪行政从属性的批评

近年来,行政从属性在我国得到了较为热烈的讨论。尽管支持者为数不少,但也有很多学者对这一概念提出疑问,并否定环境犯罪的行政从属性。经过梳理,理论界对环境犯罪行政从属性的批评主要集中在以下几方面:①

---

① 参见:王勇.环境犯罪立法:理念转换与趋势前瞻[J].当代法学,2014(3):56-66.;赵星.环境犯罪的行政从属性之批判[J].法学评论,2012(5):129-133.;陈梅.在从属性与独立性之间:论环境刑法的定位[J].上海政法学院学报(法治论丛),2018(1):88-98.;马聪.我国污染环境罪刑法适用实证研究[J].东岳论丛,2017(5):85-92.;房清侠,吴晓微.我国环境犯罪刑事规制路径研究[J].刑法论丛,2016(1):1-27.;柴云乐.污染环境罪行政从属性的三重批判——兼论刑法对污染环境行为的提前规制[J].政治与法律,2018(7):57-65.

第一,行政从属性将环境犯罪具有的行政前置评价特征理解为环境犯罪对环境行政执法和行政管理的从属性,从理论上降低了环境刑法在环境保护法律体系中的地位,削弱了刑法的权威性,使环境刑法沦为了环境行政法规的附庸,以及行政机关与污染企业从对抗走向妥协的工具。

第二,行政从属性容易造成环境行政执法与行政管理的强势地位,助长行政权排斥司法权的风气,为行政主体滥用执法权预设了心理支撑,并容易催生环境刑事手段被架空的巨大危险。由于具有行政从属性,故环境犯罪的认定依赖于环境行政法的规定,但行政法中的"依据"往往并不明确,导致认定环境犯罪时"非法"标准缺失。尤其在面对新型环境犯罪案件时,这一困境更为明显。为此,部分地方授权行政机关对相关环境标准、有毒有害物质的种类进行认定,但又产生了僭越司法权的风险。

第三,行政从属性可能造成刑事处罚上的漏洞。不少学者担心,一旦行政法的规定存在疏漏或问题,以违反行政法为前提的环境犯罪就会面临处罚依据上的真空——即使某一行为会造成重大环境损害,但只要没有相关规范性文件就此做出禁止性规定,就不能作为犯罪处理。[①] 此外,在行政机关不依法做出行政行为的情况下,究竟会对犯罪认定产生何种效力,也是争议较大问题——此时,刑法可能会基于法秩序的一致性而无所适从。例如,行为人按照行政法规的要求或者经行政机关许可后实施某种行为,却严重污染环境,甚至发生了人身伤亡、财产损失的结果时,是否会基于未违反行政规定而阻却犯罪的成立？再如,对于从属于行政命令的犯罪,在行政机关不作为、迟作为进而不责令改正的情况下,行为人是否可以继续实施不法行为而不构成犯罪？又如,行为人在持有行政许可的情况下实施了环境污染行为,后该许可系因违法获取而宣告无效或被撤销的,此时是否还要回溯性地惩罚行为人之前的排污行为？

第四,行政从属性最大限度地扩大与强化了环境犯罪追诉的"漏斗效应"。将行政管理与行政执法作为环境刑事司法程序启动的前置条件,破坏了刑事司法程序启动的独立性。因此,应当使环境犯罪立案的来源多元化,而不能仅

[①] 参见:殷磊,张娟.从补种复绿到恢复性司法——我国环境犯罪刑事制裁目的及其实现路径[J].人民司法,2018(19):74-77.

限于行政机关的移送,否则会造成"以罚代刑"的问题,放纵犯罪。

第五,行政从属性导致环境犯罪设置了大量空白罪状,使得部分犯罪构成要件委由位阶较低的行政法律法规决定,侵犯了罪刑法定的法律专属性要求。此外,空白罪状的参阅规范不明确,并且行政法律法规中的术语也较为模糊,故亦违反了罪刑法定的明确性要求。

基于上述理由,这些学者主张摒弃行政从属性这一概念以及环境犯罪的相关立法技术。他们认为,环境犯罪没有,也不应当具有行政从属性,而应从刑法角度出发,对犯罪成立与否进行独立认定。

二、对批评意见的回应

从客观上看,行政从属性是依照刑法规定,在具体犯罪认定中客观存在的一种现象,并且具有多种表现形式。之所以认为环境犯罪具有行政从属性,是基于立法现状总结出的一种共性特点,而非研究者生搬硬套创设的概念。显然,并非所有的环境犯罪或行为方式都具备行政从属性,哪一罪名具备行政从属性是由刑法所明文规定的。不能因为有的环境犯罪事实上不具备行政从属性,而否认其他环境犯罪也不应当具备行政从属性。要想彻底否定这一概念,就得完全推翻或者无视立法的规定——这显然是不现实的。因此,正确的做法应当是在正视这一现象的基础上,结合刑法学与行政法学基本原理,对行政从属性在环境犯罪认定中引发的疑难问题进行研究,而非一味否定该概念——即使不承认该概念,只要立法没有修改,问题就仍将存在。更何况,学者们不应以法律或司法解释中不甚科学的规定,以及实践中不太合理的做法去否定行政从属性的存在意义。毕竟,这些缺陷不是行政从属性本身造成的,而是人的错误所造成的。事实上,当前对行政从属性的很多批评都建立在误解该概念的基础上,有一种将其"妖魔化"的倾向。例如,有学者认为行政从属性会混淆环境违法与环境犯罪[1]——但恰恰相反,行政从属性理论十分关注二者的差别。因此,有必要针对上述质疑进行回应,以还行政从属性一个"清白"。

第一,尽管论者认为"前置性"与"从属性"具有迥然不同的含义,但却没

---

[1] 参见:赵星.环境犯罪的行政从属性之批判[J].法学评论,2012(5):129-133.

有对何为"前置性"进行明确界定。而根据其后续论述,不难发现其主张的"前置性"与学界通常理解的"从属性"的含义其实大同小异,不过是在玩文字游戏而已。如果认为"从属性"的提法会降低刑法权威,则"前置性"也能造成这种误解。论者指出:"认为环境犯罪具有环境从属性,还容易给人以环境行政执法和行政管理是环境刑事司法必要前置程序的错误印象。"①但是,主张"前置性"岂不是更会让人直接产生这种"前置程序的错误印象"?如果环境行政法与行政管理不是环境犯罪认定的前置条件,那么主张"前置性"又有何意义呢?此外,"行政从属性"的范围较广,并非前置程序所能涵盖的,还包括概念上的从属、规范上的从属等类型。事实上,对行政行为的从属这种前置性程序在环境犯罪中所占比例并不高,受到的批评也较多,以此作为行政从属性的替代概念只是舍本逐末。更何况,"行政从属性"这一概念是由德文翻译过来的,也被英文、日文所引进,并且在长期的使用中,已成为我国理论界约定俗成的用法。抛去这一常见概念另起炉灶,反而采用"行政前置性"这一并不准确的概念,恐怕也难以称之为理论创新。

需要指出的是,行政从属性非但不会使刑法沦为行政法附庸,反而能够促进刑法与行政法的共同发展。行政从属性并不意味着只保护行政管理秩序或行政机关的权威,毕竟,任何犯罪都必须侵犯法益。环境犯罪的行政从属性会先起到犯罪的筛选与过滤作用,只有违反行政规范且严重侵犯法益的行为,才会由刑法介入。这种二次违法性完全符合刑法谦抑主义,只是不同法律后果的评价顺序问题,而非哪一法律处于更优势地位的问题。作为连接刑法和行政法的桥梁,行政从属性以行政法之"长",弥补刑法之"短",使得传统刑法理论及立法模式在当今飞速发展的社会条件下,仍能保持生机并不断发展、完善。德国学者大多认为,行政从属性是刑法与行政法的啮合点、交叉部分和结合处。② 通过行政从属性这一立法设计,可以有效地解决行政法与刑法之间的重叠和衔接问题,使得相同或相似的行为得到平等的评价,更好地维护法秩序的统一性。因此,二者的密切关系并不代表谁被矮化,而是法秩序的当然要求。

---

① 赵星.环境犯罪的行政从属性之批判[J].法学评论,2012(5):129-133.
② BAEG S J. Das prinzip der verwaltungsakzessorietät im deutschen und koreanischen umweltstrafrecht [D]. Bielefeld :Universität Bielefeld, 2007.

第二，行政从属性虽然体现出刑法在一定程度上依附、从属于行政法，却无法当然推断出刑法相对于行政法处于"弱势或是相对较低位阶的姿态"①。事实上，行政权对司法权的干预绝非环境犯罪所独有的问题，即使在传统犯罪认定中也有所体现。只要公安部门在刑事诉讼中"一家独大"的局面没有改变，这种现象就不会轻易得到扭转。笔者并不否认，行政从属性的立法方式难免会使人产生疑惑：刑法之外的行为为什么能够设定出刑法上强制遵守的义务？这相当于给刑法的适用开具了一张将来的空白支票，必须由行政机关来填充其内容。② 日本也有学者主张，鉴于实践中行政机关对从属于行政行为的犯罪进行默认、放任的情况时有发生，从而给该类犯罪的认定与惩处带来严重困难，故不应将行政行为的介入作为认定前提，而是直接使用刑罚。③

但在这种情况下，行政机关作为立法的代表得到了法律的授权。只要其行为是对立法者目的的具体化，上述疑问就不应成为问题。④ 在从属于行政行为的犯罪中，行政行为只能作为犯罪的成立前提或消极要素，行政机关并没有直接决定构成犯罪与否的权力，而只能为其提供服务或参照标准——行为表现与刑罚基准由立法者事先拟定，最终的罪责仍然由司法者加以判断。故有学者认为，"行政机关设置的规范在具有行政从属性的刑法素材中对于特定行为的入罪"不过是发挥了决定性的共同作用而已。⑤ 因此，行政机关的行为并未僭越司法权。而将部分行政行为明确地规定为某些犯罪成立的前提要件，以此来充当构成要件弹性的调节器，不失为一个折中之道。毕竟，这对于一个迫切需要规范的现代社会而言是唯一的可行办法。⑥ 更何况，解决论者所述的行政机关滥用行政权的有效途径应当在于规范其执法工作，而非因噎废食般地去除行政从属性这一概念。

第三，是否会造成法律处罚上的漏洞，关键在于如何对法条进行解释。我

---

① 赵星. 环境犯罪的行政从属性之批判[J]. 法学评论，2012(5)：129-133.
② BAEG S J. Das prinzip der verwaltungsakzessorietät im deutschen und koreanischen umweltstrafrecht [D]. Bielefeld：Universität Bielefeld，2007.
③ 参见：神山敏雄等. 新经济刑法入门[M]. 东京：成文堂，2008：53.
④ RUDOLPHI. Primat des strafrechts im umweltschutz? -1. teil[J]. Neue Zeitschrift für Strafrecht，1984 (5)：193-199.
⑤ 参见：梁根林，埃里克·希尔根多夫. 中德刑法学者的对话：罪刑法定与刑法解释[M]. 北京：北京大学出版社，2013：129.
⑥ 同上.

们不能因为行政从属性会带来认定中的难题而放弃使用该概念——这不是一种科学的态度——而应从刑法基本理论出发去解决问题。笔者认为,批判者所提出的很多问题并非不能解决,关键还在于理念的更新。而针对这些问题进行研究,既能解决实践中的突出问题,也可以丰富刑法学理论的繁荣发展。当然,前提是这些问题确实是行政从属性所引发的,而不应戴着有色眼镜,让该理论承担本不应当受到的批评。例如,有学者认为,森林法在修正之前,仅规定了在林区非法收购明知是盗伐、滥伐林木的行为,范围明显要窄于非法收购、运输盗伐、滥伐的林木罪。这就造成在林区之外非法运输盗伐、滥伐的林木,情节并不严重的行为既不构成犯罪,也不违反森林法,从而出现了处罚上的漏洞。① 但笔者认为,这个问题只是单纯的立法协调问题,与行政从属性没有任何关系——成立非法收购、运输盗伐、滥伐的林木罪并不以违反森林法为前提,而是具有独立的构成要件规定,故即使行政法没有相关规定,也不影响刑法直接处罚。因此,这个所谓的处罚"漏洞"与行政从属性理论无关,不应将行政法规定的不完善归咎于行政从属性。再如,该学者还认为,如果要求盗伐林木罪必须违反林木的相关管理规定,就会导致部分行为得不到刑法制裁。但根据刑法规定,盗伐林木罪也不以违反行政法律法规为前提,故这一问题依然是伪命题。事实上,盗伐林木侵害的是他人的树木,行为本身的非难性不难判断,属于自然犯,无须设置行政违法前提;而滥伐林木的对象是自己的树木,属于行政犯,故需要先违反森林法的规定。不难看出,立法者的这种区别对待恰恰是立法智慧的充分体现。

因此,立法者在制定刑法时,已经就是否设置行政从属性进行了充分的考虑,绝非那么容易就能找出处罚上的"漏洞"。反对行政从属性的学者们在对该问题进行论述时,通常都会以"在环境行政法对某些违反人类道德底线的利益侵害行为没有规定的情形下,环境刑法无所作为"②为由,作为其论据的重要支撑。但笔者疑惑的是,这些学者都无法举出一个恰当的例子,即当前的环境行政法究竟存在什么漏洞,以至于环境刑法无法处罚一种"违反人类道德底

---

① 参见:韩武斌.环境犯罪的行政从属性质疑与独立性表达[J].云南警官学院学报,2019(3):122-128.

② 侯艳芳.环境刑法行政化的基本问题探析[J].武汉理工大学学报(社会科学版),2008(5):695-700.

线的利益侵害行为"。如果无法找到例证,这种批评就相当于空中楼阁。退一步讲,即使真的存在环境法上并未规定的严重违法行为,但既然在行政法上都没有被评价为违法,基于法秩序的统一性与刑法的谦抑性,又有什么必要将其认定为犯罪行为？况且,刑法本身具有滞后性,并要受到罪刑法定原则的限制,不可能将所有危害行为"一网打尽"。在行政法都未预见到某种严重危害行为的情况下,其符合刑法某一构成要件的可能性又有多大呢？此时,是修改相关行政法律法规更容易,还是修改刑法更简单呢？因此,这种似是而非、不切实际的批评并不合理。

最后,在刑法与行政法确实发生冲突的情况下,也不能因为自己无力解决这些问题而断言其属于"漏洞"。即使不承认行政从属性这一概念,达标排污致人中毒、违法获得许可证后采矿等问题仍然是现实存在、需要解决的,而不是只要废除了行政从属性,在环境犯罪的认定中就不会出现上述难题。既然根据现有理论,不少学者与实务工作者都对如何解决这些问题提出了建议与对策,就足以说明是能够找到答案的。此时,又怎么能认为存在漏洞呢？套用张明楷教授的话,与其怀疑某一理论是否正确,首先要确保自己正确理解该理论;与其因为无法解决某一实践问题而否定理论,不如怀疑自己的解释能力与解释结论。在下文中,笔者将对质疑者举出的这些疑难问题进行深入讨论,尽力解决所谓"漏洞"。

第四,行政从属性的范围与种类较为广泛,并非仅指刑法对行政管理和行政执法的从属。由于我国目前并不存在必须以行政命令或行政处罚为前提的环境犯罪,[①]故环境犯罪的行政从属性与环境犯罪的立案来源并无关系。对论者提出的"除环保部门与公安机关形成合力外,亦要加强污染环境刑事司法程序启动中的公众参与,如赋予污染环境刑事案件被害人以自诉权、鼓励公民举报环境违法犯罪行为、加强公众组织的参与"[②]的观点,笔者也深表赞同,但认为不能将其作为批评行政从属性的论据——这与承认环境犯罪的行政从属

---

① 我国非环境犯罪中存在相关罪名,如拒不支付劳动报酬罪必须以政府有关部门的责令支付为前置条件,如果行政机关未责令支付的,行为人就不会构成犯罪。因此,该罪中行政机关的执法确实会影响司法机关的立案。但在环境犯罪中,随着破坏性采矿罪被修正,已不存在这一类型,故上述批评并无道理。

② 马聪.我国污染环境罪刑法适用实证研究[J].东岳论丛,2017(5):85-92.

性并不矛盾。环境犯罪中的行政从属性主要针对犯罪认定过程中刑法与行政法的交互作用,而如何发现犯罪则远早于犯罪认定,此时尚不存在二者的互动关系。根据我国刑事诉讼法的规定,任何单位和个人发现有犯罪事实或者犯罪嫌疑人,都有权利也有义务向公安机关、人民检察院或者人民法院报案或者举报,并未对具有行政从属性的犯罪予以限制。至于行政机关应当移送而不移送,也绝非行政从属性所引发的,而是行政机关自身的问题,只要通过制度严格约束即可;更何况,侦查机关完全可以对这些案件自行侦查,也不必非得等到行政机关移送后才能立案。因此,有论者所谓的"若环境行政执法机关未及时对该行为进行否定性评价,依污染环境罪具有行政从属性的理解,是无法对 B 公司污染环境的行为定罪处罚的"①之论点,既和行政从属性无关,也有悖于我国的法律规定——污染环境罪的认定并不以行政行为为前置条件。

第五,空白罪状并不违反罪刑法定原则。从诞生至今,罪刑法定原则的内涵与外延都发生了显著的变化,由绝对的罪刑法定发展为相对的罪刑法定,由形式的罪刑法定发展为实质的罪刑法定。从法律专属性原则出发,其核心在于行政机关不能设立关于犯罪与刑罚的条款。我国刑法中的空白罪状都是由立法机关依法设立的,具有明确的法律后果。而行政机关最多只能对这些犯罪的具体构成要件进行明确,并没有单独创设罪刑规范的权限。至于具体参照何种行政管理规定对空白刑法规范进行补充,只是一个法律解释与适用的问题,而与立法无关,更与法律位阶无关。因此,我国的行政机关并不会因为空白刑法的存在,而拥有直接设立或发动刑罚的权力。此外,德国的判例与通说也均认为,在所谓的"空白规范"以法律的形式对成立犯罪的前提条件以及适用刑罚进行了清晰与明确规定的情况下,效力低于法律的规范(特别是行政规定)就可以基于授权获得对犯罪构成要件进行规范阐述的权力。② 如联邦宪法法院曾做出判决,认为德国刑法典第 327 条,依当时有效之法律,未经许可、未按计划或违反依当时有效之法律制定的可执行的禁令的规定并不违宪。

---

① 柴云乐.污染环境罪行政从属性的三重批判——兼论刑法对污染环境行为的提前规制[J].政治与法律,2018(7):57-65.
② Vgl. BVerfGE 14, 174, 185.; Vgl. BVerfGE 75, 329 ff.,342.; TIEDEMANN K. Tatbestandsfunktionen im nebenstrafrecht[M]. Tubingen:Mohr Siebeck, 1969:265.;KARPEN U. Die verweisung als mittel der gesetzgebungstechnik[M]. Berlin:De Gruyter, 1970:219.

理由在于只要在刑法典中详细规定了可罚行为的构成要件以及刑罚、刑度,就完全可以以其他命令法规补充空白罪状。① 而我国的空白罪状中都明确规定将"国家规定""法规"等作为补充规范,这就属于典型的立法授权,故不应认为前置性规范必须与刑法位阶相一致。综上所述,空白罪状并不违反法律专属性原则。

至于明确性原则,也只能是相对的明确。只要空白罪状能够满足相对的明确性,即刑法明确规定了应由非立法机关来确定的前提、性质、内容和范围,从而能够推断出构成要件的具体内容时——具体而言,即行为人能够预见到何种行为应当是被禁止的,即使在模棱两可的情况下,也至少能够意识到该行为具有被惩罚的风险时,就不应被认为违反了这一原则。而通过审视环境刑法中的空白罪状,不难看出它们的"空白"都有着明确的授权和范围界限。不少条文都列举出了补充规范的法律位阶及涉及领域,如"违反保护水产资源法规""违反土地管理法规""违反矿产资源法的规定""违反森林法的规定"等。即使是诸如"违反国家规定"这类相对而言较为模糊的表达,也完全可以根据该罪所保护的法益,参照相关行政规范进行解释与细化。从这个角度来说,对"空白"构成要件的补充并不是漫无边际、随意而为的,而必须严格依照刑法厘定的范围,通过参考特定法律规范对特定事项进行补充。更何况,这些环境犯罪除了空白罪状之外,还对行为方式、对象、时间、区域等进行了具体规定与完整描述。人们可以较为清晰地根据具体行为认定犯罪,而不必过于依赖前置性规定,甚至前置规定在某些场合已经被虚置化了,并不具有实质性意义。因此,在环境犯罪中设置空白罪状也未违反明确性原则。

综上所述,空白罪状并未违反罪刑法定这一基本原则。这种立法模式能够顺应由自由法治国到社会福利国、形式法治国到实质法治国以及秩序行政到给付行政的发展,满足现代法治国家在保障公民自由权的同时,兼及保障公民生存权的需要,具有存在的合理性与科学性。因此,不应以空白罪状为由对行政从属性进行批评。

退一步说,即使根据上述批评意见否认环境犯罪的行政从属性,那么又将采取何种立法方式,对现有立法模式进行修改呢?理论上讲,具有以下三种解

---

① 参见:郑昆山.环境刑法之基础理论[M].台北:五南图书出版有限公司,1998:220.

决方案。① 第一种解决方案是完全消除环境犯罪的行政从属性,即在不受行政法前置规定或行政机关干预的情况下,创造独立的罪刑规定。不过,这种解决方案是从一个极端走向另一个极端,实施起来难度很大,需要在刑事立法中制定独立的标准,但这将使法条僵化,并进一步压缩解释的空间。否则,就必须依赖于没有明确限制的抽象危险犯或行为犯的立法方式,但这些规定反过来又会导致刑法适用的不确定性。在当今的工业化社会中,我们不得不接受各种对环境有害的活动——如果不这样做,我们就将被迫放弃现代工业和技术发展所带来的诸多好处。② 全面禁止污染环境的做法除了几乎不可行外,还可能导致包括轻微违法者在内的大规模犯罪化,并不可取。因此,立法机关通常不参与制定必要的环境标准,而是提供粗略的准则,从而赋予行政机关广泛的自由裁量权;行政机关则通过行使自由裁量权来平衡涉及的对立利益。就这个角度而言,由行政机关介入违法性评价是具有较强合理性的。

第二种解决方案是部分消除环境犯罪的行政从属性,即承认环境犯罪对行政规范的从属性,而消除其对行政行为的从属性。具体而言,在相关行政立法中明确规定个人必须遵守的环境责任,而非授权行政机关在个案中予以制定。但是,作为对成功进行环境管理至关重要的"灵活性",无法仅依靠立法实现——因为并非所有情况都能事先确定,在个案中行使行政自由裁量权是不可避免的。笔者认为,从属于行政行为的犯罪不会造成刑法学上的"灾难"。例如,在从属于行政许可的犯罪案件审判中,初看起来,法官的权限很小,而行政机关却可以直接设置许可所应具备的条件并决定许可证的颁发,从而影响到刑事责任的认定,其权利不可谓不大。但事实上,行政机关的权力也十分有限。首先,这一自由裁量权要受到宪法、行政法等法律框架的限制,并不能漫无边际地行使。其次,公平行政程序的基本原则也对其进行了制约。最重要的是,在不少国家中,法官还可以通过判断行政机关许可行为的合法性,从而对其权力进行有效控制——除了授权许可规范的合宪性之外,甚至还包括对具体案件中行政机关的行为审查。这样一来,我们会发现司法权其实也并未

---

① RABIE A. The principle of administrative accessoriness in german environmental criminal law[J]. Stellenbosch Law Review, 1993(4):219-231.

② MEURER D. Umweltschutz durch umweltstrafrecht? [J]. Neue Juristische Wochenschrift,1988(34): 2065-2071.

向行政权做过多的让步。

第三种解决方案是明确行政机关对环境犯罪的报告义务。毫无疑问，环境监管人员通常是发现环境违法犯罪行为的最佳人选。然而，出于"合作"的考虑，他们一般不愿对污染者，特别是大型企业采取强制性措施。而且，环境污染毕竟是由行为人实施的，惩罚环境监管人员的渎职责任能够在多大程度上改善环境犯罪的现状，不能不说存在疑问。从根本上讲，环境行政管理的不理想状态反映了环境保护缺乏足够的政治优先权，只让一个部门承担责任也是不公平的。事实上，这种解决方案与行政从属性的立法方式并不存在本质冲突，完全可以配合使用，从而起到更好的效果。例如，我国刑法就专门规定了环境监管失职罪、徇私舞弊不移交刑事案件罪等职务犯罪。

综上所述，即使否认环境犯罪的行政从属性，当前也无法找到一个更为适合的立法模式。毕竟，如果潜在的替代方案都存在较大问题，还不如维持现状更为科学、合理——更何况现有理论本身也具有较大价值。

三、环境犯罪行政从属性的利弊分析

在上文中，笔者针对环境犯罪行政从属性的批评意见进行了逐一回应，认为这些意见要么误解了行政从属性的内容，要么犯下了以偏概全的错误，要么存在论证逻辑上的不足。因此，上述批评意见并不能作为否定环境犯罪行政从属性的理论根据。事实上，尽管与传统理论有所冲突，但行政从属性的理论与立法技术具有诸多优点，能够较为妥善地协调好本章开头所提出的刑法与环境法的冲突问题，并能提醒法官谨记刑法的最后手段性，慎重认定此类和环境行政法紧密相关的犯罪行为。具体而言，这些优点主要包括：

第一，保障刑法稳定性，迎合司法实践的弹性需求。正如 David C. Fortney 与 Richard J. Lazarus 等学者所指出的，刑法条文不应像行政法规那样具有易变性，否则势必将违反罪刑法定原则，导致国民对于自己的行为无所适从。但是，如果任由刑法的修改远远滞后于社会情势的变迁，又会导致法律漏洞的出现，不利于法益保护目标的实现。面对这一冲突，行政从属性恰恰可以圆满地予以解决。一项开发利用自然资源的行为，完全可能随着环境政策的调整由合法变为违法，反之亦然。因此，刑罚处罚范围的大小也应随着环保政策的调整而进行相应调整。作为支持环境政策的有力手段，刑法通过行政从属性的

设计,能够在不修改立法的情况下迅速做出适当反应,以轻松实现处罚范围与国家的环境政策相适应。①

第二,实现刑法的简洁性。如前所述,国外不少环境行政法篇幅冗长,对行为的规定复杂多样,对术语的解释也较为详尽、全面,故如果将这些附属刑法中规定的环境犯罪不加转换就直接引入刑法,无疑会对刑法的篇幅和清晰程度造成巨大冲击。除了少数专有概念外,刑法不应在相关条文中对某一词语进行详细厘清,否则就将过于烦冗,从而丧失法律条文所要求的简洁性。因此,对于那些保护法益难以界定、构成要件过于抽象、侵害结果难以证明、因果关系难以认定的犯罪行为,援引行政法的相关条款并适当增加若干限制性要素,能够使法条表述简明扼要,符合法律经济原则,不失为一种便利、经济的立法方法。只要空白罪状能够明确地指向行为认定所需的环境法,行为人就很难将不具备违法性认识作为抗辩理由。

第三,合理分配司法资源,弥补刑事司法的高消耗性。正如有学者所言,环境刑法的最佳立法模式是透过作为"先位规范"的行政法,间接地让作为"备位规范"的环境刑法保有更多的规制弹性。② 由于人类要想生存与发展,必须利用环境资源,故刑法不可能对环境资源予以绝对的保护。这就意味着,在某种程度上,我们是可以污染环境、使用资源或是猎捕生物的。这样一来,就会产生如何区分正常的环境利用行为与可罚的环境破坏行为的问题——因为仅从客观行为表现方式上看,二者并没有本质差别。此时,可能的解决方法是以"具有社会相当性""不具有实质违法性"等原因为由,通过认定具备违法阻却事由,将合理的利用行为排除于环境犯罪的处罚之外。但是,社会相当性是一个较为模糊的标准,本身就不易判断;具体到环境领域,由于较强的技术性与复杂的利益权衡,法官仅凭自己的专业技能,难以准确认定某一行为是否应当为社会所允许。至于违法性判断,原则上也应当以法律明文规定为准,采取消极判断的模式,只要案件中不存在法定的违法阻却事由,行为就具备违法性,而无须总是积极地进行认定。况且,如果将这些案件的违法性判断全部交由刑事法官,无疑为其增加了沉重负担,也必将消耗大量的司法资源。因此,

---

① 参见:张苏.环境刑法行政从属性的理论根据[J].新疆社会科学,2014(1):96-103+160.
② 参见:古承宗.评析 2018 年新修正之"刑法"第一九〇条之一——以抽象危险犯与累积犯之辨证为中心[J].中正大学法学集刊,2018(61):157-238.

这种判断思路虽不乏合理性,但不具有可操作性。

相较而言,最合适的路径还是在立法上通过行政从属性的设计,增加"未经许可""未经批准""无权""擅自"等法定的构成要件要素,授予环境行政部门在事前对可罚性予以整体性考虑。一方面,由于行政机关负责环境资源的管理与分配,具有高度的专业性,故其更能综合多种因素,设立一定的标准,以最大程度实现环境利用与环境保护之间的平衡,从而可以呼应前述对难以区分破坏环境与利用环境行为的质疑。如此一来,原则上只要欠缺环境机关的授权或许可,法官就可径行认定该行为满足构成要件、具有违法性,而无须再进行利益衡量,从而大幅减轻其负担。此时,环境利用行为与环境破坏行为在构成要件该当性层面就存在明显差异,而不必等到违法性阶段,二者的区分也更加明显、便利。毕竟,行政法作为以控制、管理为主要目的之法律,如果能在前阶段排除合法行为,刑罚就能够专注于自身领域,审视剩余那些被归类为不合法的行为。同时,这一做法亦能达到具体、限缩构成要件,避免行政合法的行为再次受到刑法审视的作用。倘若即使行政行为合法,刑法还要再次进行审查,势必会使更多案件进入刑事程序,造成法律资源的大量浪费。另一方面,这一模式也契合并体现出刑法的谦抑性,有利于维护法秩序的统一性:某一行为只要在行政法上被认定为合法,就不会违反刑法,从而彰显刑法的保障法特征——如果行政法上的标准科学合理、具有相当的公信力,则当行为符合行政法时,被筛选出刑事程序自然无可厚非。但当该标准过于宽松、不合理时,刑法却不能因为其在行政法上合法而不加审视。此时,刑法的事后审查就可以有效防范、弥补行政机关前一阶段的审查漏洞。

不可否认,行政从属性也具有一些缺点,可能会引发实践中的风险。例如,在社会处于经济转轨、社会转型的关键时期,行政机关对环境的管理往往力不从心。无论是有意纵容还是无心之失,确实存在行政机关对涉嫌环境犯罪的行为监管不力、认定不严的可能性,导致存在犯罪黑数。此外,污染企业也可能与环保机关相互勾结,如通过行贿等手段非法获取行政许可后排污,从而给犯罪认定造成困难。但与行政从属性的优点相比,这些缺陷只能算是瑕不掩瑜。实践中,虽然面临反对的呼声,但在当前世界法治发达国家的刑法典中,具有行政从属性的犯罪非但没有减少,反而还呈现出不断增加的趋势。可见,立法者认为行政从属性是一种简洁、高效的刑事立法技术,本质上是利大于弊的。那种完全废除行政从属性的观点,明显和社会的发展趋势相脱离,只能算是一个美好的"理想",并不具有可行性。

第三节 行政从属性认定中的疑难问题

一、概念上的行政从属性

(一) 概念上行政从属性与罪刑法定的明确性

所谓环境犯罪概念上的行政从属性,是指对刑法并未对环境犯罪中的某些概念进行明确规定,而是需要参考相关环境行政法规,从而导致对概念解释的模糊性与不确定性。首先需要厘清的是:这种立法模式是否违反了罪刑法定原则的明确性要求?

笔者认为,由于法律必须坚持普遍的适用性,故其用语不可能总是精确的。在 Liivik v Estonia 一案中,欧洲人权法院在判决中明确指出:无论一项法律条文起草的多么明确,在包括刑法在内的任何法律制度中,对其进行解释都是不可避免的。法官总是需要澄清法律适用的疑点,并适应不断变化的情况。同样,尽管明确性是非常可取的,但它可能会使法律的发展步伐过于僵化,以至于无法跟上不断变化的时代环境。因此,许多法律措辞或多或少都是含糊不清的,这是实践中的法律解释与适用问题。而赋予法院以裁决的作用,正是为了消除对解释上的怀疑。犯罪的具体性质正是在个案中,通过一步步解释而逐渐清晰的。①

必须承认的是,现代立法者倾向于关心、考虑许多问题,以改善国民的福利,从而面临着一些非常复杂的情况。这就导致了刑法条文的复杂化与含义的多样性。而罪刑法定原则所要求的确定性,只要能够使公民知道什么样的行为会使其受到刑事起诉就足够了。除非指控不明确,这一目标才会受到威胁。因此,即使环境犯罪需要大量使用含义较为模糊的概念,也不会因为损害刑法的明确性而恣意扩大规制范围,侵犯被告人的合法权益。理由在于从实体法角度出发,尽

---

① FAURE M. Vague notions in environmental criminal law[J]. Environmental Liability, 2010(4):119-133.

管刑法没有进行明确规定,但人们完全可以从环境保护法、野生动物保护法、矿产资源法等相关环境法律法规中探寻具有行政从属性的法律概念;而在环境行政法体系中,这些概念大多是较为清晰明确的。从这个角度说,具有行政从属性的刑法概念至少提供了可供参考的依据,无论如何都不能说是"不明确"的。而从程序法角度出发,在概念范围存在较大争议的情况下,刑事诉讼应当严格遵循"正当程序"原则的限制,坚持存疑时有利于被告人的原则。而基于举证责任的要求,控方也会尽量避免适用过分复杂或容易产生分歧的概念,否则将难以达到"排除合理怀疑"的标准。正如美国有学者所指出的,此时控方会根据自由裁量权,将这些争议较大的问题留待民事领域解决。①

(二) 对具有行政从属性概念的解释

既然环境刑法与环境行政法中使用了相同或者相似的概念,那么我们应否在对这些概念进行刑法解释时,直接套用环境法中的相关规定呢?或者说,同一概念在刑法与行政法中的含义是否应当一致?在德国,主流观点认为概念的行政从属性并非强制性的,立法者完全可以自由地对刑法中的概念进行独立的构造;在行政法或官方没有对刑法中的相应概念做出明确定义与解释的特殊场合下,出于保护法益的目的,刑法上对于这一概念的理解亦可以与行政法上有所出入。以环境犯罪为例,联邦法院与联邦行政法院对于"垃圾"(Abfall)一词的理解就存在一定程度的分歧。② 因此,就德国刑法第 326 条未经许可处理垃圾罪中"垃圾"概念的认定,无论是判例还是通说,都主张采取原《垃圾处置法》第 1 条第 1 款的定义,而没有必要受到同条第 3 款的限缩——理由在于这种限制只针对垃圾处置法,而不应对刑法产生约束力。同理,刑法第 325 条中的"设备"一词,也要比《联邦环境污染防治法》第 3 条第 5 款中的相关定义更为宽泛。③ 但是,也有学者认为,只要解释的目的不是为了限缩犯罪行为的成立或是明确刑法所预先设定的构成要件,在环境刑法中使用与行

---

① UHLMANN D M. Environmental crime comes of age: the evolution of criminal enforcement in the environmental regulatory scheme[J]. Utah Law Review, 2009(4):1223-1252.

② BRÄUTIGAMERNST S. Die bedeutung von verwaltungsvorschriften für das strafrecht[M]. Baden-Baden: Nomos Verlag, 2010:250.; WINKELBAUER W. Zur vewaltungsakzessorität des umweltstrafrechts[M]. Berlin:Duncker & Humblot,1985:40.

③ FORTUN. Die behördliche genehmigung im strafrechtlichen deliktsaufbau[M]. Berlin: Duncker & Humblot, 1998:20.

政法上不同的概念就存在问题。对于每一个扩张的刑法解释,都将不可避免地导致这么一种看法:国家竟然能够对行政法上所许可的行为施加刑罚!因此,如果刑法与环境法对同一概念的解释不一,就可能会造成法秩序上的冲突。综上所述,理论界目前对这一问题仍然存在一定争议。

笔者认为,同一概念在刑法与行政法上的定义不必完全一致,理由主要在于以下两方面:第一,法律的性质与独立品格决定了其用语的解释,每部法律中的概念都无不是为这部法律所意图达成的目标服务的,需要进行独立判断。法律解释的最终目标只能是:探求法律在今日法秩序的标准意义(其今日的规范性意义)。① 刑法与其他部门法的性质迥异,任务与保护对象自然也存在较大差别。以行政法作为比较对象,刑法的着眼点主要在于打击犯罪,保护法益不受非法侵害;而行政法则更多地通过对社会管理秩序的创设与维护,以提高行政机关的效率、维护行政相对人的合法权益。由于这种价值与目标的差别,为其所服务的概念与术语也应当具有独立性,需要分别运用目的解释等方法来阐述其具体含义。因此,即使是同一概念,也并不需要在刑法与行政法中进行完全相同的理解——"在任何一种情况下,刑法中的概念均必须依据相关刑法规范的保护目的来设定"②。第二,所谓法秩序的统一性,系指其他法律认为合法的,刑法不能判定为非法这一层面而言的,与同一词语在不同法律规范中的概念是否相同并无直接关系。故对于不同法律中的相同概念,没有必要奢求其内涵与外延都一定统一。当然,如果对刑法中的概念做出了过于宽泛的解释,以至于将不被行政法评价为违法的行为纳入到刑法的规制对象之中,则是需要加以杜绝的做法。

因此,我们在对具有行政从属性的概念进行解释时,固然应当参考其他法律的相关规定,但也一定要明确该法律的规范保护目的,分析判断如果在刑法解释中原封不动地照搬这一概念,是否会背离刑法条文的目的。只有在未发生具有不同的规范目的与不同的利益状态时,才可以对不同法律中使用的相同用语做出相同解释。综上所述,在对具有行政从属性概念进行解释时,不能直接套用行政法的规定,而应在参考的基础上进行实质解释。具体而言,必须

---

① 参见:卡尔·拉伦茨.法学方法论[M].陈爱娥,译.北京:商务印书馆,2003:199.
② 汉斯·海因里希·耶赛克,托马斯·魏根特.德国刑法教科书(总论)[M].徐久生,译.北京:中国法制出版社,2001:70.

遵循以下两个基本步骤：

第一，准确选取所依据的法律规范。在这一基础环节中，我们应当对相关法律、法规甚至其他规范性文件进行梳理，找出相应法律规范中对这一概念的规定，明确其基本范围，以作为刑法解释的前提。在规范的选择中，除了法律的明文规定之外，应当优先选择与刑法相关罪名关系最为密切的法律规范。最好能够在这些规范的"法律责任"部分找到与相应犯罪行为表现相似的违法行为，并规定了"构成犯罪的，依法追究刑事责任"之类的条款——这表明该规范与刑法中的同一概念具有较为紧密的关系，作为参考依据的价值也更大。此外，还应当尽量选择高位阶的法律规范，如果迫不得已选择较低位阶规范时，就需要格外注意其关于某一概念的规定或解释是否与高位阶规范存在冲突，谨慎地加以借鉴。

第二，对概念进行刑法意义上的再诠释。在对具有行政从属性概念的内容形成了大致框架的基础上，我们还应当综合运用刑法解释中的目的解释、文理解释、体系解释、补正解释、历史解释等各种方法与技巧，对这一概念进行再诠释，从而探索出其在刑法条文中的真实含义。具体而言，应当坚持以下原则：(1)如果其他法律系出于调控规制范围、协调与其他法律之间的关系而对作为其调整对象的某一概念进行限制时，就没有必要在解释刑法概念时也受到这一约束；(2)在其他法律对某一概念的解释明显限缩了其适用范围时，应当根据刑法的立法精神，对该概念进行适度地扩张解释；(3)如果采取其他法律中的相关规定会有损法益保护和刑法谦抑原则时，就应当对该概念进行适度的限缩解释；(4)在其他法律关于某一概念的规定并不明确，甚至存在冲突时，应当在综合考量的基础上，做出最有利于实现具体刑法条文规范保护目的的解释。

例如，根据刑法规定，污染环境罪的行为方式表现为"倾倒""排放"与"处置"。有观点认为，界定"处置"的概念应当依据固体废物污染环境防治法对"处置"的定义。该法第124条规定："处置，是指将固体废物焚烧和用其他改变固体废物的物理、化学、生物特性的方法，达到减少已产生的固体废物数量、缩小固体废物体积、减少或者消除其危险成分的活动，或者将固体废物最终置于符合环境保护规定要求的填埋场的活动。"并且在该法中，多次将"处置"一词与收集、贮存、利用、运输等词语并列。由此不难看出，如果严格按照固体废物污染环境防治法中的概念,污染环境罪中的处置行为主要指对有害物质的处理、加工、焚烧、填埋等改变其物理、化学、生物特性的方法,而不包括收集、贮存、利用、运输等行为。但在实践中,收集、贮存、利用、运输等行为直接导致有害物质扬散、流失、渗漏或者造成其他环境污染的现象也较为普遍,与倾倒、排放、处置等行为的危害性没有本质差别。如果不将这些行为纳入刑法的规制范围,就会造成法益保护上的漏洞。因此,在语义上难以将上述行为评价为"倾倒""排放"的情况下,应当在参照行政法上的"处置"概念的基础上,对污染环境罪中的"处置"行为进行扩大解释,将其解释为既包括狭义的处置行为,也包括收集、贮存、利用、运输等行为。这一解释既符合严惩污染环境犯罪、保护绿水青山的目标,又不违反国民对"处置"一词的预测可能性,故在实践中得到了司法解释的采纳。

再如,构成非法采矿罪的前提是"未取得采矿许可证"。尽管河砂属于矿产资源,但根据我国相关行政法律法规的规定,河道采砂许可证并不等同于采矿许可证,二者也不存在相互替代的关系。按照这一逻辑推断,即使拥有河道采砂许可证,但未取得采矿许可证而开采河沙的,在形式上亦满足非法采矿罪的犯罪构成。但在实践中,全国绝大多数省、自治区、直辖市都明确实行"一证"(河道采砂许可证)制度,从而使采沙许可证在事实上发挥了采矿许可证的功能,成为是否构成非法采矿罪的决定性标准。因此,就应当对该罪中的"采矿许可证"作扩大解释,将开采河沙需要申请的采矿许可证、河道采砂许可证和开采海砂需要申请的采矿许可证、海砂开采海域使用权证等均涵括在内,从而合理限定刑事处罚的范围,不能使行为人承担由于现行采砂管理体制带来的不利后果。①

二、义务上的行政从属性

(一) 概述

义务上的行政从属性犯罪以违背相应的行政规范所设定的义务为前提,具有典型的"二次违反"特征——首先触犯了行政规范,并且还对法益造成了

---

① 参见:喻海松.《关于办理非法采矿、破坏性采矿刑事案件适用法律若干问题的解释》的理解与适用[J].人民司法(应用),2017(4):17-23.

危险与侵害,从而违反了刑法的规定。因此,其也被称为"行政违反加重犯"。通过对环境犯罪罪状的梳理,相关条文对行政义务的违反主要表现为三种模式。第一种是"违反国家规定",如污染环境罪、非法处置进口的固体废物罪。根据刑法第 96 条的规定,该法所称的违反国家规定,是指违反全国人民代表大会及其常务委员会制定的法律和决定,国务院制定的行政法规、规定的行政措施、发布的决定和命令。而根据相关司法解释,以国务院办公厅名义制发的文件符合以下条件的,亦应当视为刑法中的"国家规定":(1)有明确的法律依据或者同相关行政法规不抵触;(2)经国务院常务会议讨论通过或者经国务院批准;(3)在国务院公报上公开发布。因此,只有违反最高权力机关和最高行政机关制定(或发布)的规范性文件,才属于违反国家规定。而违反除此之外的部门规章、地方性法律法规与单行条例、司法解释、会议纪要、通知函件、单位内部规章等规范性文件的,均不属于违反国家规定。

以刑法第 344 条危害国家重点保护植物罪为例,"违反国家规定"是成立该罪的先决条件,对该罪的犯罪构成具有决定性影响。通过对相关法律规范进行梳理,明确禁止非法采伐、毁坏珍贵树木的国家规定有森林法与城市绿化条例,而明确禁止非法采伐、毁坏国家重点保护的植物的国家规定有野生植物保护条例。因此,如果行为人未违反上述法律法规的,就不能构成该罪。由于野生植物保护条例明确规定:"本条例所保护的野生植物,是指原生地天然生长的珍贵植物和原生地天然生长并具有重要经济、科学研究、文化价值的濒危、稀有植物。"保护对象仅限于原生地天然生长的珍贵、濒危植物,且我国目前尚未有相关法律、行政法规对采伐、毁坏人工培育的国家重点保护植物做出明确规定;故采伐、毁坏古树名木之外的、非原生地天然生长的国家重点保护植物的行为,就没有违反任何相关国家规定,也就失去了构成危害国家重点保护植物罪的前提。因此,两高《关于适用〈中华人民共和国刑法〉第三百四十四条有关问题的批复》才明确指出:人工培育的植物,除古树名木外,不属于刑法第 344 条规定的"珍贵树木或者国家重点保护的其他植物"。这一规定无疑是对该罪行政义务从属性的最好诠释。

第二种是"违反……法规",如非法捕捞水产品罪、非法狩猎罪、非法占用农用地罪。这些犯罪通过列举的方式明确划定了所从属行政法规的领域或内容。当然,对这里的"法规"应当进行扩大解释,即当然包括"法律"在内。毕竟,法律的效力更高,对其加以违反也没有任何理由被排除于从属于行政义务的犯罪之外。如根据相关立法解释,"违反土地管理法规是指违反土地管理法、森林法、草原法等法律以及有关行政法规中关于土地管理的规定"。此外,通过与"违反国家规定"的比较,我们不难看出这一分类的补充规范仅限于法律与法规,而不包括决定、行政措施、命令等,范围相对较窄。

第三种是"违反……法的规定",如非法采矿罪、滥伐林木罪。与第二种模式相比,这种模式的指向更为清晰,范围也最窄,理应仅限于相关法律。但在实践中,有的司法解释却对"××法"进行了扩大解释,亦包含行政法规在内,从而与第二种模式相同。例如,两高《关于办理非法采矿、破坏性采矿刑事案件适用法律若干问题的解释》规定,"违反矿产资源法的规定"是指违反《中华人民共和国矿产资源法》《中华人民共和国水法》等法律、行政法规有关矿产资源开发、利用、保护和管理的规定。

在补充规范的选取上,必须严格受到相应犯罪所针对的法益与其规范保护目的的限制,即遵循"法益同一规则",并依照法律冲突的基本原则,在可能存在冲突的法律规范之间进行必要的取舍。这些原则包括上位法优于下位法——法律高于法规,法规高于国务院发布的决定和命令;特别法优于普通法——在同一机关制定的法律没有根本抵触的情况下,应当优先适用特别法;新法优于旧法——对于效力位阶相同的法律,最新生效的法律规范更应被优先选择。

(二)达标排污、损害他人生命健康行为的认定

达标排污、损害他人生命健康行为的认定问题以陕西凤翔与河南济源的"血铅事件"等实际案件为出发点,引发了理论界的激烈讨论。如前所述,有学者主张,由于污染环境罪要求"违反国家规定"这一前提条件,故如果符合相应标准,自然不能满足该条件,不会成立该罪。但是,该行为毕竟在客观上造成了损害他人合法利益的严重后果,不予处罚会显失公平,难以令人接受。因此,解决之道在于摒弃行政从属性理论,坚持刑法的独立判断。但笔者认为该问题并不难处理,原因在于刑法规定该罪的前置条件为"违反国家规定"。而根据刑法第96条,"国家规定"并不限于行政法律法规,行为人即使达标排污造成他人重伤、死亡的,完全可以理解为违反了民法典等法律的规定,从而满

足本罪的构成要件。① 不过,这一回答并未完全解决困惑,如果刑法表述为违反"行政管理法规",又将如何应对?基于此,笔者将跳出污染环境罪的"违反国家规定",从法理角度讨论达标排污中涉及的刑法与行政法协调问题。

首先需要明确的是,污染环境罪所侵害的法益究竟是什么?如果还习惯于传统的生命、健康、财产等个人法益思维,自然会造成认定上的困难。如前所述,环境污染罪的保护法益是环境法益,而不直接涉及个人的生命健康或者公共安全;如果环境污染行为同时造成了他人伤害的后果,则应当按照想象竞合犯的原则进行处理。这一结论也能够从污染环境罪的法定刑设置推断出来。该罪的最高法定刑仅为 7 年有期徒刑,远低于故意杀人、故意伤害、投放危险物质等犯罪,略低于过失投放危险物质等犯罪,与过失致人死亡罪相当。而环境法益本身就具有重要的价值与地位,如果该罪的法益还包括他人的生命健康甚至公共安全,则与上述犯罪相比,其法定刑设置明显偏低。因此,他人法益是否受损并非污染环境罪的构成要件与评价对象,只是对行为危险性的反证,这些结果是否发生,对该罪的成立并无直接影响。

既然污染环境罪与故意杀人、过失致人死亡罪的侵犯法益不同,则二者的认定互不影响。即使不构成污染环境罪,也可以成立上述犯罪,而非不成立任何犯罪。可能有学者会提出质疑,认为根据法秩序的一致性,行为人只要未违反行政法,就不可能构成犯罪。但笔者认为,在该罪的认定中,行为人只是未违反行政法所要求的排污标准而已,而非完全不违反行政法——行政法怎么会认为致人伤害、死亡的行为是合法行为呢?正如前述美国学者所指出的,无论在哪种法律制度中,行政法都从未赋予被许可人严重损害第三方利益的权利。日本也有学者指出,排放标准只不过是行政上的管制标准,不能解释为事业者只要遵守这一标准,就当然能够受到免除民事刑事上一切责任的后果。② 而判断一个行为是否违反了某一法律法规,应当根据法律规范的保护目的予以确定。国家之所以禁止超标排污,主要目的是保护环境不被污染。因此,达标排污符合该立法目的,不属于行政违法,更不会构成情节更为严重的污染环境罪。但允许排污却绝不意味着允许侵害他人生命健康,这显然已经超出了

---

① 参见:柴云乐.污染环境罪行政从属性的三重批判——兼论刑法对污染环境行为的提前规制[J].政治与法律,2018(7):57-65.

② 参见:原田尚彦.环境法[M].于敏,译.北京:法律出版社,1999:80.

行政管理性质的法律法规所规制的范围,二者系出于不同的立法目的,不可混为一谈。在从事业务行为时,对他人生命、健康等权益的尊重是最基本、最起码的要求,此外的任何标准都是为其服务的,是在此基础上的更高要求。如果连最基本的要求都无法满足,其他相关行政法上的标准无疑是"皮之不存,毛将焉附"。正如有学者所指出的:"侵害公众生命健康的行为都是破坏已经被确认的社会关系的行为,不存在侵害了公众的生命健康却没有侵害某种已被确认的社会关系的情况。"① 试想,交通肇事罪也以违反道路交通安全法规为前提,如果未违反上述义务,只是不构成交通肇事罪而已,但仍将成立过失致人重伤、过失致人死亡等犯罪。毕竟,特定注意义务的不违反也不一定代表行为人没有预见的可能性——不具有较重的业务过失,并不意味着连普通过失都不具备。质言之,注意义务的违反只是预见可能性的参考资讯,除此之外,什么都不是。② 例如,行为人在高速公路上正常行驶,看到有人横穿马路,难道其就可以以自己未违反道路交通安全法为由,在有条件避让的情况下故意撞上去吗?这一结论恐怕是任何一个有正义感的公民都无法接受的。此外,德国也有学者从"权利滥用"的角度出发,认为当行为人知道自己的行为已经明显逾越了被允许的危险时,即使其具有行政机关的许可,也应构成犯罪。尽管论证思路与笔者不尽相同,但核心论据与结论并无本质差别。

我国相关法律与司法解释的规定也能为解决该问题提供参考。民法典第1229条规定,只要因污染环境、破坏生态造成他人损害的,侵权人就应当承担侵权责任。而《最高人民法院关于审理环境侵权责任纠纷案件适用法律若干问题的解释》第1条进一步明确指出:"污染者以排污符合国家或者地方污染物排放标准为由主张不承担责任的,人民法院不予支持。"体现了法律对基本权利的绝对保护。而这种强调对生命、身体等人类基本利益的保护,绝不会因环境犯罪而存在例外。因此,达标排污也不可以作为排除一切犯罪的事由。

综上所述,对于达标排污损害他人身体健康的行为,无论从逻辑上说还是从现实上看,都具有社会危害性,理应受到刑法的规制,且一定属于"违法"行为,并

---

① 石亚淙.污染环境罪中的"违反国家规定"的分类解读——以法定犯与自然犯的混同规定为核心[J].政治与法律,2017(10):52-65.
② 参见:黄荣坚.从医疗疏失论过失概念[A].;许玉秀.刑事法之基础与界限——洪福增教授纪念专辑[C].台北:学林文化事业有限公司,2003:266.

不会造成法秩序的冲突。当然,在认定是否构成犯罪时,还必须考虑行为人在主观方面是否对自己行为可能造成的危险或结果具有故意或过失,以及是否具有违法性认识的可能性。例如,行为人明知自己排放污水中所含的某种新型成分虽不被现行标准所禁止,但根据研发经验,可能会对他人健康造成危险,却因为高估了水流的自净能力而仍然排放的,应当认定为具有犯罪过失。反之,如果囿于科技水平的限制,相关行政标准与行为人根据现有认知水平都无法认识到排污行为可能会造成致人伤亡的严重后果时,就不应成立犯罪。

三、行为上的行政从属性

如前所述,环境犯罪对行政行为的从属主要体现在对行政许可的从属。因此,本节主要研究从属于行政许可的环境犯罪在认定中疑难问题。这类犯罪的可罚性在相当程度上依赖于行政机关的许可。但基于环境法与刑法保护目的之不同,即使未经许可实施表面上看起来符合构成要件的行为,也不一定必然构成犯罪;即使在形式上拥有许可,也不意味着必然会阻却犯罪的成立。接下来,笔者将围绕行政许可的存在与否及效力,对这类犯罪认定中的疑难问题进行研究。

(一) 未经行政许可实施行为的认定

对从属于行政许可的环境犯罪进行认定时,该罪名所保护的法益会发挥何种作用? 例如,如果相关行政机关并无过错,行为人在未依法获取行政许可的前提下实施了法律所禁止的行为,但该行为却没有侵犯法益的任何危险时,应当如何处理?

笔者认为,刑法规制的对象是侵犯法益的行为,而非单纯的不服从;犯罪行为并不是以其不服从的表现而被禁止,而是因与其相结合的法益侵害的现实可能性而被禁止。因此,是否获得行政许可只是行为是否成立犯罪的征表,而非决定性因素。尽管只要行为人未经许可实施了构成要件所禁止的行为,原则上就应当推定为违法。但在特殊情况下,这种行为可能只违反了行政法,而没有侵害刑法条文所保护的法益,此时就不能一概认定为犯罪。毕竟,在任何一个民主自由的现代国家中,刑法都不能舍弃法益保护的必要性、补充性、过度禁止等原则,从而沦为行政法的附庸。否则,其人权保护功效势必荡然无存。前文已述,行政法的目的不同于刑法的目的:"行政法强调合目的性,而不注重法的安定性,故可能为了达致目的而扩张制裁范围。刑法必须以安定性为指导原理,不能随意扩张处罚范围;适用刑法有关行政违反加重犯的法条时,不能将行政法禁止的一般违法结果,作为刑法禁止的犯罪结果。"[1]据此,如果某一行为对法益不会造成任何危险,即使违反了相应的行政义务或管理规定,破坏了行政秩序,也不应受到刑法的处罚。以环境犯罪为例,在下列情形下,应当注意考察未经许可行为是否符合刑法的保护目的,以免将单纯的行政违法行为认定为犯罪。

1. 非法处置危险废物

相关司法解释将"非法排放、倾倒、处置危险废物三吨以上"作为认定是否成立污染环境罪的行为表现之一。实践中反映较为突出的问题在于:未取得许可证处置危险废物,无疑违反了相关行政法的规定,属于"非法"处置。那么,如果行为人处置的数量达到法定标准,是否就满足了污染环境罪的客观要件?例如,甲公司经依法批准建成废铅蓄电瓶集中处理工厂,后因债务纠纷,将其工厂折价转让给乙公司。乙公司雇佣甲公司原有的工人,使用甲公司原有的设备,采用甲公司原有的处置规范与操作流程处置了6吨废铅蓄电瓶。按照我国相关法律的规定,危险物品的经营许可不得转让,故乙公司虽然购买了该工厂,却不会当然取得废铅蓄电瓶的经营许可。[2] 在未经许可、"非法"处置6吨危险废物的情况下,乙公司是否构成污染环境罪?答案当然是否定的。对非法处置行为是否构成污染环境罪进行判断时,应当具体考察该行为是否导致有害物质置于外部生态环境,侵害了环境法益。因此,对于那些不可能对环境造成污染的内部处置行为、加工利用等行为,即使在形式上欠缺必要的许可,属于行政违法行为,但由于不会侵害环境法益,故不应当以污染环境罪论处。对此,最高人民法院有关同志撰写的《〈关于办理环境污染刑事案件适用法律若干问题的解释〉的理解与适用》一文中也明确指出:经研究认为,污染环境罪保护的是环境法益。如果未取得经营许可证处置危险废物,在处置过程中没有违法造成环境污染的,不应以污染环境罪论处。

---

[1] 张明楷.盗伐林木罪与盗窃罪的关系[J].人民检察,2009(3):12-16.
[2] 参见:刘伟琦.污染环境罪司法解释与刑法原理的背离及其矫正[J].河北法学,2019(7):49-65.

2. 非法运输珍贵、濒危野生动物或其制品

在对这类行为进行认定时,也需要判断运输行为是否侵害或威胁了珍贵、濒危野生动物资源这一法益,而不能仅以形式上的"违法"就直接判断行为人构成犯罪。例如,某地动物园的一只国家一级保护动物发情,必须送到另一地的动物园进行交配。因为时间紧急,运送人员在尚未得到有关部门的批准时就实施了运输行为。但是,该行为除了违反行政管理之外,非但没有破坏环境资源,反而有利于野生动物资源的保护,故不应构成危害珍贵、濒危野生动物罪。再如,居民搬家时运输祖传或年代久远的野生动物制品的,由于没有破坏到野生动物资源,故亦不能认定为本罪。①

3. 盗伐或滥伐枯死林木

根据森林法及相关法规规定,即使砍伐自己所有的枯死树木,也需要权力机关批准。如根据国家林业局《关于未申请林木采伐许可证采伐"火烧枯死木"行为定性的复函》(林函策字〔2003〕15号)规定,除农村居民采伐自留地和房前屋后个人所有的零星林木外,凡采伐林木,包括采伐"火烧枯死木"等自然灾害毁损的林木,都必须申请林木采伐许可证,并按照林木采伐许可证的规定进行采伐。因此,根据字面解释,未获取林木采伐许可证而擅自采伐枯死林木的,应当根据采伐对象的所有权归属,分别定性为盗伐或滥伐林木行为。但结合上述两个罪名所处的体系位置,刑法设定两罪的目的显然在于保护森林资源,而枯死林木明显没有存活林木所具备的生态功能,对其进行盗伐或滥伐难以造成森林资源的实质性破坏,也就不可能对两罪的保护法益造成侵害。因此,滥伐自己所有的枯死林木的,虽然违反行政规范,但并没有侵害森林资源,原则上不应以犯罪论处;盗伐他人所有的枯死林木,原则上也不应以盗伐林木罪论处,而应视情况以盗窃罪等犯罪论处。毕竟,与农村房前屋后、自留地种植的零星树木所具有的生态功能相比,枯死林木的生态功能更低;既然盗伐前者的行为只构成盗窃罪,盗伐后者的行为就更没有理由成立盗伐林木罪。即使主张枯死的林木仍具有一定的生态价值——如作为森林中某些野生动物的食物和栖所,其根系也可以在一定程度上保持水土等,但该价值肯

---

① 参见:张明楷. 刑法学:第5版下[M]. 北京:法律出版社,2016:1134.

定要低于存活林木的生态价值,甚至在某些情况下,其还会对环境产生负面影响。因此,如果要认定为盗伐林木罪或滥伐林木罪,也不应采取司法解释针对存活林木规定的数量或体积标准,而是适当提高入罪门槛,并在量刑上从宽处罚。

同理,如果行为人本应获取行政许可,却由于行政机关滥用职权、玩忽职守等过错而无法获取,故无证实施了相关行为时,虽然行为人在表面上违反了行政管理秩序,但从实质上分析,行政机关的不作为才是罪魁祸首,将其责任转嫁到行为人身上显属不当。在这种情况下,行政机关虽然在形式上只是对授益行政行为的拒绝,但在事实上却已经构成对公民自由与财产的侵害,这种违法行为没有理由得到刑法的保护。因此,行为人在这种情况下实施不具有侵害法益危险行为的,更不应构成犯罪。

(二)非法获得许可后从事某种行为的认定

与第一种情况相反,如果行为人本不应当获得行政许可,却基于欺骗、贿赂、舞弊等手段获取了这一许可,并在许可的范围内实施了符合相关构成要件行为的,能否构成环境犯罪?例如,行为人通过行贿手段获得环保部门批准,拿到了排污许可证,随后"合法"地进行了排污,是否构成污染环境罪?亦即:非法获得的行政许可,是否仍可以发挥出阻却犯罪成立的效果?在这种情况下,行为人明知自己获取行政许可的行为是非法的,是否还存在值得保护的信赖利益?有学者认为,对于这些普通人都能显而易见认为严重危害社会的违法行政行为,应认定为无效行政行为,故行为人获取许可的行为自始无效,应当视为没有获得许可,可以成立相应的犯罪。① 而且从道德情感上来说,刑法也没有理由保护行为人以非法手段获取的利益。应当说,这一观点得到了我国司法实践的普遍认可。德国刑法学界的通说也认为,如果某一非法行政行为满足自始无效的条件,或是被行为人有意通过滥用法律而获取了不正当利益,则应否认其阻却犯罪的效力。② 其法理依据则主要在于这是一种权利滥

---

① 参见:吕梅.环境犯罪行政从属性的司法解读[J].江苏公安专科学校学报,2002(4):65-69.
② WINKELBAUER W. Zur vewaltungsakzessorität des umweltstrafrechts[M]. Berlin:Duncker & Humblot,1985:40.; RUDOLPHI. Primat des Strafrechtsim Umweltschutz? - 1. teil [J].; Neue zeitschriftfür Strafrecht,1984(5):193-199.; RUDOLPHI. Primat des strafrechtsim umweltschutz? - 2. teil [J]; Neue Zeitschriftfür Strafrecht,1984(6):248-254.

用,是行政行为公定力的一种例外。受益人基于自己的不法行为或投机心理,从而失去了主张信赖保护之权利。一个实质上违法,但是仍然具有形式上存续效力而可执行的行政处分影响到刑法,该行政处分就产生所谓权利滥用理论原则的结果。① "这个行为人是应受刑事惩罚的,尽管这个批准在行政法上并不是无效的,而是可以争辩的。"②因此,德国刑法典第 330d 条第 5 款明文规定:在环境犯罪中基于威胁、贿赂、勾结等行为而获取的许可,亦属于未获得许可的一种表现形式。

但也有学者提出反对意见,主张区分特别许可和控制性许可这两种情况加以讨论。所谓控制性许可,系指立法机关禁止特定的行为是由于需要行政机关在具体事件中事先审查其是否违反特定实体法的规定,如果不违反就应当予以许可。例如,驾车、发电、冶炼等行为本身并不存在不法性或对权利的侵害,之所以未经许可从事这些行为会受到谴责,是因为违反了某项制度授予的控制性许可。③ 而所谓特别许可,则是指法律将某种行为作为具有社会危害性或者不符合社会理念的行为予以普遍禁止,但是出于某种考虑,又允许在特别规定的例外情况下,赋予行为人从事被禁止行为的自由。简言之,控制性许可是"原则上的许可,例外的禁止",而特别许可则是"原则上的禁止,例外的许可"。张明楷教授认为,在特别许可的场合下,未取得行政许可的行为,不仅侵犯了相应的管理秩序,而且侵犯了刑法保护的其他法益。通过欺骗等不正当手段取得了行政许可而实施的行为,因为侵犯了刑法保护的法益,应以犯罪论处。而在控制性许可的场合,没有得到行政许可的行为,侵犯的是相应的管理秩序而非法益。故即使使用了欺骗等不正当手段获取了行政许可,也应认为没有侵犯管理秩序,因而阻却构成要件符合性。④ 车浩教授也持类似观点,认为当欺骗行为仅体现为对国家管理制度的蔑视和对抗时,许可是否具有瑕疵不会影响犯罪成立;但当欺骗行为会产生法益侵害的现实危险时,欺骗等瑕疵就会取消许可的正当化功能。⑤ 美国也有学者将未经许可型环境犯罪分

---

① 参见:郑昆山.环境刑法之基础理论[M].台北:五南图书出版有限公司,1998:185-189.
② 罗克辛.德国刑法学总论:第 1 卷[M].王世洲,译.北京:法律出版社,2005:527.
③ 参见:乔尔·范伯格.刑法的道德界限:第 1 卷 对他人的损害[M].方泉,译.北京:商务印书馆,2013:257.
④ 参见:张明楷.行政违反加重犯初探[J].中国法学,2007(6):62-77.
⑤ 参见:车浩.行政许可的出罪功能[J].人民检察,2008(15):12-15.

为两类：一类属于"实质上的犯罪"，即从事一项原则上不会被许可的活动，如向下水道排放完全未经处理的废水；另一种属于"行政犯罪"，即从事一项原则上只要申请就会被许可的活动，如向下水道排放经过无害化处理的废水。①

笔者认为，特别许可与控制性许可之间的界限并不清晰，"并没有截然的划分"②。二者的本质区别不在于是否存在法益侵害，而在于对法益侵害概率的高低与程度大小。即使是特别许可，也只意味着未经许可从事行为的高风险性；但不排除在特殊情形下，行为不会对法益造成任何危险。因此，与其讨论控制性许可与特别许可，不如讨论发生危险的可能性大小。当非法获取许可后所从事的行为并不会导致侵犯法益的现实危险，或者该危险处于社会可容忍的程度时，这一行为就将仅体现出一种对国家管理制度的违背和对抗，即上文美国学者所言的"行政犯罪"。但由于其毕竟在形式上获取了行政许可，在表面上遵从了行政秩序，那么就欠缺对其加以处罚的实质性理由。而当非法获取许可的行为会基于其后续行为产生法益侵害的现实危险，或者说一种本该禁止的危险行为却通过不法手段得到了许可时，虽然满足了取得行政许可的形式要件，但就实质而言，该许可的批准已经严重违背了国家设定这一许可的本意或目标，从而欠缺将其作为消极的构成要件要素或正当化事由的主观方面要素，仍应视为未取得许可，进而成立相应的犯罪。

具体到环境犯罪，许多开发、利用环境资源或者正常的生产经营行为，都伴随着对环境的侵害。为了准确区分环境合法与违法行为，行政机关经过政策、法律、经济等多方面因素考量，通过颁发许可证的方式，将其中未超过必要限度、能够为社会所接受的行为合法化。这就意味着即使是得到许可的合法行为，原则上也会造成环境损害的结果。因此，是否违法获取行政许可，不会对行为的客观危险性与法益侵害性起到任何影响。从这个角度而言，非法获取行政许可后实施排污、采矿、伐木等侵害环境行为的，基本上都会对环境法益造成危险，故应当认为该许可无效，行为人构成相应的污染环境、非法采矿、滥伐林木等犯罪。当然，与上文讨论的未经许可实施行为类似，实践中完全可能存在形式上符合构成要件行为，实质上却欠缺法益侵害性的案件。此时，行

---

① BRICKEY K F. Environmental crime at the crossroads: the intersection of environmental and criminal law theory[J]. Tulane Law Review, 1996(2): 487-528.

② 哈特穆特·毛雷尔. 行政法学总论[M]. 高家伟, 译. 北京: 法律出版社, 2000: 209.

为人由于未侵害法益,显然不会构成相应的环境犯罪,故即使其违法取得了行政许可,也仅能就获取的手段行为成立行贿等犯罪。

以滥伐林木罪为例,如果行为人针对颁发许可证机关的权限,林木的种类、用途、年龄、位置,采伐方式与采伐数量等影响审批的重要因素进行欺骗、贿赂,违法获取林木采伐许可证的,显然会对是否颁发许可证产生实质性影响,进而侵犯滥伐林木罪的法益——森林资源的生态价值,应视为无证采伐,可以构成滥伐林木罪。反之,如果其本应获得采伐许可证,所实施的违法行为未起到实质性作用,则应慎重认定是否破坏了森林资源。如在"欧啟坚滥伐林木案"中,①被告人欧啟坚在办理采伐许可证过程中,向林业主管部门提交的文书确实存在不实的签名,损害了采伐许可证的申请程序。但是,涉案林木本就属于被告人依照合同所有,符合采伐条件,只是其在申请过程中存在一定瑕疵,遂为了尽快办理而采取了伪造签名等手段。实质上,被告是使用有虚假成分的申请材料,向林业主管部门证明一份本来就有效的合同。由于合同有效,故《补充决议书》的签名是否真实不会使林业部门对于核发采伐许可证产生实体错误。因此,尽管林业管理部门核发采伐许可证的行为在程序上存在瑕疵,但在实体上是正确的,不会对森林资源产生实质性影响,故法院最终判决被告不成立滥伐林木罪。

---

① 参见:(2014)清中法刑二终字第215号刑事判决书。

第五章
预防转向的责任限度:刑事责任的认定

本章是本书的核心部分,重点从环境犯罪的类型与犯罪构成角度出发,针对当前立法与司法中存在的结果犯向抽象危险犯的转向、因果关系的推定、犯罪主体范围的日趋扩大、主观罪过的模糊、引入严格责任的呼吁以及违法性认识的淡化等突出问题展开较为系统、全面的讨论,从刑事责任的角度对环境刑法的预防转向进行合理限制。

第一节 犯罪类型的选择

一、环境犯罪的主要类型

犯罪类型决定了环境犯罪的入罪标准,并体现出立法、司法机关对待环境犯罪的基本态度。根据对法益侵害样态的不同,环境犯罪在当今世界各国的刑事立法中,主要体现为以下四种犯罪类型。[1]

---

[1] MANDIBERG S F, FAURE M. A graduated punishment approach to environmental crimes: beyond vindication of administrative authority in the united states and europe[J]. Columbia Journal of Environmental Law, 2009(2):447-511.; FAURE M. The revolution in environmental criminal law in Europe[J]. Virginia Environmental Law Journal, 2017(2):321-356.

(一) 单纯的不服从犯①

单纯的不服从犯是指只要实施了违反相关行政管理规定、污染环境的行为，即可成立犯罪。在欧美不少国家中，绝大多数环境犯罪的立法都集中于惩罚违反行政规则与决定的行为。例如，美国清洁空气法规定，任何人就环境问题做出虚假的陈述或证明，或故意删除、隐瞒或未能提交或保留相关信息的；未按照本法要求对政府履行报告义务的；伪造、篡改、不准确或未安装本法所要求的监控设备或方法的；或是故意不向政府支付相关行政法规规定的任何费用的，即构成犯罪。通常情况下，这类犯罪并不要求对环境造成损害，甚至没有造成损害的威胁。因此，对其进行定罪处罚主要是为了维护行政价值。再如，日本在大气污染领域采取直罚主义，行为人故意违反行政法上义务，排放含有超标污染物质的煤烟时，无论是否有无实质上的损害或危险，均要处 6 个月以下惩役或 10 万日元以下罚金；违反申报义务的，也会受到刑事处罚，属于完全的形式犯。② 此外，我国台湾地区也规定了相关类型的犯罪。如所谓"空气污染防制法"第 56 条规定，公私场所不遵行主管机关依本法所为停工或停业之命令者，处负责人三年以下有期徒刑、拘役或科或并科新台币 20 万元以上 500 万元以下罚金。所谓"水污染防治法"第 34 条规定，不遵行主管机关依本法所为停止作为之命令者，处一年以下有期徒刑、拘役或科或并科新台币 10 万元以上 50 万元以下罚金。所谓"土壤及地下水污染整治法"第 35 条规定，不遵行直辖市、县(市)主管机关依第 15 条第 1 项第 1 款所为之命令者，处一年以下有期徒刑、拘役或科或并科新台币 30 万元以下罚金。从上述立法中也不难看出，惩罚行为人的主要依据是其不服从行政机关的命令。

这一犯罪类型是将刑法融入行政执法机制中的现实体现，以确保环境监测、审批、许可与其他旨在管制污染的行为的规范运行，属于典型的行政犯。只要行为人遵守行政机关的规定或得到行政机关的许可，即使事实上污染了环境，也不会被刑法所规制。当然，也有学者认为，这类不服从犯也并非均为"行政犯"，亦有一些属于"自然犯"，侵害了基本法益。如对于提供虚假材料、

---

① 此处，学者们多使用"Abstract Endangerment"一词，原本应翻译为"抽象危险犯"。但笔者认为，此处的抽象危险犯与我们传统意义上的称谓不同，故将其一分为二，一部分系"不服从犯"，另一部分则放入下文"危险犯"中予以讨论。

② 参见：原田尚彦. 环境法[M]. 于敏, 译. 北京：法律出版社, 1999: 79-82.

篡改监控设备等弄虚作假类犯罪,它们是非典型的环境犯罪,与传统犯罪类似,为行为人设定了清晰明确的行为准则——"不准说谎"——而这是长久根植于人类观念中的基本准则。对此,这些行为人没有任何值得宽恕的理由。因此,将这些行为规定为犯罪是没有争议的。①

该类立法模式的积极意义在于:第一,便于犯罪认定。从立法演进的角度出发,传统意义上的环境刑法正是对违反特定行政义务行为的犯罪化。而这一模式不需要采取较为模糊的概念,因为相关行政法已经对行为人应当承担的行政义务进行了详细规定,所以犯罪认定也较为清晰明了,便于操作。② 第二,获得所需许可并遵守文书、监测和检查等要求,体现出行为人积极遵守行政管理规范的意愿——既然如此,他们更可能遵守与防止环境损害密切相关的规则。第三,行政法律规范根据专家对环境承载能力做出的科学预判,设定了行为人所必须遵循的最低标准。如果行为人遵守这些标准,原则上就不会发生危害;而一旦其违反了这些规定,就很可能会发生较为严重的损害结果——当然,这些结果大多不会马上显现出来。第四,如果遵循行政规则,将会更方便监管机构对行为人进行有效监控与管理,以确保损害不太可能发生,从而更好地保护环境。

但不可否认的是,这一犯罪类型产生的弊端更多:一方面,将违反行政法的行为直接认定为犯罪,导致刑法的适用范围取决于行政法规,从而破坏了合宪性原则,使法律从立法机关手中进入到行政机关手中,有使刑法沦为行政法"附庸"、旨在保护行政机关权威之嫌。按理说,被告人仅违反了行政法,理应由行政机关予以行政制裁,而没有必要跳出行政管理的范畴,直接进入司法程序。即使这种规定具有实质意义,但在认定时确实不易把握,可能会由于混淆了行政违法与刑事违法的界限而导致罪名的滥用,从而侵犯人权。毕竟,刑法具有最严厉的制裁措施与最严重的道德否定性评价。正是为了避免这种强大的力量被滥用,国家设计了严格、精确的犯罪构成要件,并制定了高度的严格标准,从而对刑法的发动予以合理限制。因此,行政法不能在寻求刑法强大力

---

① BRICKEY K F. Environmental crime at the crossroads: the intersection of environmental and criminal law theory[J]. Tulane Law Review, 1996(2):487-528.
② FAURE M. Vague notions in environmental criminal law[J]. Environmental Liability, 2010(4):119-133.

量的同时,而放弃刑法所要求的法益、因果关系、主观罪过等限制性条件,否则就将使刑法失去生命力。如果人们最终被迫将相关法益界定为行政机关执行管理的决定,就会彻底否定环境刑法本身的独立性。①

另一方面,在这种犯罪类型下,刑法也不能对环境提供有效的保护。毕竟,即使行为人遵守所有的行政法规,也仍然可能对环境造成"损害"。② 因为对于空气、水、土壤等参数,行政机构都设定了一个污染物与环境之间"可接受"的底线。这一底线反映了污染物对环境的影响、社会对污染活动的需要以及可用于减轻损害的技术的存在、消除危害的费用等因素之间的妥协。因此,即使遵守行政规则,在底线范围内排放或排放污染物,也并不等于没有环境"危害"。这样一来,行政机关就可能会通过设定过于宽松的法规使环境遭到破坏。

(二) 危险犯

"一个以实害为基础的实然刑法体系,是无法满足风险社会对刑法的应然保护要求的。"③很多环境污染行为能否造成法益侵害,在实践中较难证明。而且,对环境的侵害往往是普遍性、经常性的行为被反复实施所引起的。单独来看,每个行为都不会直接造成环境污染,但如果不予以惩处,就只能坐等危害发生。而我们的环境脆弱且无法轻易恢复,如果等到其被破坏后才动用刑法予以制裁,显然将造成法益保护的严重滞后。因此,为了充分应对环境风险,将实害结果扼杀在萌芽中,危险犯成为环境犯罪的主要表现形式。在环境犯罪中,危险犯这一犯罪类型除了要求行为违反行政规范外,还必须具有侵害环境的危险。不同于第一种模式只要求证明行为人违反了行政法的规定,危险犯要求非法活动对环境产生了损害的危险。当然,至于如何证明,又存在两种路径:一种是只要实施了刑法明确规定的特定行为,就推定对环境具有危险;另一种则除了实施符合构成要件的行为外,还要求在具体案件中对危险的发生与否与程度高低进行明确判断。由于实践中大多数环境犯罪的危害后果难以测量,一旦发生损害就难以消除,兼之出于证明便利的需要,故该类犯罪

---

① SCHÜNEMANN B. Principles of criminal legislation in postmodern society: the case of environmental law[J]. Buffalo Criminal Law Review, 1997(1):175-194.

② Faure M, VISSER M. How to punish environmental pollution? some reflections on various models of criminalization of environmental Harm [J]. European Journal of Crime, Criminal Law and Criminal Justice, 1995(4):316-368.

③ 陈晓明. 风险社会之刑法应对[J]. 法学研究,2009(6):52-64.

类型只要求危险的发生,而不需要出现现实的损害结果。

1. 抽象危险犯与具体危险犯概述

根据对危险要求的不同,危险犯又可以分为抽象危险犯与具体危险犯,分别与上述两种情形对应。其中,抽象危险犯是指不法行为对法益侵害具有经验法则上的典型危险。立法者为抽象危险犯设置了定型化、标准化的行为模式,只要行为人实施该行为,就推定对法益具有抽象的危险。这种危险并非由个别行为观察可知,而是基于统计学意义上的大量观察与统计,从经验上显示某种行为容易造成法益的实际损害。在环境犯罪的抽象危险犯中,行为人所实施的环境污染行为带有变更环境媒介质量的危险,并且该危险可能进一步发展为具体的污染结果。抽象危险犯更适合保护群体性利益,在交通、医药、金融等公共安全领域及公害犯罪中发挥着一般预防的积极作用。有学者认为,这种设定行为模式的功能不仅为了避免眼前的危险,更旨在构建长远的安全机制。毕竟,各个微不足道的损害行为累积起来,也可能会发生严重的损害后果。如果任何人都可以自行判断其行为在具体案件中的危险性,进而由于该行为并未发生实际危险而主张其不构成犯罪,则立法者保护公共利益的规范目的就会落空。也有学者认为,如果认为作为法益主体的人也包含"子孙后代"在内,既然子孙后代尚未现实存在,就无法认为他们的生命、身体机能等等受到了侵害,因而会将环境犯罪作为危险犯(尤其是抽象危险犯)来处理。① 但需要指出的是,如果根据人本与生态调和论的法益观,人类生命、健康等法益并非环境犯罪所直接保护的法益。故将环境犯罪设置为抽象危险犯,也只是针对严重污染环境这一结果的抽象危险,而非人身、财产损失的抽象危险。

而在具体危险犯中,是否发生危险属于构成要件要素,应当由法官结合个案的具体情况进行证明与确认,而非进行某种程度的假定或抽象。② 因此,抽象危险犯与具体危险犯的主要区别不在于危险程度的高低,而在于对危险的观察角度不同。具体危险犯以结果为观察角度,需要在个案中检视法益是否

---

① 参见:今井猛嘉.环境犯罪[J].李立众,译.河南省政法管理干部学院学报,2010(1):7-14.
② 参见:周光权.刑法总论:第3版[M].北京:中国人民大学出版社,2016:121.

陷入了危险;而抽象危险犯以行为为观察角度,重点考虑行为本身所具有的危险性,而无须判断个案中的法益是否陷入了危险状态。

在立法中,抽象危险犯表现为违反行政法的特定义务或行政机关的特定要求,实施法律所规定的行为;这些行为本身就具有一定的危险性,可能会导致污染环境的结果。德国刑法关于环境犯罪的规定大多属于抽象危险犯。如刑法典第 325 条规定,违背行政法义务,在设备,尤其是工场或机器的运转过程中造成空气的改变,足以危害设备范围外的人、动植物健康或其他贵重物品的,构成污染空气罪。刑法典第 327 条规定,依照当时有效的法律,未经许可、未按计划或违反依当时有效之法律制定的可执行的禁令,开动特定机器设备的,也无须发生事实上的危险即可成立犯罪。在此基础上,德国环境犯罪也对具体危险犯进行了规定。如刑法典第 330 条规定,故意实施第 324 条至第 329 条之罪,致他人有死亡危险的,属于危害环境的特别严重情形。第 330a 条规定,传播或泄放有毒或能产生毒性的物质,有导致他人死亡或严重损害其健康的危险,或导致不特定多数人的健康受损的危险的,应当予以处罚。我国的环境犯罪中,刑法第 339 条规定的非法处置进口的固体废物罪可以被理解为抽象危险犯,只要违反国家规定,实施了将境外的固体废物进境倾倒、堆放、处置的行为就构成犯罪。第 338 条规定的污染环境罪虽然从立法上看属于结果犯,但已被司法解释将部分行为类型调整为抽象危险犯。① 至于具体危险犯,则并不存在于我国环境犯罪中;事实上,我国整部刑法也未设定完整意义上的具体危险犯。

2. 累积犯

在环境犯罪危险犯的立法中,还有一种特殊情况。如香港地区水污染管制条例第 9 条规定,除法定的例外情况,任何人将任何物质排放入水质管制区内的公用污水渠或公用排水渠,即属犯罪,可处 6 个月监禁。但是,将任何物质排放入水渠并不意味着水质一定会被污染。如果对排污的内容、含量等标准进行限制,只要实施了超过标准的行为就构成犯罪,属于典型的抽象危险犯。但仅从本罪的构成要件上看,并无法推断出行为预设了一般人所认识的

---

① 有学者主张污染环境罪被修正为具体危险犯,参见:周啸天."抽象危险犯/具体危险犯+情节加重犯/结果加重犯"立法模式解读与司法适用问题研究——以"食品安全""环境污染"两个司法解释为中心[J].师大法学,2018(2):273-299。。笔者对此并不赞同,会在下文关于适格犯的讨论中展开论述。

危险。因此,这种犯罪类型比抽象危险犯的处罚还要提前,危险程度更低。为了解释这一立法现象,"累积犯"这一概念便应运而生。

作为一种特殊类型的抽象危险犯,"累积犯"的概念由德国学者库伦教授于20世纪80年代提出,其原型出自于水污染犯罪,如今已拓展到对自然环境和人为制度等集体法益的保护。所谓累积犯,即个人的独立行为只能对法益造成极其轻微的危害。但为了防止该类行为被反复实施,以至于最终造成重大损害,故有必要将其作为犯罪论处。以德国刑法典第324条规定的水污染罪为例,通常而言,"水质的不利改变"不会对水资源的生态功能造成侵害,故排污行为并未侵犯法律所保护的利益,甚至连抽象的危险都没有。[①] 但这种行为与其他因素共同作用,一旦超过某个特定阈值,就可能导致侵害结果的发生——"在水库的公共饮水中滴入几盎司致命毒药氰化钾并不会造成损害,但氰化钾若达到临界数量(是一个令人惊讶的巨大数目),就将是致命的。当某人(或公司)向空气中排放一定量的二氧化硫,尽管未达到损害的起点,但他已经在损害的方向上轻微地增加了危险性化学物质的浓度"[②]。范伯格教授进一步指出,累积犯具有以下五个特征:(1)由于众人共同且持续性的"贡献",才会接近、达到或超越特定阈值;(2)每个行为的贡献量参差不齐,关联程度与社会价值亦不相同;(3)在最终将侵害推至阈值之前,每个"贡献"本身都是无害的;(4)如果达到阈值,就构成公共损害,侵犯人人共享的重要利益;(5)绝大多数对污染有所"贡献"的行为从其他角度看是有益的,如果一律禁止,从社会整体角度来看反而会得不偿失。[③] 在我国环境刑法中,或许也可以将破坏野生动植物资源的犯罪评价为累积犯,这是因为单一的侵害行为对动植物所代表的生态法益所造成的危险多是微不足道的,而一旦被多人重复实施,才可能造成较大危险或危害后果。

累积犯的规制重点在于:即使个别行为没有表现出法益侵害的危险性,依旧属于可罚的不法行为。其理由在于,假设我们不实时对此种行为

---

① 参见:张志钢.论累积犯的法理——以污染环境罪为中心[J].环球法律评论,2017(2):162-178.

② 乔尔·范伯格.刑法的道德界限:第1卷 对他人的损害[M].方泉,译.北京:商务印书馆,2013:255.

③ 同②256.

采取刑事制裁手段予以禁止，就有足够的理由相信现实中也会有大多数人紧接着实施同种类型的行为；而这种累加效果将对受保护的社会单位功能或子系统运作产生具体的干扰效果。这就导致累积犯在认定上必须考虑两个因素：①首先，累积的效果必须是现实的，即具有"真实的累积效应"。以排放污水为例，这种行为在现实中屡见不鲜，发生概率较高。行为人排放了一次污水后，由于尝到了甜头，不太可能会立刻罢手，通常还会继续排放；而他人在发现后，也有加以效仿的可能性。这些后果累加起来，就可能造成较为严重的环境污染。而设立累积犯的规范目的正在于防堵可能发生的"溃堤效应"，以避免发生无法回复的系统崩坏问题。如此一来，社会中个人的法义务就不仅是"不侵害任何人"的注意义务，还包括协力确保他人法律上的权利不受侵害。此外，由于累积犯系以不法行为发生的频率取代了对行为本身危险的判断，故如果行为系偶然实施，不会反复实施并引发他人效仿，如出于嫉妒向邻居家鱼塘里投毒的，则不应被评价为累积犯。其次，从规范的观点看，累积犯的实行行为必须具有可罚性。事实上，如果大家都竞相实施一项合法行为，也可能会造成一定程度的混乱，例如都去一家打折商店购物。但是，购物是最为普遍的日常生活行为，本身完全没有任何可罚性。因此，只要行为人实施的是不会侵害法益的合法行为，无论是否与他人的类似行为累积并造成损害结果，都不可能构成累积犯。此外，如果一项行为虽然也能造成一定危害，但这种危害是如此轻微，以至于远未达到可罚的程度时，也不能构成累积犯。具体到环境犯罪中，要求行为人必须实施了对环境局部因素有应然破坏性的行为，而不能仅因为向水中排放微不足道的废物而受到刑事处罚。德国环境刑法即规定了这种"微罪不罚"的例外。如第 326 条规定：由于垃圾数量小，显然不会对环境，尤其是对人、水域、空气、土地、可为人类利用的动植物产生有害影响的，不罚。

累积犯模型呈现出下述几种有关规范结构及法释义方法的变革：②第一，不再需要评价污染结果的因果关系与客观归责。由于我们无法从规范的角

---

① 参见：李婕.抽象危险犯研究[M].北京：法律出版社，2017：28.
② 参见：古承宗.评析 2018 年新修正之"刑法"第一九〇条之一——以抽象危险犯与累积犯之辨证为中心[J].中正大学法学集刊，2018(61)：157-238.

度,将这种整体性风险或系统性的法益侵害公平地回溯至每一个行为人,故行为与法益侵害之间的关联在累积犯中完全多余。第二,透过累积犯特殊的行为结构,传统的结果无价值全数转变为行为无价值的问题,形塑行为非价的义务违反不再以现实性的法益危险作为基础,而是诉诸污染行为之外部成本的控制需求。第三,透过"微量原则"排除一般人日常所为之污染行为的不法性。由于不少学者都批评累积犯会过度犯罪化,故应当对此进行限制,将情节显著轻微的行为排除在外。

批评意见认为,累积犯被处罚的主要理由在于存在于外部、行为人无法控制或影响的他人行为。而从法理上讲,行为是否属于不法行为,理应由行为人自己决定,而不能因为他人会实施相同的行为而具有可罚性,否则就违反了罪责自负原则。[①] 但是,单独累积性行为既无法影响他人的行为,也无法控制他人的行为,故其只能、也只需要为自身的行为和过错负刑事责任,而不需要为他人的行为负责。[②] 并且,只要足够数量的违反规范即行为可造成法益侵害的效果,那么个别行为人就不得主张,其行为贡献对于结果发生是微不足道的。因为在这种情形下,法秩序没有理由让该行为人比其他规范相对人或团体取得更有利的地位。所以,累积犯并未违反罪责自负原则。当然,由于这种犯罪类型在某种程度上比抽象危险犯造成的危险还小,处罚过于提前,故应当对其加以合理限制,尽可能限缩其适用范围。具体而言,一方面,基于刑法的最后手段性,应考虑适用行政处罚是否足以将特定领域的累积性侵害控制在阈值之下,如果行政处罚即可预防累积犯侵害的发生,则不应适用刑罚。另一方面,应当对累积犯设置适度的刑罚,原则上应当轻缓化。[③]

3. 抽象危险犯与不服从犯的差别

不服从犯主要为了保障行政执法、确保行政强制与监管、维系行政法确立的标准等,而与法益保护这一传统机能无涉,行为人只要不服从行政管理,就将构成犯罪。这些犯罪大多属于环境行政监管相关的环境犯罪,不属于环境犯罪的核心领域。而抽象的危险犯虽然大多也以违背行政法上的义务作为构

---

① 参见:单丽玟.抽象危险犯的必要性审查[J].月旦法学杂志,2015(3):172-198.
② 参见:张志钢.论累积犯的法理——以污染环境罪为中心[J].环球法律评论,2017(2):162-178.
③ 同②.

成要件,却具有保护国民生命或健康免遭危险的目的,在本质上侵犯了法益。其中,行政义务的违背只是判断行为具有法益侵害可能的征表,刑法仍然是认定犯罪的主要依据,行政法则只能起到辅助作用。如果仅出于危险防御与方便追诉等考虑而设置抽象危险犯,就丧失了立法上的正当性。此外,抽象危险犯的行为具有法定性,只有实施了立法者根据经验或统计设置的特定行为,才认为具有侵害环境的抽象危险,而非只要实施了违反行政规范或行政命令的行为就均会成立犯罪。但单纯的不服从犯则不然,一般而言对违反行政规定的行为没有限制,任何类型的不服从行为均可构成犯罪。最后,与抽象危险犯的积极作为相比,不服从犯更多表现为不作为犯。综上所述,抽象危险犯与不服从犯的主要差别在于行政从属性的程度、实施行为的类型以及是否具有侵犯法益的危险。

(三)实害犯

1. 特征与争议焦点

实害犯兼顾违反环境监管的行为与现实的环境损害后果,需要控方提出实际损害环境的证据。尽管这种立法模式加重了国家的证明责任,但往往赋予了更高的法定刑,因此是合乎逻辑的。当政府既能证明某一行为是行政违法行为,又能证明其造成了实际的环境损害时,通过加大惩罚力度与威慑力,能够进一步证明环境价值的正当性。在这种意义上,实害犯一般被规定在危险犯的加重条款中。以德国刑法典为例,第324条至第329条规定了环境犯罪的危险犯,第330条则规定了相应的实害犯,即故意实施第324条至第329条之罪,污染水域、土地或保护区,致使此等污染不能清除,或需要花费巨额费用或很长时间才能清除的,属于危害环境特别严重的情形。我国的环境犯罪基本上也是以"结果本位"为立法导向的,绝大多数犯罪都要求在违反相关行政规定的基础上发生危害结果。例如,擅自进口固体废物罪要求造成重大环境污染事故,致使公私财产遭受重大损失或严重危害人体健康;非法占用农用地罪要求造成耕地、林地等农用地大量毁坏。至于侵犯动植物等自然资源的犯罪,更需要满足一定的数量或情节要求。

在认定实害结果时,需要注意以下两个问题:首先,认定犯罪的核心在于如何理解"环境损害后果"。那么,对结果的认定究竟是采取人类中心主义还是非人类中心主义?如何进行测量或描述已经发生的损害结果?"重大"和"轻微"

环境危害的区别又是什么？传统观点是通过对人类的危害程度衡量对环境的损害程度，①即对人类的损害被用来代替对环境的损害。如果污染严重到足以威胁到人类的身体、安全、健康、财产等利益，则环境也必然受到威胁。但这一观点存在缺陷：一是环境污染可能发生在远离居民区的地方，因此难以直接评判侵犯人类利益的程度；二是有些环境污染行为在短时间内不会对人类利益造成侵害，危害后果需要较长时间才能显现出来，此时就难以对这些行为进行及时、有效的规制。而如果采取环境中心主义，将"损害"界定为可以度量的或可以从性质上认定的一切物质损害，那么对环境媒介、环境资源以及生态系统的损害都可以被界定为"环境损害后果"，就更容易构成实害犯。

其次，危害行为与危害结果之间因果关系的认定问题。在因果关系难以证明或不可能证明的情况下，认定为危险犯等处罚较轻的罪刑就足够了；而在能够做出这种证明的情况下，认定为更为严重的实害犯更能够准确评价被告的行为性质。只不过如前所述，相较普通的杀人、抢劫等犯罪，环境犯罪的因果关系较难证明。一方面，污染事件的影响可能在很长一段时间内都不清楚，因此无法确定具体的危害结果；另一方面，在多因一果的情况下，也很难证明行为人的行为导致了结果的发生。当然，如果持环境中心主义，对结果的归责就相对较为容易。

2. 危险犯与实害犯的区别

从形式上看，危险犯与实害犯的差别显而易见——危险犯不需要发生危害结果，而实害犯只有发生结果才能构成犯罪既遂。但从另一个角度出发，在环境犯罪中，为了保护个体法益而将某个犯罪归类为抽象危险犯，与为了保护集体法益而将某一犯罪规定为实害犯，具有异曲同工之妙。② 如果持人本法益论，只有侵害人类法益才构成犯罪，故污染环境的行为只能构成人类法益的危险犯；如果持生态法益论或人本与生态调和的法益论，环境被污染本身足以被评价为犯罪后果，则只要侵害了环境，就属于实害犯。因此，环境犯罪究竟系采取何种立法模式，需要结合法益进行认定，一个罪名完全可以既是危险

---

① STONE C D. Should trees have standing-toward legal rights for natural objects[J]. Southern California Law Review, 1972(45):450-501.

② 参见：张志钢.论累积犯的法理——以污染环境罪为中心[J].环球法律评论,2017(2):162-178.

犯,也是实害犯。① 但刑法通说中的危险犯显然是在人本法益的语境下展开的,无论是"具体危险"抑或"抽象危险",都是针对人类法益的危险。

此外需要指出的是,笔者认为在人本与生态调和的法益论的视角下,环境犯罪也并非均为实害犯,仍有成立危险犯之可能。那种认为只要向环境中倾向、排放了部分化学物质,就会对环境法益造成刑法意义上的"实害",故污染环境罪均应当属于实害犯的观点,②混淆了污染环境罪的保护法益与作为具体对象的环境局部要素。③ 毕竟,局部变化不能等同于整体受损,实施了侵害行为也不意味着法益一定受到损害。更何况,由于环境本身具有一定的自净能力,再加上各种因子互相作用,即使向环境中排放了有害物质,也不一定会在实际上造成环境污染的后果。因此,环境犯罪也可以属于侵犯生态环境法益的危险犯,以这种立法模式实现法益的提前保护——只要实施了污染环境的行为,产生了严重污染环境的危险,即使尚未发生实害,也可以构成犯罪。上面讨论的累积犯就是典型例证。综上所述,无论采取何种法益观,环境犯罪均可以采取危险犯的模式,以最大限度地避免严重污染环境或他人生命健康受损等危害结果的发生。

(四) 严重的实害犯

该类型犯罪要求行为造成了严重的环境损害,而与是否违反行政规范无关,其目的主要在于保护公共安全与具体的生命、身体权。这种犯罪类型切断了刑法与行政法或行政行为之间的联系,即使被告人遵守了行政机关的规定或具有相应许可,只要造成了严重的环境损害后果,就应当受到刑法制裁。如美国环境犯罪中规定,排放法律规定的极端危险物质,使他人处于死亡或严重身体伤害的紧迫危险时,刑法可以不顾行政法的规定进行干预,排除许可证庇护和环境犯罪中的"非法"性要素。④ 再如,德国刑法典第 330a 条规定,只要传播或泄放有毒或能产生毒性的物质,致人死亡的,就应当判处 3 年以上自由

---

① 参见:张明楷.污染环境罪的争议问题[J].法学评论,2018(2):1-19.
② 参见:张志钢.摆荡于激进与保守之间:论扩张中的污染环境罪的困境及其出路[J].政治与法律,2016(8):79-89.
③ 参见:李川.二元集合法益与累积犯形态研究——法定犯与自然犯混同情形下对污染环境罪"严重污染环境"的解释[J].政治与法律,2017(10):39-51.
④ 参见:贾学胜.美国对环境犯罪的刑法规制及其启示[J].暨南学报(哲学社会科学版),2014(4):60-68.

刑,与是否违背行政义务没有关系。这种模式下的罪刑所依据的假设是,所涉及的环境损害的程度过于严重,已经超过了实体遵守的行政规则所设想的程度。① 行为人明知自己的行为会给他人的生命或健康造成严重的危害而仍然为之,无疑具有刑事可罚性。这些犯罪虽然为数不多,但确实存在,并且其消除与行政法或行政行为关联的方式各不相同。有些否定了行政许可作为犯罪的辩护事由;有些从立法中剔除了"违反行政义务"的表述;有些则跳出环境犯罪的范畴,以投放危险物质、毁坏财物等传统罪名进行起诉。

对此,批评意见指出:在污染行为得到环境监管部门的授权,或是具有行政许可的情况下,此时尚且不违反行政法,为何要受到刑法的规制呢? 回应意见则表示:切断行政联系的犯罪只涉及最严重的环境污染案件。无论在哪种法律制度中,行政法都从未赋予被许可人严重损害第三方利益的权利。② 此外,行政法通常也允许当局在公共卫生和类似利益受到严重威胁时,对被许可人采取紧急安全措施——即使在遵守许可条件的情况下也是如此。由于行政制度不允许过分的污染发生,故惩罚这类行为并不违反行政法。③ 关于这一问题的深入讨论,笔者已在前文中予以说明,此处就不再加以赘述了。

二、对四种犯罪类型的评述

通过将环境犯罪所涉及的利益与惩罚的目标进行对比,我们可以将这四种模式放在一个代表犯罪的严重性与惩罚的严厉性的连续体上。最低端是单纯的不服从犯。这些犯罪只维护行政利益,主要实现刑罚的功利目的。它们允许刑法进行早期干预,方便起诉,并能够更有效地服务于环境价值的实现。不过,与后面三种维护了更重要利益、实现了更多刑罚目标的犯罪模式相比,其也理应受到最温和的刑事处罚。接下来,按照从轻到重顺序排列的依次是危险犯与实害犯——现实的损害比无疑比损害的威胁更为严重。此外,如前

---

① FAURE M, VISSER M. How to punish environmental pollution? some reflections on various models of criminalization of environmental harm [J]. European Journal of Crime, Criminal Law and Criminal Justice, 1995 (4):316-368.
② 同①.
③ MANDIBERG S F, FAURE M. A graduated punishment approach to environmental crimes: beyond vindication of administrative authority in the United States and Europe[J]. Columbia Journal of Environmental Law, 2009(2):447-511.

所述,危险犯又可进一步划分为"推定危险"的抽象危险犯与"现实危险"的具体危险犯两类,后者要重于前者。同样,实害犯也包括两种程度的犯罪:只涉及对环境造成损害的犯罪和同时涉及对环境和人类健康、安全或财产造成损害的犯罪,后者也要重于前者。而就造成的危害结果而言,严重的实害犯模式无疑是最为严重的,并亦可类比实害犯进行分类,从而排除是否保护行政利益的争论。这样一来,四种类型的犯罪就形成了一个犯罪严重程度与刑罚严厉程度逐渐上升的阶梯。当然,下一级中最严重的犯罪类型可能会与上一级中最轻微的犯罪类型存在部分重合之处。基于这一模型,国家也应当采取累进的惩罚方法规制环境犯罪。[①]

需要指出的是:按照上述顺序讨论这些立法模式绝非偶然,而是依据时间上的发展顺序。自二战后至 20 世纪 70 年代,为了抗制日益突出的环境问题,欧洲多数国家才开始逐渐形成较为完备的环境法律体系。最初,刑法对环境的保护始于维护环境行政法效力的需要,纯粹依附于环境法律规范,甚至往往被规定在环境法中的刑事责任部分,在性质上具有高度的行政依附性。只要行为人违反了环境法的相关监管规定,就可能会面临刑事处罚。诸如比利时、法国、英国等国家甚至没有规定对环境违法行为的行政罚款措施,从而使刑事制裁成了违反环境行政法的唯一法律后果。此外,由于立法者将环境犯罪简单地作为行政法的一种补充,故使得环境犯罪在罪名体系中处于较低的地位——多数民众以及司法人员都将刑法典中所列的罪刑视为最重要的罪刑,对环境法规定罪刑的关注则相对较低。正是由于不受重视,导致实践中认定环境犯罪的案件为数极少,[②]环境犯罪规定沦为仅具有宣示作用的虚置条款。

由于这种模式被认为忽视了对生态价值的保护,随着立法与司法在 20 世纪 80 年代的演进,人们的环保意识大幅增强,开始逐渐将对生态环境产生具体危险或实际损害的行为犯罪化。然而在这种情况下,只要行为人遵守相应的行政法规或行政行为,就不符合刑法中"非法"的条件,从而极大压缩了刑法

[①] MANDIBERG S F, FAURE M. A graduated punishment approach to environmental crimes: beyond vindication of administrative authority in the United States and Europe[J]. Columbia Journal of Environmental Law, 2009(2):447-511.

[②] FAURE M. A paradigm shift in environmental criminal law[A].;SOLLUND R,STEFES C H,GERMANI A R. Fighting environmental crime in Europe and beyond[C]. London:Palgrave Macmillan, 2016:17-43.

介入的空间。例如,即使是严重污染土壤或水域的行为也不一定会受到惩罚,除非行为人同时违反了环境保护法的行政义务。于是,立法者开始着手在环境犯罪中"去行政化",把关注的重心放到危害结果而非义务违反的程度上,第四种立法模式就随之产生。① 当然,"去行政化"绝不意味着立刻切断环境刑法与环境行政法之间的任何关系。恰恰相反,这种关系还具有一定的优点。例如,行政法对义务的规定有助于使环境刑法中违法行为的范围更加明确。鉴于专业知识和因此而具有的信息优势,行政机关的工作人员可能比刑事法院的法官更有资格来决定某一行为是否应被视为非法。因此,必须承认在当前欧美大多数国家的法律体系中,环境刑法和环境行政法之间仍然存在某种联系。只不过与之前环境犯罪对行政法的绝对依赖相比,已经发生了较为显著的变化。②

三、环境犯罪类型的确定标准

在明确了环境犯罪具有抽象危险犯、具体危险犯与实害犯等多种犯罪类型后,有必要讨论这些犯罪类型的设定依据与原则问题,亦即,究竟哪些侵害环境的行为应当被评价为犯罪? 如果构成犯罪,则究竟应当设置为危险犯,只要发生危险就成立犯罪,还是设置成实害犯,要求必须发生严重的危害后果? 在犯罪认定中,是否需要以行政法作为前置条件? 日本有学者将这一问题理解为环境犯罪的罪质问题,如今井猛嘉教授指出,对此问题应当分情况讨论:第一,在能够认定环境破坏已经达到显著程度的场合,无论是否存在或是否适用与环境保护相关的行政法规,都构成涉及特定环境媒介的犯罪,应当允许直接科处刑罚。第二,可预想到环境破坏,且行政应对无法取得防止环境破坏的效果时,应当以犯罪论处。第三,可预想到环境破坏,且行政应对可以取得防止环境破坏的效果时,从刑法谦抑性观点出发,应当将行政措施的履行作为排除犯罪成立的要件;如果效果不理想,则应构成犯罪。第四,如果刑罚之外的

---

① FAURE M,VISSER M. How to punish environmental pollution[J]. European Journal of Crime, Criminal Law and Criminal Justice, 1995(3):316-368.

② FAURE M. A paradigm shift in environmental criminal law[A]. SOLLUND R,STEFES C H,GERMANI A R. Fighting environmental crime in Europe and beyond[C]. London:Palgrave Macmillan, 2016:17-43.

政策诱导更能起到保护环境的作用,则应积极采取这一替代手段。① 笔者对这种分类讨论的研究思路深表赞同,认为在判断某一行为应否作为环境犯罪处理,以及设置为何种类型的犯罪时,应当按照以下步骤依次进行分析。其中,第一步犯罪化是确立犯罪类型的前提条件,如果没有设置为环境犯罪的必要,自然就无须讨论具体的犯罪类型。后三步之间则存在危害上的递进关系与罪名上的补充关系——如果设置了危险犯,在发生实害后理应受到更重的处罚;如果没有必要设置危险犯,仍需考虑是否需要设置实害犯。按理说,基于刑法的谦抑原则,理应在设立实害犯后再讨论危险犯的问题;但从风险预防的角度出发,思路却是先考虑危险犯,如果危险犯会导致处罚过于超前、不利于人权保障,则再考虑设置实害犯。

(一)犯罪化的基本思路

第一步是对各种利用自然资源与改善生态环境的行为进行风险分配,区分哪些社会活动或个人行为属于法律所允许的风险。为平衡经济发展与环境保护之间的关系,国家应当根据政策需要,综合考虑多方面因素,综合协调立法、司法、行政机关,审慎地划定环境刑法的处罚范围。为避免资源消耗与环境保护之间的冲突,犯罪环境的构成要件内容必须与行政机关对环境资源的管理相呼应。此时,就需要充分利用行政从属性这一立法技术,首先由具有监管职责、更富专业素养的行政机关进行第一道风险判断,严把入罪关口。行政人员通过授予许可、设定标准、责令改正等行政行为,对破坏环境的行为设立"过滤阀",虽对环境具有一定风险,但却更利于社会发展的行为排除于犯罪构成之外。原则上,只要符合行政法规定或依照行政行为的,就不应进入司法程序——除非会对公众的生命健康等重大法益造成严重的危害结果,侵害了国家容忍的"底线"。倘若行为违反了行政法,则应交由法官进行第二道风险判断,通过衡量斟酌事件的特性、侵害法益的轻重程度以及所欲达到的管制效果,来决定是否选择以刑罚的方式对违反行政法上义务的行为加以制裁,将其上升为犯罪处理。当然,此项衡量与决定必须通过比例原则的检验,方能满足国家动用刑罚这一最后手段的正当性要求。如果采取行政制裁的手段足以起到惩治效果,就没有必要适用刑罚——单纯的不服从犯没有侵犯值得刑法保

---

① 参见:今井猛嘉.环境犯罪[J].李立众,译.河南省政法管理干部学院学报,2010(1):7-14.

护的环境利益,不宜以犯罪论处,我国刑法当前没有、今后也不应设置这种犯罪类型。综上所述,这一侵害环境行为犯罪化的判断模式可以最为全面地进行风险分配,严把入罪关口,并能够根据当前的政策重点,灵活调整环境犯罪的成立范围。

(二)抽象危险犯的设置

第二步是阻止法所不允许的风险转变为刑法意义上的危险。该阶段应当通过设置抽象危险犯的方式,将刑法的防线提前,认为只要行为人的行为符合构成要件所描述的事实,就会由风险转化为对法益的危险,故应予以刑罚制裁。

1. 设置抽象危险犯的必要性

有学者反对为环境犯罪设立抽象危险犯,理由主要在于抽象危险犯理论本身不完善,存在较大问题;抽象危险犯将刑法作为治理社会的纯粹工具,有损法律尊严;有限度的污染是为当前社会所允许的,环境抽象危险犯会极大限制正当的业务行为,阻碍社会的发展。[①] 但笔者认为,这些批评意见不能成立。首先,抽象危险犯理论经过了百年的发展演进,自身已经形成了较为稳定、成熟的理论体系,论者所举的问题大多都已得到有效解决,不应以此作为批评理由。其次,不可否认抽象危险犯比实害犯提前了处罚时间、扩大了处罚范围,但这种提前是经过立法者深思熟虑后的结果,既满足现实需要,也具有理论支持。如果戴着有色眼镜,认为规定了抽象危险犯的刑法属于"草菅人命""助长虐政",就是全盘否定了当前世界各国的刑法。如果论者的前两点理由成立,就不再是环境犯罪不应设置抽象危险犯的问题,而是所有犯罪都不应设置抽象危险犯的问题。最后,设置环境犯罪的抽象危险犯也绝不会将任何污染环境行为都作为犯罪处罚。立法者在设置行为类型时必然是有选择性的,并且大多都会加上"违反……规定"的限制,以行政从属性作为危害行为的过滤阀。因此,这一担心也是多余的。综上所述,在环境犯罪中设立抽象危险犯契合环境犯罪的特征,符合风险社会的立法需要,是一种必然的选择。

---

① 参见:赵星.法益保护和权利保障视域中的环境犯罪立法与解释[J].政法论坛,2011(6):166-174.

2. 抽象危险犯的合理限制

如果行为人实施的行为对法益具有高度的危害可能性,或是危害可能性虽不确定,但一旦发生就会导致非常严重的后果时,设立危险犯就能够对法益起到较好的保护作用。① 但与具体危险犯相比,成立抽象危险犯无须在个案中具体判断危险是否发生,亦不用论证行为与危险之间的因果关系,刑法介入的时机也更早,故对公民权利的限制更大,在立法时自然更应慎重。② 因此,需要讨论两个核心问题:第一,对抽象危险的处罚可以前置化到何种程度?第二,由于抽象危险是法律拟制的危险,如果在个案中完全没有任何危险的,是否需要处罚?

针对第一个问题,笔者认为,设计抽象危险犯这种犯罪类型,并不是在危险还小的时候就提前进行防备,而是因为行为已经显现出某种非防堵不可的典型危险;③也不是越容易防止风险时就越应设置,否则,将风险扼杀在萌芽中肯定是最有效的方法,但这样做会导致处罚过于超前。如果法益是否发生实害,仍在行为人能够轻易掌握的情况下,尚未达到具体危险的程度时,就属于对低度危险行为的禁止,无疑是效果较差、副作用较大的手段。只有当抽象危险犯已经普遍达到具体危险的程度,是否会使法益产生实际损害已经逾越人力掌控范围时,其对公民权利的限制才不会比具体危险犯更严重。更何况,由于抽象危险犯不允许行为人判断有无具体危险,故能够使行为人不至于心存侥幸或判断错误,从而在实际上禁止了更多逾越人力掌控范围的危险行为,能够起到更好的效果。因此,此时设立抽象危险犯是合理的。④

因此,在立法技术上,为了更好地限制抽象危险犯的处罚范围,就应当尽量采取适格犯的立法方式,通过"足以产生……危险""足以危害……"的立法规定将危险判断明确化。所谓适格犯,也被称为适性犯、抽象—具体危险犯或潜在危险犯。一般认为,适格犯适合被归入抽象危险犯,作为其一种特殊形态。与具体危险犯相比,它不需要在个案中判断是否发生了具体危险,也不需要造成现实的危险;与抽象危险犯相比,其对行为的危险性进行了限制,必须

---

① 参见:单丽玟.抽象危险犯的必要性审查[J].月旦法学杂志,2015(3):172-198.
② 不同观点参见:单丽玟.抽象危险犯的必要性审查[J].月旦法学杂志,2015(3):172-198.
③ 参见:台湾"大法官"释字第六四六号解释之许玉秀不同意见书.
④ 同①.

根据由具体的行为情势所形成的一般性因果关系来判断是否存在侵害倾向。① 亦即,并非构成要件规定的所有危险行为均应被纳入刑法的处罚范围,只有符合立法者精心筛选条件的危险行为才为刑法所禁止。换言之,适格犯是经由立法政策方式,将达到一定"强度"、可能对法益造成一定"量"的侵害的行为规定为犯罪。从这个角度而言,适格犯的处罚关键在于可能导致具体危险的"行为"本身,可以被理解为具体危险犯的未遂形态。

我国环境刑法中并无适格犯的相关规定,完全可以将部分抽象危险犯的立法方式修改为适格犯。其实在司法解释中,司法机关已经开始了这方面的尝试。在 2013 年与 2016 年,最高司法机关针对污染环境罪先后出台了两个司法解释,设立了 18 种行为方式,导致该罪的不少类型都已经成为抽象危险犯,在事实上架空了该罪"严重污染环境"的构成要件。很多学者都对此进行批评,认为司法解释扩大了该罪的成立范围,提前了刑法介入的时机,并且存在与法益保护脱节的情况,如无证处置危险废物、排放 3 吨废水、受到行政处罚后又污染环境的,并不一定意味着会造成环境损害的实际结果。笔者认为,虽然学者们在批判时不自觉受到了"严重污染环境"的影响,先将该罪预设为结果犯(含具体危险犯),再基于未造成危害结果的角度展开论证。但是,如果我们直接将"严重污染环境"理解为一种危险呢?因此,立法者可以采取适格犯的方式重新定义该罪,即实施排放、倾倒、处置有害物质等行为,"足以严重污染环境"的,构成污染环境罪。至于"足以"的判断,现有司法解释其实已经规定得很具体了。亦即,在特定区域内排放、倾倒、处置有毒有害物质,非法排放、倾倒、处置危险废物达到一定数量,在环境质量要求很高、较易被污染的特定区域内排污,排放、倾倒、处置的污染物中特定重金属或有机污染物的含量超过一定标准,以及屡教不改、累积性排放严重污染物等情况的,都是司法机关根据实践经验总结出来的常见情形,均足以推定行为具有产生严重污染环境的危险。由于是抽象危险犯,当然不需要在个案中进行具体判断危险是否发生,更无须出现现实的污染结果,故上述批评自然就不成立了。因此,司法解释的规定在实质上将污染环境罪的部分情形变为了适格犯,具有一定的科

---

① 参见:张志钢.摆荡于激进与保守之间:论扩张中的污染环境罪的困境及其出路[J].政治与法律,2016(8):79-89.

学性和合理性;但却僭越了立法,存在正当性的质疑。无疑,司法解释越精细,从反面表明立法越粗疏。如果不依靠司法解释,而是通过立法者修改法律,则这一问题就不再成为问题。综上所述,建议立法者修改我国环境犯罪的相关立法,以"足以严重污染环境"等立法技术设定适格犯,从而既能够实现环境法益的提前保护,也可以避免司法乱入立法的危险。

有学者主张,污染环境罪应当被理解为具体危险犯而非抽象危险犯。根据司法解释规定,并非只要实施了任何污染环境的行为均构成犯罪,而必须对环境法益产生了具体危险。当然,这一具体危险不需要司法机关在个案中进行判断,而是鉴于环境污染问题的专业性与复杂性,司法解释通过一系列限制性规定,替法官规定了判断具体危险的统一标准。因此,司法机关只要证明行为人实施了上述特定行为,就可以认为存在具体危险。[①] 这种观点混淆了具体危险犯与适格犯的概念。该学者主张的"只有向核心区投放污染物的行为,才会导致环境法益具体而紧迫的危险",只是一种概率上的推断,是对行为本身危险性的描述,而非对行为所导致的结果的描述。只能说,在绝大多数情况下,向核心区排放污染物的行为能够对环境法益产生较大危险,却不意味着必然会产生危险。事实上,这种危险是否发生,仍需要进行具体判断。因此,具体危险犯要求在具体案件中判断是否发生了高度危险,而不能通过行为拟制危险——这恰恰是抽象危险犯的特征。如果认为污染环境罪是具体危险犯,法官就必须在证明行为人于自然保护区核心区排放有毒物质等情形之外,具体判断该行为是否会因为排放量过少等原因而不会对水源区的环境造成现实、紧迫的危险。在实践中,这一认定显然是不必要的。综上所述,适格犯的危险是潜在的,故只需在罪状中表述"足以发生……危险",而不关心事实上发生与否,距离结果发生更是十分遥远;而具体危险犯的危险是现实的,只有罪状中明确表述了"发生……危险的"才应视为具体危险犯,这种危险距离结果只有一步之遥,之所以没有发生结果完全是由于运气等偶然原因。由于司法解释只要求行为的危险性,而不要求危险是否现实发生,故污染环境罪应当属于适格犯而非具体危险犯。

[①] 参见:周啸天."抽象危险犯/具体危险犯+情节加重犯/结果加重犯"立法模式解读与司法适用问题研究——以"食品安全""环境污染"两个司法解释为中心[J].师大法学,2018(2):273-299.

对于第二个问题,如果在具体案件中,确实没有危险发生,或者发生危险的概率很低,应当如何处理？美国就曾经发生过这么一个案件：被告人在仓库中存放了4000只桶,其中有60只用来储存易燃物,但并没有获得相应的许可。控方认为,这些危险物质可能会发生爆炸,危及周边人的生命安全。被告辩称,自己虽未获得许可,但为此采取了严密且必要的安全防护措施,设立了警示标志,并且员工也都是训练有素的。因此,根本不可能会发生爆炸事故。笔者认为,结合各国立法例与司法实践,对这一问题主要存在以下解决方式：第一,设立"微罪不罚"条款,或者在司法程序中过滤,从而使得抽象危险犯并不一定会受到处罚。德国及我国台湾地区的环境犯罪中,均有类似规定。而我国刑法中也有第13条但书的限制,如果某抽象危险行为在个案中确实不会造成危险,或仅会造成少量危险的,可以适用该条款,以"情节显著轻微,危害不大"为由不作为犯罪处理。第二,为抽象危险犯设置客观处罚条件。考虑到刑罚的比例原则,在未出现法定情形时,即使实施了抽象危险行为,也不予以处罚,从而限制刑罚权的发动。此外,为了进一步限缩处罚范围,还可以设置特殊中止条款。原则上,抽象危险犯的构成要件行为一经实施,就推定具有危险,成立犯罪既遂,是不可能具有中止形态的。① 因此,可以考虑为危险犯设置特殊的犯罪中止条款,如犯罪情节轻微,且行为人真诚消除污染的,可以减轻或免除处罚。第三,通过对构成要件进行合理解释,将不值得处罚的行为排除于犯罪之外。如对于适格犯的立法模式,认为程度轻微的行为尚不"足以"引发特定危险的发生,从而在构成要件该当性的判断阶段就否定犯罪的成立。

(三) 具体危险犯的设置

第三步是阻止危险转变为实害。在这一阶段应采取具体危险犯的方式,即采取"对……产生危险""致生……的危险"的立法技术,通过管制"行为程度"以达到规范保护法益的目的。由于具体危险犯要求具体危险的发生,且这种危险已经足以被评价为刑法意义上的"结果",故其属于结果犯,与实害的发生仅一步之遥,对公民权利的限制相对较小,是一种较为合适的犯罪类型。不过,如前所述,我国目前基本上不存在具体危险犯,且按照笔者对抽象危险犯这一犯罪类型的限制,使其与具体危险犯相比,并不会导致处罚时机过于提

---

① 当然,如果还相应规定了实害犯,则可以构成实害犯的中止。

前。故笔者认为,我国环境犯罪原则上可以略过具体危险犯这一犯罪类型。

(四) 实害犯的设置

第四步当然是设立实害犯,处罚造成实际损害的侵害环境行为。当然,如果之前设立了危险犯,当危险转变为实害时,则应当加重处罚。

在设置实害犯时,首先,要准确理解"实害"的内容。对环境的实际危害具有多个维度,可以从受害者、危害的发生地点、危害的发生时间、危害的具体内容等多个角度进行审视。界定什么是环境损害,蕴涵着人与自然关系的一种特殊哲学立场。至于什么是"错误"或"正确"的环境实践,在很大程度上取决于判断者所持有的价值观和利益立场,反映在以人类为中心、以生物为中心还是以生态为中心的各种观点中。① 这就需要考虑犯罪结果是只和环境法益相关,还是可能同时侵犯到人类的生命、健康等法益。此外,许多严重的环境损害实际上属于社会正常生产生活的一部分,即使对环境造成了重大影响,在法律上也不会得到否定性评价,甚至会通过一系列的政策与技术设计,使其合法化或合理化。因此,在设置实害犯时,重要的是要区分由不完善的操作造成的具体损害实例,以及由规范认可的活动形式所造成的系统性损害。前者被认为是"犯罪的"或"有害的",因此受社会控制;后者则不然。这在一定程度上是环境风险划分方式的结果:具体行为或事件会受到制裁,而更广泛的立法框架可能会设定参数,但仍然允许其他有害环境的做法继续存在。②

其次,要为实害犯配置合理的法定刑。由于实害犯造成了现实的危险后果,故就侵害同一法益而言,实害犯的法定刑理应重于危险犯的法定刑。但当前我国污染环境罪的罪刑设置却严重背离这一常识。根据司法解释的相关规定,污染环境罪共有 17 种具体行为类型,其中有些只要实施具有危险的特定行为即可,有些则要求造成一定的危害后果,但它们都适用同一档次的法定刑,即 3 年以下有期徒刑或拘役。例如,通过暗管、渗井、渗坑、裂隙、溶洞、灌注等逃避监管的方式排放有毒物质的未造成相应的后果的,对环境造成的侵害明显要轻于致使森林或者其他林木死亡 50 立方米以上,或者幼树死亡 2500 株以上等情形。再如,根据该罪所处的章节、罪名与法律规定,污染环境是成立犯罪的必备要件。

---

① WHITE R. Crimes against nature:environmental criminology and ecological justice[M]. Uffculme:Willan Publishing, 2008:89.

② 同①91.

因此,对于致他人中毒、受伤等情形,无疑必须先造成污染环境的后果,再间接作用于人体。此时,行为不但侵害了环境法益,也侵害了人类法益,危害性显然更大,但法定刑的幅度却与只侵犯环境法益的行为完全相同。虽然可能有人认为,法官会在具体裁量时予以考虑,但不同类型之间确实存在冲突或矛盾之处,摇摆不定,轻重不一,无法形成一个有效的罪形阶梯——"就逻辑关系问题而言,把行为属性和结果属性情形作为选择性并列关系进行择一适用,就导致对法益的保护有时提前到抽象危险犯保护层次,有时推后到实害犯程度"①。并且,由于结果对危险的包容关系,会导致结果犯类型规定的虚置,从而造成司法资源的浪费。实践中,由于环境污染后果与行为之间的因果关系较难认定,出于起诉与认定的便利,司法机关大量采取了行为犯的认定方式,导致结果犯的方式几乎被架空,成为仅具有"象征性"的规定。

但是,对环境实害犯的法定刑设置也不宜过重,如上升到无期徒刑这一层面。毕竟,环境犯罪的着眼点在于环境,人类利益只是间接侵害的对象。在污染环境发生致人重伤、死亡或危害公共安全等严重后果时,完全可以利用结果加重犯或想象竞合犯的理论解决。不少学者都指出,我国环境犯罪的刑罚设置整体偏轻。例如,盗伐林木罪的法定刑轻于盗窃罪,污染环境罪的法定刑轻于以危险方法危害公共安全罪,这显然将会使环境犯罪的违法成本过低,不利于预防犯罪。因此,应当提高环境犯罪的法定刑,至少与相应侵犯个人利益的犯罪相当。但是,这种观点误解了环境犯罪的保护法益——环境犯罪直接侵犯的是环境利益,而非个人利益。因此,环境犯罪的法定刑设置只需要围绕环境法益被侵犯的程度,而不必考虑到个人的生命、健康、财产等法益。由于环境法益具有抽象性等特点,对人类利益的影响较为间接,故各国对仅侵犯环境法益的犯罪均未规定过重的法定刑。并且与其他国家相比,我国环境犯罪的刑罚设置偏重,不宜再予以提高,否则就容易造成刑罚过剩,也不符合当前我国刑罚总体上的轻缓化趋势。②

如果确有必要提高刑罚,可以采取侵犯环境的结果犯与进一步侵犯个人法益的结果加重犯的立法方式。但这种犯罪模式也存在一定风险:如欲认定

---

① 李川. 二元集合法益与累积犯形态研究——法定犯与自然犯混同情形下对污染环境罪"严重污染环境"的解释[J]. 政治与法律,2017(10):39-51.

② 参见:赵秉志. 中国环境犯罪的立法演进及其思考[J]. 江海学刊,2017(1):122-132+238.

结果加重犯,必须认定污染环境的基本犯行为与造成个人法益受损的加重结果之间的因果关系,即系污染结果造成了他人重伤等后果。但在有些情况下,这一因果关系确实不易认定。其实,我国刑法中对侵犯个人法益犯罪的规定较为完备,只要科学运用罪数理论,就可以解决法定刑设置问题。立法者之所以这么设置法定刑,也是"相信司法人员会充分运用竞合论原理而从一重处罚,以做到罪刑相适应"①。例如,行为人同时触犯污染环境罪与投放危险物质罪的,构成想象竞合犯,依照重罪投放危险物质罪论处即可。因此,环境犯罪的基本法定刑设置不宜过重,以免走进"重刑主义"的死胡同。目前看来,盗伐林木罪最高可以判处 15 年有期徒刑,足以罚当其罪,没有必要上升到和盗窃罪相同。当然,在刑法修正案(十一)出台前,污染环境罪的法定刑最高只有 7 年,确实偏低,罪刑配置不均衡的现象较为严重,②故立法者通过增设"7 年以上有期徒刑"这一量刑档次予以解决。不过,同样没有必要上升到与以危险方法危害公共安全罪相当,在难以实现罪刑均衡时,根据该罪第二款确立的竞合原则处理即可。

综上所述,环境犯罪各种类型的设置体现出对法益保护的不同态度:设立抽象危险犯是为了保护被害人没有风险地支配法益,设立具体危险犯是为了保护被害人不丧失对法益的支配,设立实害犯则是为了保护被害人不丧失法益。按照这一原则,可以对我国环境犯罪类型进行立法完善,形成危险犯、实害犯与结果加重犯的罪刑阶梯。我国刑法第 339 条非法处置进口的固体废物罪就是一个立法典范。该罪共有三个法定刑层次:第一层次是危险犯,只要实施了将境外的固体废物进境倾倒、堆放、处置的行为,就推定对环境具有抽象危险,处 5 年以下有期徒刑或者拘役。第二层次是实害犯,要求造成重大环境污染事故,致使公私财产遭受重大损失或者严重危害人体健康的,同时体现出对人类和环境的侵害,处 5 年以上 10 年以下有期徒刑。第三层次则是第二层次的结果加重犯,要求在此基础上造成特别严重的后果,处 10 年以上有期徒刑。不难看出,该罪的立法层次分明,涵盖范围广泛,在同一环境犯罪中既规定危害行为的发生的罪责,也规定产生特定危害结果后的罪责,并设置了较为

---

① 陈洪兵."美丽中国"目标实现中的刑法短板及其克服[J].东方法学,2017(5):40-49.
② 参见:喻海松.环境资源犯罪实务精释[M].北京:法律出版社,2017:126.

全面、科学的罪形阶梯,便于实践操作。这一立法应当作为今后环境犯罪类型设置的范本。而刑法修正案(十一)对于污染环境罪刑罚设置的修改,也印证了笔者的这一观点。

第二节　因果关系的认定

"因果关系是环境犯罪追诉中,一项特别的难题,一方面因为环境犯罪行为与损害之间因果关系的证明,需要特别的专业技能,无法依一般性经验法则为之;另一方面因为在行为和被害法益之间往往有着错综复杂的关系,因为有害物质在环境媒介经常是聚合累积的,要清理个别的行为和损害之间的因果关系殊非容易。"① 与传统刑法的归责系统大多侧重于个别行为与结果之间的促成关联不同,环境污染因为环境利用行为具有特殊的集合性及累积性特征,使得传统的结果归责逻辑无法有效应用于环境犯罪范畴。尤其是在科技高速发展、风险无处不在的现代社会,我们知识的进步终究无法赶上破坏环境行为日新月异的行为样态,不可能完全揭示出所有污染行为与危害结果之间的关联性。此时,如何确定环境犯罪的因果关系就成为实践中十分棘手的问题。如果仍然恪守传统的条件说、相当因果关系说等因果关系判断标准,会导致归责上的困难,甚至造成处罚上的漏洞。为了解决这一难题,理论界与实践界都进行了积极的探索,提出了很多具有创新性的观点。接下来,笔者将围绕环境犯罪的特点,对其因果关系认定中的若干疑难问题展开讨论。

一、问题之争鸣

随着社会的发展与进步,环境犯罪的数量也在激增;而危害后果认定的复杂性与不确定性,也极大增加了环境犯罪的归责难度。为了避免坐视环境犯罪的危害日益增加,需要对传统因果关系理论进行改造,减缓因果关系的认定标准,以达成有效惩治环境犯罪的司法目的。在这一背景下,疫学的因果关系理论在日本应运而生。所谓"疫学",即研究某种疾病蔓延的前因后果,并探究其与自然、社会等条件的关系,进而得出防治对策。其关注的是人群而非个别

---

① 许玉秀.主观与客观之间:主观理论与客观归责[M].北京:法律出版社,2008:378.

的人,采取人口统计学方法确定受所研究疾病影响的人群的性质(如年龄、性别、种族、职业),在长时间内对疾病的发生进行连续观察,以测定其发生率和死亡率的变化、记录其地理分布的变异等。在此基础上,通过科学的分析研究,找出高危险群体与疾病病因,并提出针对性的预防方法。因此,疫学的证明不是"暧昧的证明",而是具备严密性科学的、学问的证明。①

具体到环境犯罪中,疫学的因果关系表现为借助疫学这一研究方法,探寻出污染行为与危害结果之间具有高度的关联性,进而肯定因果关系的存在。具体而言,认定疫学的因果关系的思考步骤为:首先,假设被害样态;其次,将可能发生该结果的因素分别列出;再次,选择与结果发生关系较为密切的行为人进行调查;最后,认定该因素与结果发生之间是否具有"合理的盖然性"。至于如何判断具有"合理的盖然性",需要满足以下四个条件:第一,某种因子在发病之前的一定期间已起作用。第二,该因子的作用程度越显著,则人们的患病率越高;当然,被害人应当在地域、职业、饮食或用药等方面具有共通性。第三,根据因子的发生、扩大等情况所做的疫学观察记录能够说明其流行特征,且没有矛盾。第四,该因子的作用能够在生物学上得到合理说明。② 只要存在疫学上的因果关系,在排除其他原因的可能性后,一般就可以认定行为人对自己排放有害物质的行为负有客观责任。

作为理论上的创新,疫学的因果关系被日本应用于司法实践中。因果关系推定理论就是对疫学因果关系与间接反证③等理论的综合运用,无非是推定方式、方法有所差异。为了消解因环境公害的特殊性所导致的因果关系举证上的困难,日本公害罪法第5条专门规定了因果关系的推定,即工厂或事业机构,因附随其事业活动所排放有害国民健康之物质,已达到了足以致使公众生命或健康危险的程度,若在其危险物质排放所及之地区内,因同种物质致使公众生命或健康于危险者,则推定该危险为排放物质所产生。此处的"同种物质"系指发生同种危险的物质。倘若有多种物质都可能产生危险,只需要证明污染者排出的物质会产生同样危险即可,而不需要进一步证明排污者与受污染地区中导致危险的具体是什么物质。此外,由于本条系因果关系的推定,故

---

① 参见:郑昆山.环境刑法之基础理论[M].台北:五南图书出版有限公司,1998:258.
② 参见:姚志明.RCA事件与疫学因果关系[J].月旦法学杂志,2015(12):21-44.
③ 该理论主要用于环境民事侵权案件中因果关系的认定。

允许被告进行反证以推翻推定,如证明产生现实危险者并非自己排放的有害物质,工厂所排放的有害物质无法到达该地区,或是该危害结果是由其他原因所导致的,等等。当然,这种反证必须达到相当高的程度,方可推翻因果关系的推定。允许反证的理由主要在于为了平衡控辩双方的力量,在保障人权的同时方便犯罪的认定。正如日本学者所言,针对环境犯罪的特殊性,应适当修改"怀疑不罚"这一刑法原则,要求企业方面就无害性举证。只要排放有害物质进行事业活动,事业者就负有经常性地注意该事业不使人的健康发生具体损害的义务。这种处理并非胡乱强加给企业的苛刻处置,而是与社会正义衡平的观念相契合。① 不过,日本虽然首创了疫学的因果关系理论与因果关系的推定规则,但在刑事审判中也持非常保守的态度,极少适用——当然,这种情况与日本公害罪法本身适用极少相关。因此,尽管这些学说在我国讨论极为热烈,也不乏引入的呼声,但其绝非一般人想象的系日本实务或理论界处理环境公害类犯罪的通说。但在关于公害的民事诉讼中,法官明显对疫学的因果关系持开放态度,例如富山痛痛病、新潟水俣病等四大公害诉讼案件均采取了疫学的因果关系理论。②

除了日本之外,因果关系的推定理论也得到了我国理论界与实务界的支持。例如,有学者呼吁我国在认定环境犯罪的因果关系时采取推定规则。当然,出于保障人权的考虑,必须对其加以一定限制,即因果关系的推定只限于环境污染类犯罪;环境污染行为与损害结果之间必须具有高度的盖然性;允许环境污染主体提出抗辩事由作为不存在因果关系的反证。③ 还有学者建议将疫学的因果关系与因果关系的推定结合起来。在传统因果关系理论难以解决的情况下,针对群体健康受损的污染型环境犯罪,由于具有足够的样本,原则上应采取疫学的因果关系说;对于其中体质特异的被害人,则应将两种方式予以结合。而针对个体性人体健康受害或其他污染型环境犯罪,应当采取因果关系推定的方法。④ 我国台湾地区甚至有判决书明确指出,环境犯罪具有长

---

① 参见:原田尚彦.环境法[M].于敏,译.北京:法律出版社,1999:81.
② 参见:郑昆山.环境刑法之基础理论[M].台北:五南图书出版有限公司,1998:259.
③ 参见:赵秉志.环境犯罪刑法立法完善研究[J].中国环境法治,2008(1):217-227.
④ 参见:李霞.论环境犯罪因果关系的判断进路[J].中国人民公安大学学报(社会科学版),2016(4):46-52.

期性、潜伏性、迁移性之特性,且导致环境损害结果及对于一般民众之影响往往是长时间微量累积,亦可能是多种污染源共同或加成所致,是就公害案件之"犯罪"认定或民事赔偿,如采取传统"相当因果关系说"以认定行为与结果之因果关系,往往因举证(强度)之困难,而使污染环境者逍遥法外或免于损害赔偿,其结果显然有失公平。长此以往,亦不利于环境及生态之永续保护……换言之,执法者对于恶意污染环境生态者,如犹以词害意,囿于传统相当因果关系之见解,胶柱鼓瑟,实无法贯彻所谓"刑法"增订第190条之1规定以保障环境、生态免受污染之"立法"目的。

二、优劣之分析

首先,从因果关系的理论体系上分析。一般认为,疫学的因果关系或因果关系的推定不是因果关系的一种特殊类型,只是一种证明因果关系存在的标准或方法。其无法证明危害行为与危害结果之间的实际关联,只能利用特定的观测方法,为刑事证明提供一条可能的路径。① 但是,这种判断却在事实上颠覆了传统意义上的因果关系。毕竟,传统意义上刑法因果关系的判断,是"有"或者"无"这一事实问题,而非多大程度上"有"或者多大程度上"无"这一比例问题。正如劳东燕教授所指出的:"人们不能说,A 的行为与 B 的死亡结果之间存在 60%的比例因果关系,以此表明前者与后者之间存在因果关系的可能性为 60%。"② 而采用因果关系的推定,则是将"有"的概率上升为"有"。例如,通过疫学方法证明了危害行为与危害结果存在因果关系的可能性为 80%,就直接认定二者之间具有因果关系。因此,疫学的因果关在本质上系通过证明危害行为与危害结果发生的概率升高之间具有条件关系,进而等同于证明危害行为与危害结果发生之间具有条件关系。③

但是,"科学上的法则性绝不意味着像数学法则一样的确实性"④。结果

---

① 参见:黎宏.日本刑法精义:第2版[M].北京:法律出版社,2008:109-110.
② 劳东燕.风险社会中的刑法:社会转型与刑法理论的变迁[M].北京:北京大学出版社,2015:142.
③ 参见:劳东燕.风险社会中的刑法:社会转型与刑法理论的变迁[M].北京:北京大学出版社,2015:143.
④ 藤木英雄.刑法各论——现代型犯罪与刑法[M].东京:有斐阁,1972:131.//转引自李冠煜.日本污染环境犯罪因果关系的研究及其借鉴[J].政治与法律,2014(2):151-160.

发生的可能性蕴含于原因之中,故高概率事实作为原因具有合理性。只要能够排除合理怀疑,法官完全可以认定因果关系的存在——面对成因复杂、涉及广泛的环境犯罪,不可能要求必须像传统侵犯个人法益的犯罪一样,行为与结果之间存在因果关系的概率达到100%;只要排除了其他一切可能,剩下的就是法律意义上的真相。疫学的因果关系理论提供了认定因果关系的判断资料,依托流行病学知识对传统因果关系论进行了部分更新,较好地实现了现代科技对人类认识能力的拓展,故应认可其作为因果关系的判断法则。①

其次,从该理论的合理性进行分析。通过对各种学说进行梳理,肯定疫学因果关系或因果关系推定归责的理由主要在于:第一,要想准确认定污染环境犯罪的因果关系,必须调查清楚企业生产行为的过程、污染物质的具体成分、污染物质会对他人有何影响等问题,往往涉及商业机密,企业不会轻易透露,从而造成取证困难。如果采取疫学的因果关系说,则可大幅降低对商业秘密的依赖。第二,在科学上难以对环境污染的因果关系予以确切证明。第三,有利于加害人与受害人之间的利益平衡。在公害事件中,加害人往往是公司企业,受害人则通常为普通百姓,相较而言在经济、政治上处于弱势地位,如果要求完全证明因果关系,则加害人更容易逍遥法外,被害人也无法得到法律救济。

但批评意见指出:首先,疫学的因果关系在实践中也存在操作上的困难,绝非想象中那么万能。如前所述,要认定具有疫学上的因果关系,必须进行大样本的观察、分析与科学论证,但污染企业一般都不可能提供详细的排污纪录,受害者的规模也可能达不到统计所需的规模,而进行疫学角度的分析也需要消耗大量的时间与经费。当然,也有学者为此提出了"密室犯罪原理"的解决办法。此外,专业人士为了追求科学上的严谨性,如果没有充足的把握,往往会做出较为保守的判断,这一心态与法院追求正义的目标之间存在一定落差。在这种情况下,检察官即使采取疫学的判断方法,可能也难以得出令其满意的结论。其次,以疫学的因果关系为代表的因果关系推定规则违背刑事法的基本原理。该判断方法导致因果关系属于一种推定或是拟制,并不存在自然科学上确定的因果法则。在刑事诉讼中,要想证明被告人有罪,必须达到

---

① 参见:李冠煜.日本污染环境犯罪因果关系的研究及其借鉴[J].政治与法律,2014(2):151-160.

"排除合理怀疑"的程度。但如果只依据因果关系的推定,事实上确实无法排除危害结果并非危害行为引起的可能性。如此一来,就与"存疑时有利于被告人"这一原则相悖,不利于人权保障。

笔者认为,因果关系的推定理论确实利弊并存,但讨论的双方却未立足于同一体系内讨论问题,更多是传统刑法理论与现代刑法理论的激烈碰撞,是"归因"与"归责"的观点争鸣。反对者大多认为,在实践中,因果关系的推定或许是一种简便易行的操作规则,不过违背了传统的因果关系判断标准,故与古典刑法理论格格不入。但如前所述,风险社会中的刑法理论也应当得到修正完善,以适应现实社会的发展进步,否则就将沦为"空中楼阁"。而在现代刑法理论中,各种因果关系学说只是用于解决事实因果的判断基础问题,即使能够认定存在因果关系,仍需启动归责程序,进一步认定危害后果能否归责于行为人。显然,这种双重的判断程序亦会对处罚范围进行有效限缩,甚至优于传统刑法理论的单一判断程序。因此,从风险预防与合理分配危险的角度出发,这一归责模式虽然重构了刑法中的因果概念,却有其存在的价值。"从类型学的原理来看,单是归因层面事实关联程度要求的降低,并不足以否认'概率提升'型因果作为一种归责类型的正当性。"[1]如果能够对疫学的因果关系、间接反证、因果关系的推定等理论予以合理限制,只有在归责有效性因素很强、足以排除合理怀疑的情况下才予以适用,就不会过于限制被告人的合法权益,从而成为司法人员惩治环境犯罪的有力武器。

三、解决之方案

近年来,虽然关于环境犯罪因果关系判断标准的讨论十分激烈,但在当前,随着环境犯罪刑事政策与环境刑法机能的调整,污染环境犯罪因果关系论逐渐处境尴尬,[2]甚至沦为了可有可无的"鸡肋"。原因主要在于为了克服传统因果关系理论在认定环境犯罪时的缺陷,对于侵害集体法益的环境犯罪,需要探寻的不再是行为与损害之间的具体因果关联,而是行为与法益之间的重

---

[1] 劳东燕.风险社会中的刑法:社会转型与刑法理论的变迁[M].北京:北京大学出版社,2015:152.

[2] 参见:李冠煜.日本污染环境犯罪因果关系的研究及其借鉴[J].政治与法律,2014(2):151-160.

要关联性,即刑法非难的重点落在了"行为不法"而非"结果不法"上。笔者认为,为了有效解决环境犯罪因果关系的认定,应当顺应上述变化,在立法上创新立法技术,在司法上完善认定标准。

在立法上,立法者应当通过对环境犯罪构成要件的改造,将犯罪认定的重心限定在行为而非结果上;这样一来,污染环境犯罪的构成要件就不再以危险状态或实害结果为要件。具体而言,可以设立不遵守行政命令的行为犯。只要行为人违反环保机关的命令或规定,在满足一定条件下,无须发生犯罪结果即可成立犯罪,此时就不需要因果关系的证明。如日本《大气污染防治法》《水质污浊防治法》等法律中均设定了一些排放标准,旨在督促企事业单位在生产过程中遵守保护环境的义务。如果企业未遵守环境保护义务,超标排放,会先下达改善命令;如果仍不改善的,则将科处刑罚。①

此外,设立抽象危险犯也能够避免因果关系证明上的困难——只要行为人实施了一个定型化的行为,刑法就可以直接介入处罚。理由在于集体法益大多具有抽象化与精神化的特点,难以反映为明确的危害结果,往往只能推定某种行为对其造成了危险。因此,"在现代社会,群体法益极其重要,抽象危险犯概念就是保护群体法益的工具"②。例如,我国就通过相关司法解释,在事实上对污染环境罪进行了修改,使"严重污染环境"这一后果性要求被替换为特定的非法"排放""倾倒""处置"等行为性要求。只要行为人通过暗管、渗井、渗坑、裂隙、溶洞、灌注等逃避监管的方式排放、倾倒、处置有放射性的废物、含传染病病原体的废物、有毒物质的,无论发生何种后果,均不影响对污染环境罪的认定。这就使该罪由字面规定上的结果犯转变为司法实践中的抽象危险犯。控方再也无须证明行为人的排污行为是否导致了特定结果的发生,只需要证明行为本身符合特定要求,从而最大程度上消解了因果关系证明的难题。

当然,抽象危险犯的立法模式仍然具有推定的危险,即使行为人可以通过举证在个案中完全不会发生危险而排除犯罪成立,又有转移举证责任、违反无罪推定原则之嫌。此外,设立抽象危险犯的原意就是不需要在个案中对是否

---

① 参见:蒋兰香.污染型环境犯罪因果关系证明研究[M].北京:中国政法大学出版社,2014:39-40.

② 周光权.论刑法学中的规范违反说[J].环球法律评论,2005(2):166-174.

使法益陷入危险进行具体判断,如果仍要求证明是否会发生抽象危险的结果,显然属于自相矛盾,也违反了立法者的初衷。为解决这一矛盾,笔者建议将环境犯罪的抽象危险犯转化为适格犯,即行为必须要在足够的范围内,显示出足以造成实害结果的可能性。此时,这种判断不需要在个案中针对法益是否陷入了危险状态进行判断,而是对行为要件增设"足以……"的限制,从而推定其抽象危险性。通过对比,具体危险犯要求已经发生了实际的危险,而适格犯则是实施了很可能会产生危险的行为——而不管在个案中这一危险是否发生。如果行为根本无法产生抽象危险时,自然不符合"足以造成……危险"的构成要件,不应认定为犯罪。当然,此处的"足以"必须是确定的,而不能只是估计的或者可能的。通常而言,是否达到"足以",应当在专家的帮助下,根据具体案件的情况来判断。①

在司法上,对于环境犯罪中的结果犯而言,除了根据疫学原理考察各种危险因素以外,还应以污染危险升高和环境保护目的之关联性为标准决定污染结果的可归责性。② 其中,争议较大的是累积的因果关系的归责问题。大部分环境污染现象可追溯至多个环境利用行为的共同作用,而且具有诸如"集合性效果"与"混同效果"等特殊的累积性特征。前者是指多重的有害物质累积于某一环境媒介,进而产生一定的效果,如长期倾倒同种或类似的有害物质;后者则指环境利用行为不只是线性地增加损害作用,还可能超乎比例地增加,或是转变为其他作用,如不同种类的化学物质产生混合后,通过化学作用发生更严重的危害后果。③ 例如,两人通过一个管道先后排放污水,根据现有证据只能证明他们的排污行为共同造成了严重污染环境的后果,而无法进一步证明系其中任一人造成的。在这种情况下,如何认定单个人行为与结果之间的因果关系?行为人究竟应当对总体的危害结果负责,还是只需要对自己行为造成的那部分结果负责呢?对此,理论界存在两种不同的观点:第一,区分视角下的总体结果归责说。该说认为,对于第一行为人,依据自我答责原则,仅需为自己行为所生的部分结果负责;至于第二行为人,只要其能够认识到当时

---

① 参见:王世洲.德国环境刑法中污染概念的研究[J].比较法研究,2001(2):53-64.
② 参见:李冠煜.污染环境罪客观归责的中国实践[J].法学家,2018(4):122-134,195.
③ 参见:古承宗."刑法"第190条之1作为"累积的具体危险犯"[J].月旦法学杂志,2018(5):43-67.

的环境状况,并基于这样的行为情境实施行为时,就相当于利用了第一行为人所造成的不法状态,需要对总体后果承担责任。张明楷教授指出,如果第二行为人不明知对方排放,则属于重叠的因果关系。由于双方行为与危害后果之间均存在合法则的因果关系,且应当将结果归责于双方的行为,均两人亦均成立污染环境罪。① 第二,个别结果归责说。该说认为,总体结果归责说既违反了回溯禁止原则,也偏离了传统的结果定义与禁止规范的逻辑,导致第二行为人可能会因为实施了本不属于构成要件的行为,而需要承担刑事责任。既然集合效果是所有"个别结果"的综合,就应当对行为人所造成的结果进行具体判断。如果其行为并未对环境造成实质性的危害结果,就不应构成犯罪。否则,还会导致以保护环境权为由牺牲企业经营权,②对经济发展造成不利影响。

对此笔者认为,在归责的视角下,应当判断第二行为人是否实际上提升了结果出现的概率,为结果的发生贡献了现实的作用力。若是,即使其行为并非结果发生的必要条件或充分条件,亦应肯定结果的归责;③但当结果的出现并非源自行为人所提升风险的实现,而是源于另一种独立的风险时,就不能将最终结果归属于第二行为人。因此,应当首先采取疫学的因果关系等推定规则,判断第二行为人引发污染的危险性高低。如果其排放的污水中不含最终确定的污染物,或是还有其他人排放污染物等情况的,则其无须承担相应责任。如果能够证明其排放的污染物具有引发最终后果的高度盖然性,则将满足客观归责的条件。

第三节 责任主体的限制

一、单位犯罪的认定

根据我国刑法规定,单位能够成为大多数环境犯罪的主体;而在破坏

---

① 参见:张明楷.刑法学:第5版下[M].北京:法律出版社,2016:1130.
② 参见:李冠煜.污染环境罪客观归责的中国实践[J].法学家,2018(4):122-134,195.
③ 参见:劳东燕.风险社会中的刑法:社会转型与刑法理论的变迁[M].北京:北京大学出版社,2015:169-170.

环境资源犯罪这一节中,所有犯罪均可成立单位犯罪。随着社会的发展,由单位构成的环境犯罪也越来越多。因此,单位犯罪主体的认定已经成为我国环境犯罪中的重要问题。例如,在污染环境的犯罪案件中,有不少是以单位名义实施的,而且涉及的人数众多,彼此之间具有较为明确的分工合作关系。对此,究竟是认定为单位犯罪,还是自然人之间的共同犯罪呢?根据我国刑法第30条的规定,公司、企业、事业单位、机关、团体实施的危害社会的行为,法律规定为单位犯罪的,才应负刑事责任。但单位本身并不能直接实施危害行为,必须通过自然人方可实施。因此,要想认定单位犯罪,必须在自然人行为与单位行为之间架起一道桥梁,通过设定一定标准,将自然人实施的行为评价为单位行为。下面,笔者将从教义学角度出发,对如何设立这一标准展开深入讨论。

(一)单位犯罪的认定路径

在我国单位犯罪的研究与认定中,虽然将单位作为与自然人独立的犯罪主体,但在骨子里却仍将单位作为自然人的附属物,认定单位犯罪必须以追究"个人责任"为前提。亦即,必须找到一个符合相关犯罪构成的人,再证明其实施犯罪行为是出于单位意志、为了单位利益,在此基础上才能将单位也认定为犯罪。[①] 例如,两高三部《关于办理环境污染刑事案件有关问题座谈会纪要》规定,为了单位利益,实施环境污染行为,并具有下列情形之一的,应当认定为单位犯罪:(1)经单位决策机构按照决策程序决定的;(2)经单位实际控制人、主要负责人或者授权的分管负责人决定、同意的;(3)单位实际控制人、主要负责人或者授权的分管负责人得知单位成员个人实施环境污染犯罪行为,并未加以制止或者及时采取措施,而是予以追认、纵容或者默许的;(4)使用单位营业执照、合同书、公章、印鉴等对外开展活动,并调用单位车辆、船舶、生产设备、原辅材料等实施环境污染犯罪行为的。这里的思维方式明显是先肯定自然人犯罪,如果同时具有上述情形之一,就可以认定为出于单位意志,进而结合满足单位利益这一前提条件,成立单位犯罪。

但是,这种思维方式其实是将单位作为自然人责任的"替代者"。根据我国刑法规定,单位犯罪的主体只有单位,对单位成员的处罚只是"双罚制"的体

[①] 参见:陈冉.企业公害犯罪治理的刑事合规引入[J].法学杂志,2019(11):108-119.

现,仍以单位构成犯罪为前提。从这个角度而言,理应是先认定单位构成犯罪,再具体判断单位哪些成员应当被处罚。但如果依照上述传统思维,则是先认定自然人构成犯罪,再通过单位意志与单位行为构建起其与单位之间的桥梁,然后认定单位犯罪,最后同时处罚单位与前述自然人。在此过程中,自然人先独立构成犯罪,但最后其刑事责任却消解于单位犯罪之中,着实令人费解。因此,这种判断思路亦不符合我国单位犯罪的刑法规定,在逻辑上也存在重大问题。同时,这种思维也会产生认定上的难题,例如单位成员为了单位利益实施了污染环境的行为,但相关领导却并不知情,或没有予以追认、纵容或者默许的,是否构成单位犯罪?按理说,这种行为无法体现出单位意志,不应被评价为单位犯罪,但其合理性却值得讨论。

  让我们把目光投向域外。奥地利《团体责任法》规定,在为了团体利益或违反团体义务的基础上,符合以下条件的,团体应对员工的犯罪行为负责:(1) 员工已经违法实行了符合法定客观构成要件的事实;(2) 犯罪得以发生或本质上容易发生者,系因决策者疏忽依情况所必要且可能期待的注意,尤其是未采取重要的技术、组织或人事措施以阻止该犯罪。[①] 显然,该立法体现出一种截然不同的认定思路——从单位这一组织体本身所固有的制度政策、精神文化等要素出发,而非单位中哪些成员应当被处罚出发,认定单位犯罪;是单位通过成员的行为实施了单位行为,而非从成员的行为推断是否属于单位行为。这种单位组织体刑事责任论的立法模式与思维方式完全符合我国单位犯罪的法律规定,也更符合处罚单位犯罪的法理基础。[②] 因此,我们应当转变传统的思维方式,不再以单位中的自然人为视角,探讨他们的行为在何种情况下属于单位行为,而是直接以单位为出发点,判断哪些行为能够被评价为体现单位意志、为了单位利益的单位行为。对于实施了上述行为的成员,自然应当承担相应的刑事责任。尽管对于结论而言,两种判断思维不会有过大差异,但在思维过程及逻辑体系的建构上显然大相径庭。具体而言,在单位组织体刑事责任论的前提下,也应当与自然人犯罪类似,从单位实施的不法行为与具备的主观

---

  ① 参见:王士帆.法人刑法合宪——奥地利宪法法院2016年裁判[J].月旦刑事法评论,2017(7): 5-16.

  ② 关于单位组织体刑事责任论合理性的具体论证,可参见:黎宏.单位犯罪论的现状和展望[N].人民法院报,2020-05-14(006).;黎宏.单位刑事责任论[M].北京:清华大学出版社,2001.

罪过两方面出发,认定是否成立单位犯罪。

1. 客观上实施了单位行为

哪些行为能够在整体上被评价为单位本身所实施的行为呢？笔者认为,如果单位成员实施的某一行为是在单位的意志支配下、代表单位所实施的,就可以认定为单位行为。因此,认定行为是否属于单位行为的关键,就是其是否受到单位的支配与控制,行为实施者能否被评价为单位的"手足"。通常认为,单位法定代表人、负责人因其地位和职责,能够代表单位行使权利与履行义务,其意志在原则上可以代表单位的意志。团体需要对决策者的犯罪负责,这是团体只能由决策者行为的必要结果。① 因此,在有明确证据下的情况下,可以将接受单位领导、管理成员命令的行为评价为受到单位支配,从而认定为单位行为。例如,董事长、总经理、厂长等实际决策者以明示授权、命令、指挥或默示允许其组织体内部个别成员实施犯罪行为的,就是对该成员行为的支配。但在现代化的企业中,高层管理者一般只就全局性或重大事项进行统筹策划,并不会事必躬亲,参与到具体的业务活动中；员工也按照企业的规章制度、长期惯例等开展业务工作,不可能每项工作都经过请示或汇报。因此,犯罪行为通常发生于单位一般工作人员的业务活动中,单位集体研究决定或负责人决定排污的情况并不多见,即使有,也很难证明单位对非法排污行为存在意志上的直接主动控制。② 此外,由于决策层或高级管理人员之间存在许多相互间之意思沟通与协力,想明确认定主观犯意及行为支配的困难也较大,往往需要综合组织体政策、决策结构与运作程序、实际存在之组织体文化及习性等,综合判断能否对所属内部个别成员实际行为与选择所产生的导向作用。因此,并非只要经过单位实际控制人、主要负责人或者授权的分管负责人决定、同意而实施环境污染行为的,就一律认定为单位犯罪。如果单位代表机关或高层人员决定实施的犯罪没有经过单位规定的决策程序,③或是与单位固有的管理模式、宗旨、目标完全背离时,就有对单位免责的余地。④ 在我国司法实践

---

① 参见:王士帆.法人刑法合宪——奥地利宪法法院2016年裁判[J].月旦刑事法评论,2017(7):5-16.
② 参见:王志远.环境犯罪视野下我国单位犯罪理念批判[J].当代法学,2010(5):74-79.
③ 参见:黎宏.组织体刑事责任论及其应用[J].法学研究,2020(2):71-88.
④ 参见:耿佳宁.污染环境罪单位刑事责任的客观归责取向及其合理限制:单位固有责任之提倡[J].政治与法律,2018(9):39-50.

中,也有判决明确肯定了这一观点,如认为"村委会负责人未按照法定的决策程序以村委会名义处理涉及村民利益重大事项的行为构成犯罪的,该村委会不构成单位犯罪"①。

因此,某一行为是否得到了负责人的授权只是认定单位行为的表象,具体还要判断单位对该行为的支配力。在小型企业,老板就是直接管理者,其部门化程度低、控制幅度大,职权集中在一人身上。这种直接指挥的支配比较接近人对人的支配,亦即下令者与执行者的支配关系。而在组织体架构完整的大型企业,其内部成员所从事的业务活动是在专业分工与部门下,辅以制定标准作业流程与相关程序进行的,受到组织体的高度操纵与支配。此时,无论是少数人还是多数人,只要其行为受到单位的支配与约束,属于单位的日常业务,就可以直接采用集体行为的观点来建构单位本身的客观不法行为,而无须考虑是否得到了负责人的明确肯定。因此,即使是少数几个成员实施的行为,但只要其系依据组织体所制定的系统性程序运作,属于组织体不可或缺的一部分,个人的犯罪行为、思想受到法人相关程序约束,该行为就应当被评价为单位实施的不法行为。反之,如果组织体内部个别成员的犯罪行为并非来自组织体管理阶层的职权运作,不受组织体的支配,而是自行决定的,则该犯罪行为就只能评价为自然人犯罪。

2. 主观上体现了单位意志

在主观方面,既然我们可以从无声的立法文本与众多的参与者中推断出"立法原意",自然也可以从单位章程及相关制度、经营活动中推断出"单位意志"。正如立法反映的不是立法者的个人意志一样,单位意志也不是单个人、数个人意志甚至章程制定者意志的体现,而是在长期的执行与动态的态度、政策、规范、行为及业务方针中所体现出来的。如果个人行为与组织体的目标、政策、文化、一贯做法等保持一致或受到其约束与影响,就应当认为是单位意志的体现。正如有学者所指出的,依据法人政策而为的决定与行为,与其说是某个人或某些人的意志与行为,不如说是法人的意志与行为。② 成员选择实施犯罪行为的想法可能是因为在过去之类似场景中,管理层曾授权或命令应

---

① 王中义.单位犯罪中主体范围及单位意志的考察[J].人民司法,2016(26):51-52.
② 参见:蔡蕙芳.我国法人犯罪立法之检视与理论建构[J].东吴法律学报,2017(4):1-74.

如此做；或在公司整体环境的潜移默化中，认为为了公司利益而实施该行为会得到公司管理阶层的默认；甚至基于过去多年经验，牢牢树立了从事此类行为可能获得公司认可、奖赏与升迁等认识。[1] 而新加入单位的人，也可能会被单位氛围所同化，从而自愿或被迫依照先入职成员的行为方式行事。[2] 因此，如果单位内部存在着引导、鼓励、容忍或导致员工违法或犯罪行为的政策或文化，或者没有维持相关人员守法的政策或文化时，就可以被视为已授权或默认员工违法或犯罪行为。例如，如果排放废气、废水等活动是某公司生产活动的一部分，由公司进行控制支配时，就应当对单位进行整体评价。无论行为人在排污时是否得到了单位领导的授权，甚至单位领导是否清楚，均应认定为单位犯罪。综上所述，在判断某行为是否属于单位行为时，关键在于其究竟是成员擅自决定实施的，还是系遵守规则、受单位文化引导而做出的，其实与是否得到单位领导的授权或追认等关系不大。

此外，与自然人犯罪类似，既然我们以整体角度出发认定单位犯罪，自然也应当考虑单位对其成员所实施犯罪行为的预见义务与回避义务等问题。由于单位犯罪制度的立法价值是通过刑事处罚，使单位自觉承担起规制其成员行为，防止单位成员在与单位职责、业务相关的活动中危害社会的责任。[3] 因此，在判断单位是否需要承担刑事责任时，就应当判断其是否尽到了注意义务，是否具有防止单位成员以其名义实施犯罪的可能性。如果答案是否定的，让单位承担责任也属于"强人所难"，应当被禁止。如韩国关于单位犯罪的双罚条款就明确规定：如果一个法人、一个实体或者一个自然人确实对防止其雇员犯罪尽了应有的注意和监督义务，可以免责。[4] 而英国2007年的《法人杀人法》也规定，构成法人杀人罪的条件是法人对受害人负有注意义务。[5] 因此，如果单位在生产经营活动中并无疏漏，并制定了合规计划等预防犯罪的文件，已经尽到了相关培训、风险监管与责任告知等职责，而自然人却未遵守相关规定，即使其系在开展单位业务的过程中，为了单位的利益而实施犯罪行

---

[1] 参见：蔡蕙芳. 我国法人犯罪立法之检视与理论建构[J]. 东吴法律学报,2017(4):1-74.
[2] 参见：黎宏. 组织体刑事责任论及其应用[J]. 法学研究,2020(2):71-88.
[3] 参见：王志远. 环境犯罪视野下我国单位犯罪理念批判[J]. 当代法学,2010(5):74-79.
[4] 参见：张霞. 韩国对单位环境犯罪的制裁[J]. 政法论丛,2011(4):79-85.
[5] 参见：黎宏. 组织体刑事责任论及其应用[J]. 法学研究,2020(2):71-88.

为,但由于单位对这样的行为没有预见可能性,犯罪发生与否不在其意志支配之下时,就无须承担责任。① 此时,行为人单独成立自然人犯罪。因此,对于前述纪要中将使用单位营业执照、合同书、公章、印鉴等对外开展活动,并调用单位车辆、船舶、生产设备、原辅材料等实施环境污染犯罪行为的认定为单位行为的做法,笔者认为不可一概而论。无疑,处罚这一情形的理由在于单位没有尽到对重要文件及物品的监管责任。通常而言,单位理应对其监管不严、管理混乱,从而给成员提供犯罪机会的行为承担责任;但如果在特殊情况下,单位的相关制度已经十分完备,但行为人采取盗窃、诈骗等犯罪手段使用上述重要物品的,显然已经超越了单位正常的监管能力,故单位不应为此承担刑事责任。

(二) 认定单位犯罪的其他因素

根据单位犯罪相关司法解释,对于单位能否成立环境犯罪,除了满足上文中讨论的单位行为及单位意志外,还应当考虑以下几方面因素。下面,笔者就以污染环境罪这一最为常见的环境单位犯罪为例展开论述。

第一,该单位必须是依法成立、并非以实施污染环境等犯罪为主要业务的单位。如果行为人成立单位的初衷就是借单位之名、依托单位的资质进入市场,进而实施污染环境等犯罪的,就不能构成单位犯罪。此外,即使该单位成立时并非以犯罪为目的,但如果成立后,单位的主要业务是在收取费用后替其他化工厂非法倾倒、排放、处置废水、废料或其他危险化学品的,也不能成立单位犯罪。例如,某人发现市场上大量化工厂都面临处置生产中产生的危险废物或有毒、有害物质的成本极高,但不处置又可能涉嫌违法犯罪的尴尬境地。而事实上,其中的部分物质还是有一定再利用价值的。因此,不少化工厂都非常乐意倒贴钱,将自己生产中所产生的危险废物卖给能够二次利用这些废料的企业,即使承担相应的运费与劳务费,其成本也要比自己依照国家规定处置危险废物要少得多。但是,这一处理方法需要找到合适的对口企业,并且对该企业的技术水平要求很高,这就导致多数化工厂难以在市面上找到危险废物的买主。于是,行为人认为该领域蕴含着巨大的商机,为了谋取利益注册了皮

---

① 参见:耿佳宁.污染环境罪单位刑事责任的客观归责取向及其合理限制:单位固有责任之提倡[J].政治与法律,2018(9):39-50.

包公司,打着运输、收购、处置危险化学品的幌子联系相应的化工厂,实际上其并不具有相应的能力与技术。在获得化工厂提供的相应费用后,其将危险化学品拉到偏僻的山林或河边倾倒、掩埋,严重污染了生态环境资源。由于对这类案件,行为人成立公司时就怀着违法犯罪的目的,且公司成立后的主要甚至唯一业务就是非法倾倒危险废物或其他有毒、有害物质,故不能构成单位犯罪,而应成立自然人犯罪。

第二,该犯罪所获得的收益必须归单位所有而非个人所有。这里的归单位所有,不仅包括收益全部归单位所有的情况,还应包括行为人主观上虽无明确为自身或者单位获取利益的认识和意志,但在客观上单位与自然人均会获取利益的情形。这是因为即使行为人不再为单位从事原有工作,其他继任者仍有极大可能延续这一做法,在客观上使单位继续获取利益。① 根据相关司法解释,盗用单位名义实施犯罪,违法所得由实施犯罪的个人私分的,依照刑法有关自然人犯罪的规定定罪处罚。因此,即使行为人以单位名义与他人签订协议、承揽业务并非法处置污染物的,如果其收益归个人而非单位所有,就不能认定为单位犯罪。当然,利益是否归个人所有必须经过实质性的判断。尽管收受利益的是私人而非对公银行账户,但考虑到当前部分公司基于私设小金库、逃避纳税、阴阳合同、回扣等利益往来等原因而暗中设置多个账户的情况,故不能认为只要资金流入个人账户就是在为个人谋取利益,从而不构成单位犯罪。如在"浙江新安化工集团股份有限公司建德化工二厂、建德市宏安货运有限公司等犯污染环境案"中,判决书中明确指出:"对于宏安公司来说,相关运输费、处理费均汇入宏安公司账户,支付给其他单位、个人的费用中部分也从宏安公司直接汇出,且宏安公司也获得了运输费的收入,单位利益能够体现,对于荣圣公司来说,本案非法所得虽汇入个人账户,但结合证人证言及被告人供述,能认定上述个人账户的钱亦是荣圣公司小金库的钱,荣圣公司在本案非法处置磷酸盐混合液中获取了非法利益。综上,本案中被告单位化工二厂、宏安公司、荣圣公司均构成单位犯罪。"②

综上所述,如果行为人不符合单位犯罪所要求的上述条件,就只能成立相应

---

① 参见:侯艳芳.单位环境资源犯罪的刑事责任:甄别基准与具体认定[J].政治与法律,2017(8):92-103.
② (2014)杭余刑初字第619号刑事判决书。

的自然人犯罪。倘若涉及的单位内部人员众多,并且彼此意志统一、分工明确、形成合力的,就涉嫌成立自然人之间的共同犯罪。此时,就应当根据不同行为人在案件中的角色、地位、分工、大小等综合因素,厘清主从犯并进行量刑。

(三) 单位犯罪中自然人的处罚范围

根据我国刑法规定,单位犯罪除了处罚单位之外,还应处罚直接负责的主管人员与其他直接责任人员。通常认为,单位犯罪中的"直接负责的主管人员",一般是指对单位犯罪起决定、批准、组织、策划、指挥、授意、纵容等作用的主管人员,包括单位实际控制人、主要负责人或者授权的分管负责人、高级管理人员等;而"其他直接责任人员",则一般是指在直接负责的主管人员的指挥、授意下,积极参与实施单位犯罪或者对具体实施单位犯罪起较大作用的人员。需要注意的是,由于处罚的是"直接负责的主管人员"而非"主管人员",故不应将单位负责人,尤其是最高领导或负责人一律入罪,而必须考虑其是否对犯罪的发生直接负有责任。否则,就有扩张刑事处罚范围之嫌,也不利于实践操作。

以美国为例,联邦最高法院通过美国诉 Dotterweich 与美国诉 Park 这两个典型案例确定了对公司管理人员定罪的规则:无论其是否实施行为或对行为知情,均要受到处罚。这一规则应用到环境犯罪中,就导致了公司管理者无论是否认识到污染环境的事实、是否与污染行为具有直接关联,都将被追究刑事责任,甚至会构成重罪,这显然可能造成不公平的后果。尽管法院认为这些高管可以将希望寄托于"检察官的良好意识,审判法官的明智指导以及陪审团的终审判决"上,①但刑事起诉无疑会对他们的职业生涯与未来的声誉带来毁灭性的打击。因此,传统刑法理论对这一处罚企业负责人的做法进行了激烈的抨击。有学者明确指出,自 1990 年清洁空气法修正以来,越来越多的企业主管人员因环境犯罪而承担刑事责任。其中有些人无疑是罪有应得;但也有相当一部分在主观上并没有违反刑法的意思,亦即没有"犯意",而仅仅是替实施违法行为的员工负责;这无异于对他们适用了严格责任——这一理论本应局限于极少数严重的犯罪,不应随意扩大其范围。② 这在实践中造成了一个尴尬局面:检察官指控的犯罪人几乎总是企业的最高负责人。但事实上,单位内

---

① MISKIEWICZ J, RUDD J S. Civil and criminal enforcement of the clean air act after the 1990 amendments[J]. Pace Environmental Law Review, 1991(2):281-398.

② COLVIN E. Corporate personality and criminal liability[J]. Criminal Law Forum,1995(1):1-44.

部的决策过程往往并非如我们想象的那样,均由全知全能的最高负责人拍板决定。这是由于决策权既可以集中,也可以分散,无论采取何种方式,都是根据单位的性质或者制度设计决定的。是故,不能认为只要是高级管理人员,就当然拥有决策或控制排污的权力,或者明知下属实施了这些行为。①

因此,在单位组织规模日愈庞大、管理日趋复杂的情况下,大型企业的负责人想直接、全面管理其企业已不现实,势必在某些领域进行放权,故存在主观上不具有任何过错的现实可能性。因此,要想让主管人员承担单位犯罪的责任,其必须对单位犯罪的实施起到一定的促进作用。这种作用体现在两方面:一方面是直接策划、组织、指挥、实施了具体犯罪行为,此时其承担刑事责任当然无可厚非。另一方面,由于法律不仅规定了在违法行为发生时寻求和补救的积极义务,还规定了执行确保违法行为不会发生措施的义务,故对不履行企业组织所赋予的职权,未尽到监督责任,导致犯罪发生的主管人员,也应当追究刑事责任。② 因此,只有要么以作为方式促进了单位犯罪的发生,要么以不作为的方式未有效履行对违法犯罪活动的监督义务的人,才对单位犯罪负有直接责任。正如香港地区的《水污染管制条例》《大气污染管制条例》等法令所规定的那样:凡被判犯有本条例所订罪刑的人是法人团体,且证明有关的罪刑是在该法人团体的任何董事、经理、秘书或其他与管理该法人团体有关的人士的同意或纵容下而犯有的,或是可归因于该法人团体的任何董事、经理、秘书或其他与管理该法人团体有关的人士的疏忽或不作为的,则该董事、经理、秘书或其他人士亦属犯有该罪刑。我国内地地区也有参考案例明确指出:是否构成犯罪与职务级别、地位高低、权力大小并无必然联系,关键在于该管理人员在单位犯罪中的参与程度及是否起到了重要作用。否则,即便该管理人员是单位的"一把手"、主要负责人,也不应对单位犯罪直接负责。③ 综上所述,"直接负责的主管人员"应当是以自己责任为基础,在单位内实际上居于主导地位,可以通过其对单位运作所具有的控制支配能力,而故意使单位犯罪

---

① LAZARUS R J. Meeting the demands of integration in the evolution of environmental law: reforming environmental criminal law [J]. Georgetown Law Journal, 1995(7):2407-2529.

② UHLMANN D M. Environmental crime comes of age: the evolution of criminal enforcement in the environmental regulatory scheme[J]. Utah Law Review, 2009(4):1223-1252.

③ 参见:刑事审判参考第1284号指导案例——苏州市安派精密电子有限公司、庞美兴、罗正华虚开增值税专用发票案。

的负责人,或者未尽监督上的注意义务与防止义务而致使单位犯罪的负责人。

至于"其他直接责任人员"的范围,也可以套用上文的分析思路,具体判断其作用大小。对于地位较低或无职权的单位成员,就不应对其设定过重的监督义务,而以是否直接参与实施犯罪作为主要判断标准。此外,对这类地位较低的成员进行处罚时,还应当考虑其期待可能性的大小及预防必要性的高低。一方面,行为人多系出于生计受雇于人,在企业中地位较低,如果不服从安排实施排污行为,随时都可能会被老板炒鱿鱼。此时,其期待可能性较小,所承担的责任也理应降低。另一方面,在大多数情况下,行为人之所以实施违法犯罪行为,主要是因为接受领导者的指示,本身的主观恶性很小。如果今后受雇于合法生产的企业,再次实施违法行为的概率就微乎其微,进行特殊预防的必要性也很小。原则上,这些人只需更换工作单位,就能有效防止结果发生,故没有必要非得通过刑法加以制裁。

二、帮助犯的成立范围

在环境犯罪中,通过各种形式对犯罪进行帮助的行为也十分普遍。以污染环境罪为例,一些单位和个人分工明确,相互配合,非法排放、倾倒、处置危险废物,呈现出明显的产业化迹象,甚至形成了"一条龙"作业。其中,明知他人无危险废物经营许可证,仍向其提供或者委托其收集、贮存、利用、处置危险废物的,或者明知是将要违法倾倒的危险废物而帮助运输的,都是帮助行为的典型表现。按照共同犯罪之法理,如果非法排放、倾倒、处置者构成污染环境罪的,帮助者理应成立帮助犯。但实践中争议较大的是:不少帮助行为都是日常生活中常见的业务行为,即"中立的帮助犯"。例如,行为人系某工厂的门卫。其虽明知他人驾驶装有危险废物的车辆,准备运输至某处倾倒,但基于岗位要求,仍为车辆进出开关厂门。① 如果一律将其认定为帮助犯,就忽略了"中立"这一特点,会扩大刑法的处罚范围,将一些较为轻微的行为认定为犯罪。据统计,在污染环境罪的司法实践中,近五分之一的判例追究了受雇从事

---

① 参见:安然.宽严之间:污染环境罪的司法适用之检视[J].中国地质大学学报(社会科学版),2019(5):35-45.

生产、加工、排污的电镀工人等普通劳动者的刑事责任。① 而这些判决究竟能起到多大的社会效果,不能不让人质疑。

因此,我们必须对中立的帮助行为的处罚范围进行限制,综合多种因素,对帮助犯进行严格认定。对于中立的帮助犯的处罚范围,国内外理论界展开了激烈的争论,形成了诸多具有代表性的观点。囿于主题与篇幅,笔者在此不对各种学说加以赘述,而是更多地从司法实践的角度出发,探寻限制处罚范围的路径。其实,我国有不少司法解释都已经体现出限制中立帮助犯的思路。如 2014 年两高、公安部《关于办理利用赌博机开设赌场案件适用法律若干问题的意见》规定:对受雇佣为赌场从事接送参赌人员、望风看场、发牌坐庄、兑换筹码等活动的人员,除参与赌场利润分成或者领取高额固定工资的以外,一般不追究刑事责任。无独有偶,2017 年两高《关于办理组织、强迫、引诱、容留、介绍卖淫刑事案件适用法律若干问题的解释》也规定:"在具有营业执照的会所、洗浴中心等经营场所担任保洁员、收银员、保安员等,从事一般服务性、劳务性工作,仅领取正常薪酬,且无前款所列协助组织卖淫行为的,不认定为协助组织卖淫罪。"从上述文件不难看出,行为人作用的大小、地位的高低、业务的中立程度等因素会影响其责任的认定。而刑法修正案(九)增设的帮助信息网络犯罪活动罪更是明确规定,行为人明知他人利用信息网络实施犯罪而为其提供帮助,情节严重的,构成该罪。这是我国首次在刑法中明确规定中立的帮助犯,并通过对主观上要求"明知",对客观上要求"情节严重"以限制其成立范围。基于上述思路,笔者认为,应当根据行为人所起的作用、对法益的威胁程度以及处罚的必要性等因素,综合判断其是否属于情节严重,是否达到了足以作为帮助犯处罚的程度。具体而言,需要考虑下列因素:②

第一,行为人所从事工作的业务中立性程度。例如,明知对方企业系重污染企业仍向其供应原材料的,只要这种原材料的销售并不为国家法律所禁止,行为人的供货行为就属于正当的业务行为。理由在于即使对方会将这些材料用于生产,进而在生产过程中污染环境,但这属于对方自我答责的领域;更何

---

① 参见:石珍.污染环境罪的微观透视——以 296 例裁判文书为分析对象[J].人民司法,2015(9):14-18.
② 参见:陈洪兵.环境犯罪主体处罚范围的厘定——以中立帮助行为理论为视角[J].湖南大学学报(社会科学版),2017(6):146-154.

况,行为人只是在帮助对方生产经营,而不是帮助对方污染环境。因此,不能将污染环境的结果回溯并归责于行为人,否则势必会严重扩张共犯的处罚范围,将导致排污的所有条件都作为刑法上苛责的对象。

第二,对犯罪事实所起到的作用大小。例如,被告虽然对公司进行了出资,也明知公司当前在实施排污行为,但由于其出资较少,并非公司的实际管理、控制者,故对决定公司是否排污所起到的作用十分有限。此时,如果被告除了资金支持外并无其他与排污关联的行为,原则上就不应以犯罪论处。再如,明知他人无危险废物经营许可证,而仍将有害物质运输给其处理的有运输资质者,其运输行为并不能直接对环境法益造成侵害,属于正常的业务行为。至于对方收到危险废物后如何处置,自己也无法进行支配或影响,故不应成立帮助犯。

第三,处罚必要性的高低。"任何犯罪的违法性总量或者法益侵害量都是一定的,不可能将与犯罪结果之间存在因果关系的行为全部纳入刑法规制的范畴。"①因此,对参与人数众多的共同犯罪,就不宜处罚所有的参与者,否则容易造成处罚上的"过剩",影响实体上的公正。因此,对于环境犯罪而言,如果处罚决策者、主要实施者、积极参加者就足以罚当其罪、达到有效遏制该类犯罪的目的,就没有必要处罚那些参与度极低的运输者、普通员工、传达保安等人。否则,除了给这些人贴上"罪犯"的标签外,对惩罚犯罪的作用十分有限,不但会浪费国家的司法资源,甚至还会引起民众对他们的同情。

第四节 主观罪过的厘清

一、理论聚讼

在刑法修正之前,重大环境污染事故罪的主观罪过无疑是过失;在修改为污染环境罪之后,由于法律条文中并未明确指出该罪的主观罪过,司法解释中也没有进行相关规定,故如何理解污染环境罪的主观罪过就成为理论与司法

---

① 陈洪兵.环境犯罪主体处罚范围的厘定——以中立帮助行为理论为视角[J].湖南大学学报(社会科学版),2017(6):146-154.

适用中的难题。在理论界,学者们存在"故意说""过失说""复合罪过说""双重罪过说"等观点的争鸣。在实务界,尽管主张该罪主观罪过为故意的呼声很高,但《刑法修正案解读全编——根据刑法修正案(八)全新阐释》《公检法办案标准与适用》《〈刑法修正案(八)〉条文及配套司法解释理解与适用》等工具书均认为污染环境罪应为过失犯罪,并为部分法官所采纳。如在"姬某甲、姬某乙等污染环境案"中,判决书就明确指出:"本案上述被告人对于违反国家环境保护法处置危险废物是明知的,但对于所造成的严重后果不是行为人所希望的,主观方面由过失构成,属过失犯罪,故对辩护人提出的该辩护意见本院予以采纳。"①再如"林某、易某污染环境案"的判决书也写明:"本院认为,污染环境罪的主观故意一般认为属于过失"。② 尽管2019年两高三部《关于办理环境污染刑事案件有关问题座谈会纪要》明确指出本罪的主观方面包括故意,但该纪要既没有直接否定"复合罪过说"与"双重罪过说",也未对为何否定"过失说"进行详细论述。因此,各界至今仍未对污染环境罪的主观方面达成共识。除了直接关系到犯罪的认定外,污染环境罪的主观罪过还与该罪的犯罪形态以及能否构成共同犯罪紧密相关——通说认为,只有故意犯罪才具有未遂形态,而过失犯罪则必须要求危害结果的发生;我国刑法也明文规定,只有故意犯罪才能构成共同犯罪,过失犯原则上不可能成立共同犯罪。因此,准确界定污染环境罪的主观罪过具有非常重要的意义,有必要进行深入讨论。下面,笔者将结合相关理论,对污染环境罪的主观罪过为故意展开系统的论证。

二、观点分析

首先,污染环境罪的主观罪过不可能同时是故意和过失,如采用"原则上是故意(过失)"③"可能是故意,也可能是过失"④这类的表述。从理论上来说,故意和过失实施同一行为在主观层面与危害程度上具有明显的差别,应当

---

① (2014)埇刑初字第00079-1号刑事判决书。
② (2014)温苍刑初字第658号刑事判决书。
③ 参见:江维才.污染环境罪主客观要件问题研究——以《中华人民共和国刑法修正案(八)》为视角[J].法学杂志,2011(8):71-74.
④ 参见:李梁.德国环境刑法的立法模式及其对我国的借鉴意义[J].法学杂志,2018(11):64-70.

被确立为两个独立的罪名,分别进行评价。否则,必将导致量刑上的严重不均衡。从我国刑法典的规定来看,鲜有一个罪名同时包含故意和过失这两种罪过。尽管同一条文、甚至同一款中的犯罪可能具有不同的主观罪过,如第 398 条的故意泄露国家秘密罪与过失泄露国家秘密罪;但这毕竟也是两个不同罪名。因此,一个罪名原则上要么是故意犯罪,要么是过失犯罪,只能二选其一。尽管有学者指出,刑法第 408 条之一的食品监管渎职罪就既是故意犯罪也是过失犯罪,①但这是极个别的特例,在法理上存在缺陷,不能推而广之。更何况,该罪之所以同时包括两种罪过,是因为立法者明确规定了"滥用职权或者玩忽职守"这两种类型而非仅适用相同的法定刑,但污染环境罪却并无类似规定。

其次,污染环境罪在主观上也不是复合罪过,即所谓的"对行为具有故意,对结果则为过失"。理由在于复合罪过的表述并不符合我国刑法对犯罪故意与犯罪过失的规定。刑法第 14 条规定:"明知自己的行为会发生危害社会的结果,并且希望或者放任这种结果发生,因而构成犯罪的,是故意犯罪。"由此可见,犯罪故意的认识对象针对的不是危害行为,而是危害后果。日常生活意义上的"明知故犯"并不等同于刑法中的犯罪故意。即使行为人对危害行为具有故意,如污染环境罪中的"排放""倾倒""处置"行为无疑是故意实施的,但如果其对所可能造成的危害环境后果持过失态度,主观上就仍是过失而非故意。② 事实上,行为人既然是故意排放、倾倒、处置有害物质,又怎么可能对污染环境的结果持过失心态呢?因此,复合罪过其实是不存在的,认定主观罪过应当以行为人对危害结果的心态为准。

再次,污染环境罪的主观罪过也不是过失。理由主要在于:第一,我国刑法第 15 条明文规定:"过失犯罪,法律有规定的才负刑事责任。"因此,我国刑法以处罚过失犯罪为例外。如果难以从法条上找到明确的依据,证明某一犯罪是过失犯罪的,就应当认为该罪是故意犯罪。纵观我国刑法,过失犯罪在立法表述上的典型用语为"过失""发生(造成)……事故""严重不负责任""玩忽职守"等。③ 但污染环境罪的立法中却不存在这些表述,反而还将之前的

---

① 参见:喻海松.环境资源犯罪实务精释[M].北京:法律出版社,2017:45.
② 参见:周光权.刑法各论:第 3 版[M].北京:中国人民大学出版社,2016:370.
③ 参见:张明楷.污染环境罪的争议问题[J].法学评论,2018(2):1-19.

"造成重大环境污染事故"删去。因此,如果认为本罪是过失犯罪,显然不符合我国的刑事立法传统与体例。第二,从法理上讲,如果刑法规定了过失犯罪,则相较而言性质更为严重的故意犯罪行为显然更应被予以规制,亦即:过失犯罪必然有其对应的故意犯罪。因此,如果认定污染环境罪是过失犯罪,就必须找出对应的故意犯罪。或许有人会认为,污染环境罪对应的故意犯罪是投放危险物质罪等危害公共安全类犯罪。① 笔者认为,两罪的重要差别并非仅在于主观罪过,而是在于客观方面。更何况,投放危险物质罪对应的过失犯罪已被刑法明确为过失投放危险物质罪,如果认为还包括污染环境罪,又会产生如何区分过失投放危险物质罪与污染环境罪的难题。第三,根据两高《关于办理环境污染刑事案件适用法律若干问题的解释》对定罪标准的表述,该罪的成立并不要求发生严重的危害后果;在符合特定条件的情况下,行为人只要单纯实施危害行为即可构成该罪。如果认定污染环境罪是过失犯罪,则有相当多的情形会构成过失的行为犯,从而严重扩张刑法的处罚范围,需要慎重考虑。第四,认为本罪属于过失犯罪的观点,实际上是将人的生命、身体、健康等法益作为污染环境罪的保护法益,认为行为人对这些危害结果持过失心态。② 如前所述,对环境犯罪的法益应当持人本与生态调和论,其保护法益为环境利益,至于是否会造成他人伤亡的后果,则并非本罪所直接侵害的法益。因此,对上述结果持何种心态不会影响对本罪罪过形式的认定。

最后,污染环境罪的主观罪过应当是故意,即明知自己的行为会发生严重污染环境的后果,而希望或放任该结果发生。除了上述否定其他主观罪过的理由之外,该解释明确规定了污染环境罪的共犯,这就表明该罪是故意犯罪。此外,将本罪认定为故意犯罪也不会造成有学者所言的放纵犯罪的情况。这是因为在刑法修改后,本罪的法益已经由人类法益转为环境法益。在发生了法益变更的情况下,并不见得先前过失犯罪的处罚范围会大于现在故意犯罪的处罚范围。③ 事实上,原先只有过失发生致人伤亡或重大财产损失的环境事故时,才能构成该罪;现在只需要实施特定行为,故意造成污染环境的后果即可,并不以重大损失为前提,处罚范围恐怕还要更广一些。再加上还有过失

---

① 参见:黎宏.刑法学[M].北京:法律出版社,2012:865.
② 参见:张明楷.污染环境罪的争议问题[J].法学评论,2018(2):1-19.
③ 同②.

致人重伤、过失致人死亡、过失投放危险物质等罪名配合、补充,故该质疑亦不成立。

综上所述,污染环境罪的主观罪过是故意而非过失。根据司法解释所规定的定罪标准,本罪原则上是行为犯,只要行为人违反国家规定,排放、倾倒或者处置有放射性的废物、含传染病病原体的废物、有毒物质或者其他有害物质,并满足一定条件的,就认定为造成了"严重污染环境"的后果,而不需要具体判断对环境造成何种程度的损害,更不需要行为人对此有具体的认识。此时,应当将"严重污染环境"理解为客观的超过要素,只要行为人实施了司法解释规定的特定行为,认识到自己行为的危害性,就足以推定其主观上至少能够认识到严重污染环境后果的发生,而无论对该结果究竟是持故意还是过失。因此,只要行为人明知自己实施的行为会污染环境,而仍然希望或放任该结果发生的,就应当认为具有污染环境罪的主观故意。

第五节 严格责任的考量

一、严格责任的主要内容

严格责任是英美法系所特有的一项刑法归责原则,是指无论行为人主观上是否具有罪过,或刑法规定无须控方查证被告人行为时具有主观罪过,只要其实施了相应的犯罪行为,就会构成犯罪。例如,机动车驾驶人在高速公路上超速行驶,无论其是否认识到自己超速,即使没有任何理由知道其车速表不精确,也会构成犯罪。当然,由于"主观罪过"深深根植于法律之中,故适用严格责任的犯罪并不多见,被严格限制在少数特定的犯罪中,[①]并附加了较为苛刻的适用条件。理论上,适用严格责任的主要依据是"公共福利犯罪原则"。为了更大的利益,公共福利原则允许把危险行为的责任推给一个可能无辜、但确实对公共危险负有责任的人。在这些危险行为中,被告通常只需要尽到社会合理预期内的谨慎,付出同等条件下一般人的合理努力,就足以防止伤害的广泛发生。但其却连这种最基本的义务都没有尽到,以至于将危险抛给完全无

[①] 参见:约书亚·德雷斯勒. 美国刑法纲要[M]. 姜敏,译. 北京:中国法制出版社,2016:154-155.

助、无辜的公众,进而导致了结果的发生。因此,这些人具有某种程度上的可罚性,无须证明主观心态如何,均应予以处罚。在适用范围上,严格责任犯罪案件都与法律禁止的违法行为有关,即仅因为法律禁止该类行为而成为不法的行为,而非本质上就是不法的行为。其涉及的法规多是监管有毒害或危险性的物品,侵犯了公共利益,会威胁到多数人的安全。在这种情况下,被告既然知道自己正在处理某种使其对公共危险负有责任的危险物品,就理应对其被法律所规制的可能性保持警觉。①

严格责任制度最初主要适用于公共安全、药品管理、机动车管理等侵犯公共福利的犯罪中。到了20世纪中期,部分西方发达国家为了遏制伴随经济飞速发展而产生的日益严重的环境污染问题,纷纷将严格责任引入环境犯罪之中。② 例如,英国在1972年的Alpgacell诉Woodward案中采取客观主义,认为行为人的犯罪意思并非构成环境犯罪的条件。自此案后,法院对水污染犯罪采取严格责任原则,认为无需有犯罪意思的介入;不过,倘若被告能够证明系由第三人的行为所造成,或有不可抗力原因介入,则可免除刑事责任。而深受英国法影响的我国香港地区,也在立法中对环境犯罪的严格责任进行规定。如香港地区《水污染管制条例》第10条明确规定:"在为第8(1)、8(1A)、8(2)、9(1)或9(2)条所订罪刑而进行的法律程序中,凡指称被告导致物质进入香港水域或内陆水域或公用污水渠或公用排水渠,或导致物质如第2(3)条所述般沉积,则对于所涉的作为或不作为,控方无须证明被告在就该罪刑的任何元素方面是带有任何意图、知情或疏忽的成分。"但同为英美法系的美国,其刑法中的严格责任往往不是制定法所明文规定的,而系法官造法的结果。具体到环境犯罪,各法案中通常会明确规定环境犯罪的主观心态,如故意、明知或是疏忽,但法院却可能会基于保护环境的现实需要,适用公共福利犯罪原则以免除控方的证明责任,从而使环境犯罪演变为严格责任的犯罪。甚至有法院认为,诸如清洁水法等立法的本意就是为了便利操作,而不要求控方对被告人主观明知的证明。

---

① Staples Vs. United States, 511 U.S. 600 (1994).
② 参见:谷永超.我国环境犯罪中引入严格责任的立法考量[J].人民检察,2017(12):59-61.

二、环境犯罪引入严格责任的主要依据

基于环境犯罪主观罪过证明上的难度,我国有不少学者主张将英美法中的严格责任原则引入我国的环境犯罪中。他们的主要理由包括:第一,新型环境犯罪造成的危害具有广泛性,被害对象是不特定的多数人,具有公共福利犯罪的特征,故可以适用严格责任。第二,采取严格责任有利于提高诉讼效率,最大限度地保护被害人的利益,保障司法公正。毕竟与被害方相比,被告方通常是公司企业,具有雄厚的经济实力,理应承担更重的责任。而从事活动与环境这一公共利益密切相关的行为人,也应当赋予比一般人更高的注意义务。第三,对于后果特别严重的环境污染犯罪采取相对严格责任,能够加大对该行为的追究力度,有利于罚当其罪,不但能体现出国家对环境保护的重视,也契合我国宽严相济的基本刑事政策。如果一概排斥严格责任的适用,就会导致刑罚对环境犯罪的威慑力大为减弱,无法满足社会对环境保护的需要。第四,在采取相对严格责任的情况下,控方虽然能够根据行为推定行为人具有主观罪过,但行为人也有权针对控方的推定提出辩护。事实上,我国司法解释就广泛采用了这种主观方面的推定规则,并不会过于限制被告的权利。最重要的是,严格责任不会违反无罪推定这一基本准则。对普通犯罪而言,控方明显比被告人拥有更广泛的权力,在控辩的天平上属于绝对的强势方,故要采取无罪推定原则,增加控方的举证责任,从而尽可能实现控辩双方的平衡。但在污染环境等犯罪案件中,控方反而在专业性、技术性等方面处于劣势,又由于环境犯罪的特殊性,可能确实难以证明被告人的主观过错。因此,即使引入严格责任也不会造成控辩双方力量的进一步失衡。①

当然,主张引入严格的学者均认为应严格限制其适用范围,即不能对所有的环境犯罪都适用严格责任,并应给被告人提供救济的渠道。多数学者认为,只有污染型环境犯罪才可以适用严格责任,甚至要将严格责任限制在单位实

---

① 参见:谷永超.我国环境犯罪中引入严格责任的立法考量[J].人民检察,2017(12):59-61.;宋旭平,梁力.环境污染犯罪中严格责任的引入及适用研究[J].山东社会科学,2018(8):109-114.;曾粤兴,周兆进.环境犯罪严格责任研究[J].宁夏社会科学,2015(1):25-30.;赵秉志.环境犯罪及其立法完善研究:从比较法的角度[M].北京:北京师范大学出版社,2011:114-116.

施的、情节严重的环境污染犯罪中。① 对于破坏自然资源与生态平衡类的犯罪，要么行为人主观故意特征比较明显，司法机关进行查明与认定并不困难；②要么确实涉及违法性认识的判断，故不应轻易推定被告人的主观心态。因此，原则上对这些犯罪不应采取严格责任。更何况，自然资源是社会经济发展的物质动力和基础，对其进行合理开发和利用是经济发展不可缺少的一部分。解决环境问题不能以经济停滞和倒退为代价，也不能以急剧减少实现生存权和发展权等基本人权的物质基础为代价。如果对这类犯罪采取严格责任原则，可能会过度扩大惩罚范围、降低经济发展的活性。而污染环境的犯罪则不然，能够通过技术控制，避免造成巨大的、不可逆的环境破坏。③ 而在诉讼程序中，也应赋予被告人提出反证的权利。如果其提供的证据相对于控方处于优势地位，足以说服法官相信其无罪过，而控方又不能进一步提供"不容置疑证据"进行反驳，就不能认定被告人有罪。④

不可否认，支持引入严格责任的观点具有一定的合理性。不过，该说也遭到了部分学者的反对，认为严格责任为被告人设置了沉重的负担，降低了公诉机关的证明标准，违反了刑事诉讼的基本原理，不应适用于犯罪认定中。笔者认为，无论是支持还是反对在环境犯罪中引入严格责任，首先都要明确严格责任的概念。经过梳理不难发现，我国学者对严格责任的理解并不相同。支持严格责任的学者大多主张相对的严格责任概念，⑤即严格责任并非不要求主观罪过，而是在主观罪过不明确时进行法律推定，将罪过的证明责任转移至被告人，如果被告不能进行合理反证，即推定其具有过错。而反对严格责任的学者却通常将其理解为绝对的严格责任，即被告不能进行抗辩，只要实施了行为就将被认定为犯罪。由于概念不统一，导致学者们在讨论时自说自话，均未针对对方论点进行明

---

① 参见：宋旭平，梁分.环境污染犯罪中严格责任的引入及适用研究[J].山东社会科学，2018(8)：109-114.

② 参见：曾粤兴，周兆进.环境犯罪严格责任研究[J].宁夏社会科学，2015(1)：25-30.

③ 参见：侯艳芳.我国环境刑法中严格责任适用新论[J].法学论坛，2015(5)：78-85.

④ 参见：谷永超.我国环境犯罪中引入严格责任的立法考量[J].人民检察，2017(12)：59-61.；宋旭平，梁分.环境污染犯罪中严格责任的引入及适用研究[J].山东社会科学，2018(8)：109-114.；曾粤兴，周兆进.环境犯罪严格责任研究[J].宁夏社会科学，2015(1)：25-30.；赵秉志.环境犯罪及其立法完善研究：从比较法的角度[M].北京：北京师范大学出版社，2011：114-116.

⑤ 只有少数学者似乎持绝对的严格责任观点，认为在某些环境犯罪中无须证明行为人具有主观罪过，参见：赵秉志，陈璐.当代中国环境犯罪刑法立法及其完善研究[J].现代法学，2011(6)：90-98.

确回应。笔者认为,绝对的严格责任基本上等同于绝对责任,违背了"无罪过即无犯罪""主客观相统一"等认定犯罪的基本原则,混同了刑事责任与民事责任,严重限缩了被告的合法权益,不符合现代社会的发展潮流,应当予以摒弃。对此,即使是主张在环境犯罪中引入严格责任的学者也不反对。因此,对绝对的严格责任的批评,并不能当然成为否定相对的严格责任的理由。而应围绕相对的严格责任的内涵与优劣,就其是否应被适用于环境犯罪进行讨论。

三、环境犯罪无须适用严格责任

笔者认为,我国环境犯罪无须引入相对的严格责任,理由主要包括以下几方面:

第一,犯罪的严重程度并不能作为适用严格责任的理由。如前所述,支持严格责任的学者认为环境犯罪造成的危害后果严重、范围广泛,故有必要适用严格责任予以追究。但恰恰相反,英美法上的严格责任原则上只适用于轻罪,而非重罪。由于轻罪的处罚较轻,故可以适当降低对犯意的证明标准。但环境犯罪中却有许多是重罪,故不能当然套用该原则。美国有判例明确指出,将违法行为作为重罪处罚,与公益犯罪理论根本不兼容。据此,如果国会没有明确规定某一犯罪不需要犯罪意图,我们就不应当用公益犯罪的基本原理将重罪条款解释为无须犯罪意图。① 一旦被指控为重罪,行为人将面临非常严厉的刑罚制裁,人身自由会处于巨大风险之中。此时,法律更应当充分保障其权利,绝不能再进一步降低控方的证明标准。因此,犯罪越严重,证明标准就应当越严格,而非越宽松。如果将犯罪的严重程度作为适用严格责任的理由,则故意杀人罪等重罪都应当是严格责任犯罪,但这明显与事实不符。

事实上,中美刑法上"轻罪""重罪"的范围也存在明显差别。美国轻罪的范围较广,处罚很轻,很多只需单处罚金。因此,美国对这部分案件适用严格责任,对行为人权利的限制程度较低,不会对案件的公正审理产生较大影响。但如果对应到我国,这些案件中有相当一部分恐怕仅能构成行政违法,而无须作为犯罪处理。反之,我国的污染环境罪中也有相当一部分情形,尽管在我们看来是"轻罪",却属于美国法意义上的"重罪"。如果也广泛适用严格责任,

---

① Staples Vs. United States, 511 U.S. 600 (1994).

对被告的风险就会远远超过美国。综上所述，基于中美犯罪认定范围的这一差异，我们在考虑是否适用严格责任时需要更为谨慎。

第二，基于保障人权的考虑，没有必要对环境犯罪适用严格责任原则。毕竟，无论是绝对的严格责任还是相对的严格责任，都是为了便于国家追诉，在一定程度上牺牲了被告人的权利，是国家权利本位的体现。但是，刑事诉讼中不仅要考虑效率，更应注重公平；既要保护被害人的权利，也应保障被告人的合法利益。在环境犯罪的认定中，我们已经对因果关系等客观要素采取了较为宽松的标准，如果主观上再适用严格责任，将会大幅降低犯罪的证明标准，就不能不让人质疑案件审理的公正性。试想，如果因为环境犯罪规定上的复杂性就可以降低对罪过的证明的标准，那么类似的食品安全犯罪、药品安全犯罪、垄断犯罪又为什么不可以呢？① 在当今社会，法律越来越复杂，行政犯也越来越多，如果都为了方便政府诉讼而采取严格责任，则恐怕只有杀人、诈骗、盗窃等少数自然犯还要求主观罪过了。倘若如此，"主观罪过"这一犯罪构成要件就将丧失其存在的价值。

第三，基于我国环境犯罪的治理现状，也没有引入严格责任的必要。如前所述，不少学者主张引入严格责任的理由都在于我国污染环境犯罪案件起诉、认定的数量极少，因此需要降低主观方面的证明标准，以提升对这类犯罪的打击力度。确实，污染环境罪自 2011 年正式面世后，在最初几年适用寥寥。根据焦艳鹏教授的不完全统计，2012 年与 2013 年该罪的判决数量分别为 1 件与 49 件。尽管存在当时裁判文书并未普遍上网、样本不全，并且没有配套司法解释、影响法院审理等原因，但立案数量极少无疑是不争的事实。而随着国家对惩治污染环境行为的日益重视，以及 2013 年和 2016 年司法解释的出台与进一步完善，污染环境罪的数量开始爆炸式增长，2014 年骤升到 801 件，并保持稳定增长。② 2017 年、2018 年人民法院新收污染环境刑事案件 2344 件、2409 件，审结 2258 件、2204 件。而笔者于 2021 年 5 月在中国裁判文书网以"污染环境罪"为案由搜索 2019 年做出的判决书，共查到 2453 份；2020 年的则为 1851 份。即使排除一二审重复与无效数据，案件数量也基本上与前几年

---

① UHLMANN D M. Environmental crime comes of age: the evolution of criminal enforcement in the environmental regulatory scheme[J]. Utah Law Review, 2009(4):1223-1252.

② 参见：焦艳鹏. 我国污染环境犯罪刑法惩治全景透视[J]. 环境保护,2019(6):41-50.

保持相当。从上述数据不难看出,我国目前对污染环境罪的起诉与审理状况已经得到了大幅改善,即使不依靠严格责任,也完全有能力处理相当多数量的案件。因此,有学者所谓的环境犯罪较低的定罪率在很大程度上与我国环境犯罪的归责原则有关这一论断是值得商榷的。[①]

探究这种变化的理由,我国的污染环境罪有很大一部分类型已经在事实上成为危险犯,尤其是抽象危险犯无疑是重要原因之一。相较于实害犯,对危险犯主观罪过的认定要容易得多;对抽象危险犯而言,更是只要对实施行为具有故意,原则上就等同于对造成抽象危险具有犯罪故意。因此,在当前的立法与司法现状下,污染环境罪主观罪过的证明难度已经大幅低于以往。即使引入严格责任,与现在相比也基本上发挥不了什么作用,对其需求远不如之前那么迫切。既然如此,严格责任又有多少适用的必要呢?综上所述,在当前背景下,出于提升办案能力、方便犯罪认定的需要而引进严格责任的理由已经不再如先前那般充分。

第四,相对的严格责任不能等同于我国司法解释中常用的主观推定。初看起来,相对的严格责任与刑诉法中的主观推定较为类似,均是在一定程度上将主观责任的证明标准变相转移给被告,只要其无法提出合理辩解,就肯定主观罪过。但在本质上,二者还是存在较大差别的。我国司法解释设定主观故意的推定只限于特定行为类型,并非对于行为人实施的任何行为都可以进行过错推定,其范围要远远小于相对的严格责任。以污染环境罪为例,相关会议纪要规定了主观方面的推定规则,实践中具有下列情形之一,犯罪嫌疑人、被告人不能做出合理解释的,可以认定其故意实施环境污染犯罪,但有证据证明确系不知情的除外:(1)企业没有依法通过环境影响评价,或者未依法取得排污许可证,排放污染物,或者已经通过环境影响评价并且防治污染设施验收合格后,擅自更改工艺流程、原辅材料,导致产生新的污染物质的;(2)不使用验收合格的防治污染设施或者不按规范要求使用的……(8)其他足以认定的情形。由此可见,只有满足上述特定情形的,行为人才被推定具有犯罪故意。而在其他情形下,则不能当然推定其具有主观罪过。

---

① 参见:赵秉志.环境犯罪及其立法完善研究:从比较法的角度[M].北京:北京师范大学出版社,2011:115.

第五，即使在美国，关于环境犯罪能否适用严格责任的争论就一直没有停止过。美国有很多学者都对环境犯罪适用严格责任持否定态度。而在美国的司法实践中，认定环境犯罪也并非完全不要求主观罪过，只是对具体犯罪的特定行为要素不要求证明过错，不能等同于"严格责任"。正如托马斯大法官在 Staples Vs. United States 一案的判决书中明确指出的，由于被告必须知道他从事可能受到管制的危险行为类型，因此使用"严格责任"一词来描述这些罪刑是不准确的。① 在环境犯罪案件中，控方只需要最小限度地证明行为人的主观意图，而非完全不需要证明。② 原则上，控方仍需证明下列非管辖性事实：行为人对自己的行为有认识；对所排放废物的一般危险性质有认识；如果法条规定需要对许可证"明知"，则行为人也应当对许可证的地位有所认识，③并认识到违反许可排污的事实（如提升了排污数量或采取了不当手段）——倘若不要求行为人对违反许可的行为具有明知，由于排污行为在持有许可的情况下是被允许的，就无法区分合法排污与非法排污。例如，行为人虽然向下水道中排放污水，但其误以为排放的是净水的，主观上不符合"排污"的要求，法院就绝不能仅因为其实施了排污行为而认定有罪。因此，对于一个在发源地都尚且存在争议的概念，我们更没有必要将其贸然引入。

综上所述，笔者认为在我国环境犯罪的认定中，没有必要适用英美法系的严格责任原则，而是必须对被告人的主观故意进行准确认定，以合理限制其成立范围，实现惩罚犯罪与保障人权之间的平衡。

第六节　违法性认识的判断

我国环境犯罪的一个突出特点是与行政法律法规联系密切，空白罪状的情形较为普遍。由于不少犯罪属于行政犯而非自然犯，且空白罪状指向的行政规范纷繁复杂，就给行为人主观责任的认定带来了不少困难。对于那些行

---

① Staples Vs. United States, 511 U.S. 600 (1994).
② FRIEDMAN L, HACKNEY H H. Questions of intent: environmental crimes and public welfare offenses [J]. Villanova Environmental Law Journal, 1999(1): 1-24.
③ 参见：贾学胜. 美国对环境犯罪的刑法规制及其启示[J]. 暨南学报(哲学社会科学版), 2014(4): 60-68.

为对象特殊、行为方式特定的环境犯罪,行为人往往会以自己文化程度低,不知道其行为具有违法性为由进行辩解。如在"河南大学生掏鸟案""农民采挖蕙兰案"等不少有关野生动植物案件中,被告均辩称其确实不知自己收买、出售、采挖的竟然是国家重点保护的野生动植物,理由在于这些保护动物的名录过于专业,一般人确实难以全面掌握。那么,行为人对自己行为违法性所产生的认识错误能否对定罪量刑产生影响?在行政犯日益增加的今天,违法性认识已经成为犯罪认定中不可回避的重要问题,值得深入研究。

一、违法性认识概述

(一) 违法性认识的对象

所谓违法性认识,系指行为人认识到自己的行为是被法律所禁止的。而违法性认识的可能性则是与之紧密联系的一个概念,系指行为人在实施客观的犯罪行为时,是否有可能认识到自己的行为是违法的。关于违法性认识中"法"的概念,亦即违法性认识的对象与范围,争议焦点集中于是仅限于刑法,还是可以扩张到整体法秩序。尤其是具备"二次违反"特征的行政违反加重犯,违法性认识究竟是指对刑事法律的认识,还是指对行政法律规范的认识?对此,理论上主要存在法秩序的违反说与刑法的违反说对立。笔者认为,违法性认识的对象仅限于对刑法规定的违反,而不包括行政违法性认识。行为人仅具有违反行政法等规范的认识或可能性,并不等同于其具备违反刑法的意识,不能作为其承担刑事责任的基础。因此,对于行政违反加重犯,即使行为人能够认识到自己的行为违反了行政法规,还需要再独立判断其是否具备刑事违法性的认识,二者并非一一对应的关系。亦即,在行为人仅有行政违法性认识的情况下,不能直接推断出其具有刑事违法性认识。如实践中并不罕见的"以罚代批"案件,行政机关为了"创收"而主动告知相对人可以通过行政罚款的方式补办合法手续。行为人以这种方式占用农用地、造成环境破坏的,虽然明知自己的行为违反行政法,但会误以为违章建筑基于行政处罚而获得了存在的合法性,更遑论具备刑事违法性认识了。

当然,行为人不能仅认识到该行为被刑法或行政法"抽象的禁止",还必须对作为构成要件的具体行为表现有所认知,这是违法性认识可分理论的当然要求。不过,这种认知无须达到非常精确的程度,只要能够表明法益侵害的类型与程度即可。以排污为例,在认定污染环境罪时,显然需要行为人认识到自己向河流中排放了废水,但其是否还需要认识到自己排放的污水中究竟含有哪些物质、具体排放了多少、环境法中的具体标准是什么、会对环境造成何种损害等要素? 在环境法的语境中,这是一种非常严格的标准,因为污染事实通常是高度复杂并具有技术性与不确定性的。不过在实践中,法官对此的要求也没有这么严格,只要求被告知道到一定的事实,具有被环境管制的可能性即可。一旦达到这一标准,被告的行为就属于自担风险——如行为人明知自己在从事某项具有危险的行为或涉及有害物质,就被推定应当知道该行为被法律所规制。例如,在美国被告并不需要精确认识到清洁水法中"湿地"的范围;也不需要了解自己排放的废弃物是否属于资源保护与恢复法案中的"有害物质";亦不需要分辨是属于清洁空气法中的"主要污染源",还是"次要污染源"。而是由法官来判断这些事实是否满足法律规定的具体标准。①

(二) 违法性认识及其可能性的定位

普通法国家长期否认将不知法律作为辩护事由。早在 19 世纪,美国著名的霍姆斯大法官就明确指出,对法律的无知绝非违法的借口……其理由与法律并不关心一个人的气质、能力等因素的理由相同。为了公共政策,允许牺牲个人利益……毫无疑问,在许多情况下,罪犯可能确实不知道自己在犯法,但承认这一借口是在鼓励对法律的无知。② 不过,现在也有越来越多的学者对"不知法者有罪"这一原则提出质疑。他们认为,一个人是违反长期存在、内容明确的法律,还是违反诸如环境法等变化较快、难以理解的法律,肯定还是存在较大差别的。在权衡其他因素的情况下,应当将其作为减轻罪责的理由。③ 在美国的司法实践中,对环境犯罪主观明知的司法调查可以细分为两部分:第一,被告必须"知道"哪些法律才能满足"明知"的标准;第二,被告必须"知道"其行为的哪些事实,包括围绕其行为的情况和结果。其中,对法律的明知又包括两方面:明知刑法的禁止条文,以及同时知道自己违反了该规范。如果一项

---

① LAZARUS R J. Meeting the demands of integration in the evolution of environmental law: reforming environmental criminal law [J]. Georgetown Law Journal, 1995(7): 2407-2529.
② FRIEDMAN L, HACKNEY H H. Questions of intent: environmental crimes and public welfare offenses[J]. Villanova Environmental Law Journal, 1999(1): 1-24.
③ O'HEAR M M. Sentencing the green-collar offender: punishment, culpability, and environmental crime[J]. The Journal of Criminal Law and Criminology, 2004(1): 133-276..

刑事条款通过引用另一法律规定的行为标准而纳入,则行为人应当知道该法律规定的标准并且自己违反了该标准——此时,并不需要行为人进一步认识到该违反会导致刑事制裁。在环境犯罪中,绝大多数都是这种情况。但在实践中,法官普遍认为不需要证明行为人认识到相关的环境标准。① 如联邦最高法院在判决中指出,"明知"并不涉及对法律的了解或代表一种可谴责的心态,因为人们被推定了解规范其行为的法律;它仅要求提供行为人认识到犯罪构成事实的相关证据。② 相对的,"蓄意"(willfulness)则要求被告人在行为时具有恶意,这显然要求其意识到自己是违法的。③ 如此一来,美国在事实上将环境犯罪违法性认识的判断转化为对犯罪构成事实是否明知的判断,只要根据特定事实,能够推定行为人应当知道自己违法就可以了——亦即,从违法性认识的判断转化为违法性认识可能性的判断。

在大陆法系国家,也存在实质故意说、严格故意说、限制故意说与责任说等多种观点的对立。目前,我国理论界对于违法性认识及其可能性的定位尚存在较大争议,实务界也逐步突破了先前恪守的"违法性认识不要说",一些判决书明确指出行为人不具有违法性认识或其可能性。此处,笔者采取较多数学者主张的限制责任论,认为成立犯罪并不需要具备违法性认识,但需要具备违法性认识的可能性。囿于篇幅,具体理由就不再展开论述了。

二、行政违法性认识的定位

在环境犯罪中,行为人往往辩称自己并不知道相关环境法律法规的规定,因此主观上不具有行政违法性认识,就更不可能具有刑事违法性认识了。确实,从逻辑角度出发,违反环境法是大多数环境犯罪的前提条件,既然认为自己的行为尚不违法,自然不会认为行为可能构成犯罪。那么,要想构成行政违

---

① GIBSON J. The crime of "knowing endangerment" under the clean air act amendments of 1990: is it more "bark than bite" as a watchdog to help safeguard a workplace free from life-threatening hazardous air pollutant releases? [J]. Fordham Environmental Law Review, 2011(2):197-229.

② UHLMANN D M. Environmental crime comes of age: the evolution of criminal enforcement in the environmental regulatory scheme[J]. Utah Law Review, 2009(4):1223-1252.

③ GIBSON J. The crime of "knowing endangerment" under the clean air act amendments of 1990: is it more "bark than bite" as a watchdog to help safeguard a workplace free from life-threatening hazardous air pollutant releases? [J], Fordham Environmental Law Review, 2011(2):197-229.

反加重犯,是否要求行为人兼具行政违法性认识与刑事违法性认识？有学者主张,对于这类犯罪,行为人必须同时具备两种违法性认识:"刑法条文明确规定'违反……法规'的犯罪。例如,刑法第 129 条(即现行刑法第 340 条——引者注)规定,只有'违反保护水产资源保护法规'的,才构成非法捕捞水产品罪。在处理这类案件时,应当查明行为人是否知道保护水产资源法规中的有关规定。"[1]因此,应当对行为人是否具备行政违法性认识进行特别的考察,只有同时具备行政违法性认识与刑事违法性认识的,才能构成行政违反加重犯。但笔者对此持反对意见,主要理由如下:

第一,该说的立论前提在于违法性认识是犯罪故意的认识要素。但根据我国刑法第 14 条的规定,犯罪故意需要认识到"自己的行为会发生危害社会的后果",并无法由此推导出违法性认识的存在。从语义上结合传统刑法理论进行分析,可知故意的认识因素是体现犯罪构成客观方面的全部要素,而不包括表明主观要素的目的、动机,自然也不应包括违法性认识。行为人在认识到行为违法性的同时,必然已经认识到了其社会危害性;但颠倒顺序则不然。故我们没有必要在刑法的规定之外,还额外增加"违法性认识"作为故意的认识要素,人为限缩其成立范围。只要行为人能够认识到自己行为的社会危害性,就不需要再强行加入"违法性认识"来补充犯罪故意的成立,毕竟,想证明行为人认识到自己的行为是有害的,要比证明其认识到该行为确实是违反刑法的要容易得多,绝不能使二者之间的距离成为放纵犯罪的漏洞。因此,违法性认识不是犯罪故意的认识对象。即使没有违法性认识,但只要有违法性认识的可能性,也仍然可以成立故意犯罪。而对于过失犯罪,既然其系因为疏忽大意没有认识到自己的行为会发生危害社会的后果,或是基于过于自信而轻信该结果能够避免,故在实施行为时也不可能都具有违法性认识。因此,违法性认识不是犯罪的构成要件要素。既然在犯罪的认定中,行为人都不需要认识到自己的行为在形式上违反刑法,又有什么理由要求其还应当认识到自己违反行政规范呢？

第二,根据我国刑法对犯罪故意的规定,能否认识到自己行为的社会危害

---

[1] 冯军.论违法性认识[A].;赵秉志.新刑法探索[C].北京:群众出版社,1993:266-267.//转引自张明楷.刑法分则的解释原理:第 2 版 下[M].北京:中国人民大学出版社,2011:549.

性才是认定故意的关键要素。违反行政法规固然可以作为这一认识的重要参照依据甚至是征表,但二者并非浑然一体、密不可分的关系。在行政违反加重犯的认定中,行政违法性认识最多只是社会危害性认识的充分条件,而非必要条件。此外,关于"违反……法规"之类的行政从属性犯罪中不仅有故意犯罪,还包括部分过失犯罪,如刑法第 133 条的交通肇事罪、刑法第 134 条的重大责任事故罪等。我们常说,这类犯罪人的态度完全可以是"明知故犯",即使认识到自己的行为违反了相关行政法规,但由于对犯罪结果是过失心态,仍然成立过失犯罪。可见,行政违法性认识和犯罪故意并没有必然联系,完全可以存在于过失犯罪之中。

第三,由于刑法条文的繁多与体系设计,我们不得不承认实质违法性认识与形式违法性认识之间并非完美衔接,将违法性认识排除出故意的认识因素也有这方面的考虑。倘若要求行为人在实施犯罪行为时必须具备违反刑法的明确认识,就很难对大量的行政犯定罪处罚;而这些犯罪又大多缺乏相应的过失犯罪,从而极易造成处罚上的空隙。与刑法典相比,我国的行政法律、法规、规章、条例等更是多如牛毛,不可胜数,而普通百姓并非法学专家——即使是法学专家,也难以认识到全部的行政管理规范——要求其在行为时必须具备行政违法性认识并不现实,将显著增加认定这类犯罪的难度,不利于刑法目的的实现。而且,如果真的这么规定,难免会导致了解法律越多,越容易构成犯罪的尴尬局面。

第四,根据行政法规的规定,不少违反行政管理行为的主观心态既可以是故意,也可以是过失。那么,在过失违反行政法规,进而触犯刑法中相应犯罪的情况下,行为人显然不可能具备行政违法性认识。

将目光转向国外。在美国,对于行政违反型环境犯罪,一般都要求行为人在主观上为故意。不过在不同的法案中,用语也不尽相同。有的法案要求行为人"明知自己违反了"(knowingly violate)相关行政规范;有些则只要求行为人明知自己实施了某种特定行为,而该行为在客观上欠缺行政许可或违反了相关程序。① 例如,在美国诉 International Minerals & Chemical 公司一案中,相

---

① LAZARUS R J. Meeting the demands of integration in the evolution of environmental law: reforming environmental criminal law [J]. Georgetown Law Journal, 1995(7): 2407-2529.

关法案要求每个托运人都需要在装运文件中对物品进行描述,是否包括该章第172.4条规定的任何分类。法院据此认为,控方不需要证明被告知道相关法律规定,只需要证明其知道自己在运送硫酸即可——尽管立法清楚表明被告必须"明知违反规定"。其理由在于,涉及危险、有害的设备或产品,或者令人讨厌的废物材料时,该行为被监管的可能性是如此之大,以至于任何知道自己拥有或处理它们的人,都必须被推定知道该监管。① 在该案中,法官在事实上将法律要求的"明知"认定为行为人对自己持有物品的明知,而不需要对监管这些物品的法律具有明知——亦即,行为人不需要认识到自己的行为是违法的。该判例被多数低级别法院所遵循。后来,美国又通过美国诉 Wilson 等案件的判决,进一步明确了环境犯罪的犯罪意图,认为"明知"虽不要求行为人明确认识到自己行为的违法性,但也不能据此排除控方的证明责任,而应当限制为明知"能够推断自己行为违法的事实"。不难看出,美国刑法也不要求环境犯罪的行为人具有行政违法性认识,只要其认识到特定的基础事实,能够推断出自己的行为可能违法就足够了。

综上所述,行政违法性认识并非犯罪故意的认识因素。但要想成立行政违反加重犯,除了要求行为人具有刑事违法性认识的可能性之外,还必须同时具备行政违法性认识的可能性。如果行为人根本不可能认识到自己的行为违反行政管理法规,也就不能期待其不实施该行政违反行为,进而更不能期待其不实施以该行政违反为前提的犯罪行为。在这种情况下,对其定罪施刑类似"不教而诛",既是无效的,也是无辜的。当然,无论是故意犯罪或过失犯罪,都不排除行为人具有行政违法性的明确认识,这是其与刑事违法性认识的重大区别。而且,如果确实没有行政违法性认识的可能性,仅不构成相应的行政违反加重犯,却仍可能成立不以行政违反为前提的犯罪。

三、行政违法性认识错误的处理方法

一般而言,刑法中的认识错误可以分为事实的认识错误与违法性的认识错误。其中,事实的认识错误阻却故意的成立;而违法性的认识错误则与行为

---

① LAZARUS R J. Meeting the demands of integration in the evolution of environmental law: reforming environmental criminal law [J]. Georgetown Law Journal, 1995(7): 2407-2529.

人的主观罪过认定没有直接关系。但由于违法性认识的可能性是所有犯罪成立的必备要素,故如果行为人在实施行为时不具有违法性认识的可能性,换言之,当该认识错误不可避免时,就应当阻却责任,不构成犯罪。因此,对于以违反行政规范为前提的环境犯罪,如果行为人误以为自己的行为并不违反相关环境法律规范的,就需要厘清行政违法性认识错误究竟属于事实的认识错误还是违法性的认识错误。笔者认为,行政违法性认识错误的产生原因较为复杂,并由此直接影响到刑事责任的有无,应当分情况加以讨论。

首先,行为人对符合行政管理规范规定的禁止事项的认识错误,属于事实的认识错误,可以阻却犯罪故意的成立。就该情形而言,行为人所认识的事实不但是行政法评价的基础内容,更是刑法犯罪故意中认识因素的重要组成部分,会起到行政法与刑法上的双重效果——如果其没有认识到行政法规所禁止的事实,既会对自己是否违反行政管理规范产生认识错误,也会直接影响到对该行为可能造成的危害后果的正确认识,从而不具备犯罪故意,自然不可能成立相应的行政违反加重犯,但仍可构成其他犯罪。例如,行为人记错了禁渔期,误以为自己是在非禁渔期捕捞的,就不成立非法捕捞水产品罪。又如,行为人将自己私自运输的国家重点保护的野生植物误认为是某种普通树木的,也不能成立危害国家重点保护植物罪,但可能构成非法运输盗伐、滥伐的林木罪或其他赃物犯罪。再如,行为人在合法持有林木采伐许可证的情况下,却由于疏忽大意弄错采伐地点的,不应构成盗伐林木罪,不过仍可能构成滥伐林木罪。当然,如果行为人具备行政违法性认识的可能性,就不排除其成立以行政违反为前提的相应的过失犯罪。

其次,行为人对行政管理规范规定的禁止事项的评价错误,属于法律的认识错误。所谓评价错误,是指行为人在对于自己的行为方法、对象、特定时空条件等因素正确认识的前提下,却误认为该行为并未违反行政规范——也包括对相应行政规范存在与否的认识错误。例如,行为人明知自己砍伐的是楠木,但却认为其并未列入《国家重点保护野生植物名录》,不属于珍贵植物;明知自己使用松香给鸡鸭褪毛,但误以为这一方式是被行政法规所允许的。对于这种情况,日本判例与学者曾认为:只要对非刑罚法规产生的认识错误,均属于事实的认识错误,故行政违法性的评价错误也应属于事实的认识错误。但笔者表示反对,理由主要在于:首先,行政违法性认识并非犯罪故意的认识因素，故该认识错误不能当然阻却故意的成立。其次，评价错误究竟属于刑罚法规的认识错误，还是非刑罚法规的认识错误，在某些场合难以区分；而且，对于以行政违反为前提的犯罪，如果行为人认识到自己的行为尚不违反行政法，必然更会认为不具有刑事违法性。此时，究竟属于何种法规的认识错误呢？最后，我国刑法中既有将违反行政法规内容照搬入罪状的行政犯，也有简单地以"违反……法规"代之的行政犯。刑法是否将罪状委由非刑罚法规设定，只是一个立法技术上的问题，甚至并没有明确标准。就这点而言，"空白罪状"不应与普通罪状有本质区别，否则就将导致不公平的处理结果。故对于这一情形，行为人对行政违法性的认识错误不能阻却犯罪成立。只有其确实不存在正确认识行政违法性的可能性时，由于行政违法性认识的可能性是构成相应行政违反加重犯的前提条件，故基于责任的阻却而不构成该罪。

　　至于行政违法性认识可能性的判断，应当以行为人而非一般人为标准。理由在于，虽然这些行政犯大多属于国民生活核心领域之外的犯罪，而其所从属的行政规范也确实不易为一般人所了解；但对于实施这些犯罪的行为人而言，却怎么可能陌生呢？"法定犯、行政犯的构成，客观上只能是那些自己的生活与该种行为有较多联系的行为人才有可能。"①而在一定的业务范围内，一旦国家制定规范该业务领域的特别法规，则必然要以各种方法、渠道使得该领域内的人员对其有较为透彻的了解。一般百姓虽极可能不知道，却并不表明这些人不可能知道。故而判断的标准一定要落脚于行为人自身的认知水平。行为人由于其长期从事某项工作或是将要从事某项工作，理应对相关法律法规有所了解。他们在从事专业活动时，应当尽到更高度的注意义务，更为谨慎小心地评估行为所可能产生的风险。这一点在环境法领域尤其重要，因为环境法的规范通常是针对专业人士的，并且他们可以就其法律义务的范围征求律师或顾问的专业意见。② 因此，只有根据具体情况，能够证明行为人而非一般人确实不具有回避行政违法性认识错误的可能时，才不会构成相应的犯罪。

　　我国司法实践也持这种观点，如不少法官在判决中明确指出："孙明义经

---

　　① 贾宇.论违法性认识应成为犯罪故意的必备条件[A].；陈忠林.违法性认识[C].北京：北京大学出版社，2006：259-270.
　　② FAURE M, WEBER F. The diversity of the EU approach to law enforcement—towards a coherent model inspired by a law and economics approach [J]. German Law Journal, 2017(4):823-880.

营钢材贸易多年,对国家税收征管制度熟悉,其辩称对虚开行为的违法性没有主观认知的辩解意见无事实根据"①,"张俊献、张某某、朱某某、牛某某四人作为从事食品加工的从业者,应当明知国家禁止使用松香拔毛"②,"汪某某作为长期生活、劳动在辖区内广泛生长有金钱松等树种的山区林农,应当知道金钱松属于国家重点保护植物"③,等等。两高三部《关于办理环境污染刑事案件有关问题座谈会纪要》指出:判断犯罪嫌疑人、被告人是否具有环境污染犯罪的故意,应当依据犯罪嫌疑人、被告人的任职情况、职业经历、专业背景、培训经历、本人因同类行为受到行政处罚或者刑事追究情况以及污染物种类、污染方式、资金流向等证据,结合其供述,进行综合分析判断。笔者认为,这一规定完全适用于对其是否具有行政违法性认识性的具体判断。

那么,究竟在何种情况下,行为人不具有回避行政违法性认识错误的可能性呢?笔者认为,根据环境犯罪的构造特征,在判断违法性的认识可能性时,主要有以下几种情形值得留意:一是限于空间、时间等因素,导致行为人不知道环境行政规范已经发生了变更。对于行政违反加重犯,当空白罪状中的行政法律规范发生变更时,可能会直接影响到犯罪行为、犯罪主体、犯罪对象的范围,进而影响刑法规范的适用范围与犯罪认定。④ 尽管在现代社会中,法律知识的普及程度已经极为深广,即一旦制定了新的法规……也容易使国民周知。特别是对某项业务活动进行规制的取缔法规,进行该业务活动的人应该由透彻的了解,如果说因为是新的法规,有关人员完全不知道是说不过去的。但在事实上,行政法规、规章及条例等发布或修改频繁,倘若颁布之日距离生效之日甚短,行为人确实由于特殊原因在实施不法行为时未了解到这一事实,而仍信赖过去的法规认为自己的行为不违反行政法与刑法的,也是情有可原的。以非法处置进口的固体废物罪与擅自进口固体废物罪为例,作为确定两罪犯罪对象依据的《限制进口类可用作原料的固体废物目录》系由相关行政管理法规所确定的,会根据国家政策等原因进行调整。因此,某种废物既可能本不在该名录上,不久前由于行政法律的变更而被列入名录内,从而成为犯罪对

---

① (2014)津高刑二终字第23号刑事判决书。
② (2014)郑刑二终字第233号刑事判决书。
③ (2015)宣中刑终字第00140号刑事判决书。
④ 参见:龚培华.刑法溯及力问题研究[J].上海市政法管理干部学院学报,2000(6):80-84。

象;亦可能原本在该名录上,但近期被调整入《禁止进口固体废物目录》,从而涉嫌走私废物罪等其他犯罪。如果行为人在短时间内尚未及时了解这一信息,仍同往常一样非法处置固体废物的,则可能因缺乏违法性认识的可能性而不构成犯罪。"但在重复实施同样的行为时,再说不知道就说不过去了。虽然允许最初的违法行为,但也不会给实现行政取缔带来大的障碍。"①

二是由于行政法规纷繁复杂,可能会发生不同部门立法之间的矛盾,或者上位法与下位法冲突的情形。当行为人在存在矛盾的同位阶规范中选择最符合自己利益的内容,或是基于某种可理解的原因(如地方政府出于自身利益制定了和国务院相关部门规定相冲突的条例或政策,并大力宣传等)信赖下位法而违反上位法,并进一步触犯刑法的,也不宜认定为犯罪。理由在于对前一种情形而言,趋利避害是合乎人性之举,如果权威机关尚未对同位阶法律冲突问题给予明确解答,又凭什么让行为人为国家的疏忽"买单"? 此外,既然行为符合某一行政规范,就难以认定行为人具有行政违法性认识。对后一种情况,虽由法律效力观之,宪法、法律、法规、地方性法规、规章等法律规范的位阶依次降低,但在适用于个案的时候,由于位阶最低者内容最具体,且与个案之关系最为紧密,反而呈现出一种截然相反的顺序。因此,行为人日常接触最为紧密、了解最多的肯定是地方政府制定的规范文件。出于对其的信赖,兼之自己没有能力与精力去判断这些文件是否与上位法存在冲突,倘若此时仍认为行为人具有回避认识错误可能性的话,也不啻为一种苛求。

三是行为人在对法律适用产生疑问的情况下,通过咨询权威部门得到了错误的结论进而实施违法行为的,也应当认定为不具有行政违法性认识的可能性。理由就在于信赖保护原则——如果权威机关"对国民进行的法律解释或者适用法律的意见,是以真挚的态度和无虚假、欺骗内容使得国民对其信赖的,对于国民的这种信赖而实施的行为应有保护的必要"②。此外,信赖具有权限的行政机关的意见的人,与其说具有违反法律的意图,不如说具有遵守法律的意图。③ 以

---

① 大塚仁.犯罪论的基本问题[M].冯军,译.北京:中国政法大学出版社,1993:222-223.//转引自李婕.抽象危险犯研究[M].北京:法律出版社,2017:156.
② 川端博.正当化事情的错误[M].东京:成文堂,1988:59.//转引自李邦友.违法性认识的可能性应是认定故意的要素[A].;陈忠林.违法性认识[C].北京:北京大学出版社,2006:289-301.
③ 参见:张明楷.刑法格言的展开[M].北京:北京大学出版社,2013:380.

非法占用农用地为例,行为人虽以商用目的违规占用耕地,但如果向农林、土地等单位申报过相关手续,期间并未遇相关部门反对、不予批准或出面阻止,甚至还得到审批或立项的,就很难认为行为人具有行政违法性认识的可能性,更不可能构成犯罪。当然,这里的权威部门主要包括法院(包含最高司法机关公布的指导性案例等)与就该行政法规具备实施或管辖权的政府机关。至于民间团体、律师或法学专家,其所提供的咨询则明显属于个人意见,不能代表国家部门的意志,没有任何责任的约束,故不应认定为权威机关,否则就容易导致构成犯罪与否为私人意见所左右。但是,如果这些组织或个人以自己的其他身份提供咨询时,则另当别论。例如,某法学教授挂职某法院副院长,在法院中给当事人提供了自己的意见,难免不给人造成代表法院意见的假象。又如,某法学教授作为《今日说法》节目嘉宾,在发言中对某一问题做出了错误的解释。由于其借助了央视这一权威媒体,面向全国观众进行传播,就极大地增强了其意见的权威性。故行为人基于这一意见而对行政规范产生的误解,也宜认定为不可避免的错误,排除行政违法性认识的可能性。

四是在行为人对刑法分则条文关于行政许可的要求产生了认识错误时,应当根据许可的类型判断该错误是否不可避免。原因在于刑法分则部分条文中所要求的行政许可属于"控制性许可",如滥伐林木罪,行为人的行为只有在同时还欠缺行政许可时才体现出应以刑法禁止的不法内涵。在这种情况下,行为人辩称自己不知道需要获取许可,进而违反行政法与刑法的,有一定合理性,需要谨慎判断。相反,绝大多数条文中所要求的行政许可属于"特别许可",如涉及部分珍贵、濒危野生动物的犯罪、污染环境类犯罪,即使行为人没有认识到自己的行为必须要经过行政许可才能实施,也不妨碍其作为法学外行人认识到自己行为的消极社会意义。① 此时,原则上应当认为行为人知道其行为需要得到法律授权,未经许可实施的,显然具有违法性认识的可能性。

---

① 参见:王钢.非法持有枪支罪的司法认定[J].中国法学,2017(4):69-87.

第六章
预防转向的后果限度：制裁方式的多元

在环境刑法的调控范围已经不可逆转地扩张背景下，为进一步适应新形势，环境犯罪的法律后果也有必要随之调整，以轻缓化的变革应对犯罪圈的扩大。本章主要研究环境犯罪的多元化制裁方式，主张将刑罚作为最后的惩治手段，并灵活采取民事、行政等多种方式，作为环境犯罪预防转向的后果限度——毕竟，刑法绝非是最有效的预防犯罪手段，一味地重刑化并不能恢复已被破坏的生态环境，反而会激发新的社会矛盾。

第一节 多元化制裁体系概述

刑法的目的固然是为了保护法益，但保护法益的手段却并非只有科处刑罚。面对公众对环境问题的普遍不满，社会大众对刑事制裁的呼声如此之高，但对其中所涉及的公民自由问题的关注却相对较少。而随着环境行政法与环境刑法的逐步分离，人们发现：广泛利用刑事制裁促进环境保护，看起来并不是使新崛起的环境价值观与民主进程和目标相协调的最佳方法。而通过创新的民事或行政惩罚来处罚环境不当行为，可能更有效率，成本也更低。例如，从经济学的角度观察，纵使通过刑事程序能够更有效地发现并严密拘捕犯罪人，但刑事侦查的成本过高；相较而言，行政法的执行成本与证据门槛较低，并可以通过事前预防解决问题,是一个较为理想的政策解决方式。① 再如,害怕刑事制裁本身并不能确保大家遵守环境法——大多数人遵守法律是因为他们在回应一种"内在的道德信念",即某项特定的活动是"错误的",② 而非仅由于刑罚的威慑。于是,人们开始广泛寻求刑法之外的制裁措施。

在 20 世纪 90 年代,部分学者提出的"执行金字塔"理论得到了广泛重视。该理论要求,刑罚在环境管制领域仅是执行手段而非政策工具。决策者在进行制度设计时,应当首先选择政策工具,再针对该政策工具的执行,考虑是否选择刑罚这一执行手段。这是一个循序渐进的决策过程,而不能在未做好政策工具选择的情况下任意跳跃至执行手段的选择。③ 只有用尽了规劝、行政罚款等措施而仍然无效时,才能动用处于金字塔顶端的刑事制裁措施。而在决定是否对环境污染行为适用刑罚时,也应当综合考虑下列因素:一方面,污染者的道德形象,即其究竟是负有社会责任感的污染者、不幸的污染者、疏忽的污染者还是恶意的污染者。对于前三者,刑罚所起的一般预防与特殊预防效果均十分有限,采取行政或民事措施的效果更佳。而对于恶意的污染者,则应采取更具有道德非难性的刑事制裁措施。诚然,对污染者主观恶性及道德形象的分析只是一个方面,但不可否认的是如果主观恶性较小,即使予以刑事制裁,也应当得到从宽处罚的优待。如果主观恶性较重,则应在量刑时从重考虑,并施加保安处分等配套措施;行政机关在执法时,一旦查明行为人属于恶意的污染者时,也应重点监控,及时采取更为严厉的执行手段,以最大限度地消除风险。另一方面,污染环境的后果是累积造成的还是一次性造成的。对于累积造成后果的行为,重点在于预防而非刑事制裁,更应当通过行政管控等手段进行制度建构。一旦国家及时介入行为向结果延伸的因果链条,就不会发生严重污染环境的后果,此时,也就没有必要动用刑罚这一最严厉的制裁措施。除非行为人屡教不改,仍然多次实施违法行为的,才可以刑罚来贯彻政策工具的实施。而对于可能一次性造成严重后果的行为,由于事中预防十分困

---

① FAURE M,WEBER F. The diversity of the EU approach to law enforcement—towards a coherent model inspired by a law and economics approach [J]. German Law Journal, 2017(4):823-880.

② HEDMAN S. Expressive functions of criminal sanctions in environmental law[J]. The George Washington Law Review, 1990(4):889-899.

③ 参见:叶俊荣.环境问题的制度因应:刑罚与其他因应措施的比较与选择[J].台大法学论丛,1991(2):87-114.

难,故应当强调事前预防与阻吓作用。此时,刑罚才有提前介入的空间。①

还有学者认为,作为事后处理的刑罚手段,很难切实发挥确保事前管制实效性的作用。因此,除了强制性的规定之外,应通过更为灵活有效的制度诱因设计与教育启发训练,多管齐下。如果非要以刑罚手段处理环境污染问题,除了要顾及规范上的正当性之外,还需要综合管制目的、预防效果、缉查上的容易性、制度诱因等因素,整体考虑政策上的必要性。对于无法证明排放物质的有害性或难以判断复数物质作用下的多重影响、所定排放标准过高导致一般人根本难以遵守、都市型公害等微量排放行为以及执行上的成本过高等行为,都不宜用刑法规制。②

当前,大多数国家都动用了刑罚之外的各种手段惩罚环境违法犯罪行为,形成了民事、行政与刑事的多元化制裁体系。实践中,这些措施相互配合,替代或并行适用,对有效预防与惩治环境犯罪起到了十分重要的作用,我们不应夸大或否认任一种措施的意义。而且,这些措施彼此之间亦可以借鉴对方的优点,不断发展完善,从而发挥更为积极的作用。有学者对德国 1995-2005 年间的环境犯罪案件进行了详细、系统的梳理与实证分析,得出了如下结论,值得我们借鉴。③ 第一,不像有些学者所批评的那样,刑事制裁手段确实可以在惩治环境犯罪中发挥十分重要的作用,不可能被完全取代。尽管其在实践中的适用可能仍不够广泛,但会对有效降低环境犯罪的发案率产生积极影响。从这个角度看,经济分析所提供的"威慑模型"是科学的。故在政策层面,虽然我们绝不能断言刑事制裁在任何方面都优于行政监管措施,但必须承认其在震慑犯罪方面的功效。不过,由于刑事制裁的成本极高,行政处罚仍可能是某些情况下的首选。如当危害较低时,通过许可和监控进行事前预防,往往会被比通过制裁进行事后威慑更有效果。从这个角度讲,刑事处罚注重事后惩治,行政处罚强调事前监控,二者能够起到有效补充,不可偏废任何一方。

第二,从作用上看,通过审判对犯罪予以制裁的公开性质,要比行为人是

---

① 参见:叶俊荣.环境问题的制度因应:刑罚与其他因应措施的比较与选择[J].台大法学论丛,1991(2):87-114.

② 参见:谢煜伟.论排放毒物污染环境媒介罪:与各环境行政刑罚法规之关连性[J].台大法学论丛,2019(sp):1375-1434.

③ CHRISTAN, ALMER, TIMO, et al. Environmental crime and punishment: empirical evidence from the german penal code[J]. Land Economics, 2010(4):707-726.

否被定罪量刑、被判处多重的刑罚更为重要。原因主要在于刑事诉讼过程会产生信息外部性，隐含着对行为人声誉的制裁；而这种外部性却难以体现于行政监管者和违法者双边、单向、较为隐秘的关系中。基于此，决策者有必要考虑在行政监管流程中增加公共成分，既可以从中获得好处，又可以避免进入刑事诉讼所引发的高额成本。因此，向社会大众广泛公开行政违法行为不失为一种低成本、高收益的措施。例如，我国环境保护法第54条就规定，应当将企业事业单位和其他生产经营者的环境违法信息记入社会诚信档案，及时向社会公布违法者名单。而根据大量的实证分析表明，公司的决策人员通常会考虑一些非金钱因素，如遵纪守法的愿望、做一个良好企业公民的愿望，以及环境事故对企业声誉的潜在损害。① 因此，公布违法者名单这一做法可以大幅增加违法者的成本，提升行政处罚的威慑。

第三，公众对环境质量和政治经济的偏好会影响其举报环境犯罪的积极性。故相关部门应当围绕公民向执法当局报告的直接影响和选民偏好导致政治压力的间接影响展开工作，以加强警察和监管机构的侦查和报告工作。环境刑法也应当对制裁制度运作所依据的政治现实更为敏感。因此，国家应当围绕当前重大、敏感的现实环境问题，充分调动公众参与环境治理的积极性，提升发现违法犯罪行为的概率。通过立法、司法、执法、公众参与等措施多管齐下，充分发挥各类措施的作用，以有效遏制污染环境、破坏资源等行为。

第二节　环境修复措施在环境犯罪中的适用

一、环境修复措施的理念与定位

环境犯罪具有特殊性，除了以传统的刑罚处罚犯罪人之外，还需要考虑到为数众多的被害人最殷切期望的是对被破坏环境的恢复。因此，仅通过刑罚处罚行为人的效果有限，环境犯罪的治理应当强调惩罚犯罪与恢复生态并重，同时采取各种修复生态环境的非刑罚措施是更为科学、合理的思路。当前，我

---

① SPENCE D B. The shadow of the rational polluter: rethinking the role of rational actor models in environmental law[J]. California Law Review, 2001(4): 917-998.

国司法机关也认识到了这一问题,通过颁布一系列司法解释与规范性文件,确立了集刑事责任、民事责任与行政责任于一体的环境修复责任体系,实现多种法律责任的有机结合,不断拓展环境刑事责任的实现方式。如《最高人民法院关于为黄河流域生态保护和高质量发展提供司法服务与保障的意见》明确指出:"立足不同环境要素的修复要求,探索多元化环境修复方式,完善刑事制裁、民事赔偿与生态补偿有机衔接的环境修复责任体系。"在实践中,各地司法机关也通过判决环境修复措施等方式,对环境修复刑事责任的实现路径进行各种有益的探索与尝试。

　　表面看来,环境修复措施与恢复性司法密切相关。我国也有不少学者主张在环境犯罪的惩治中积极采取恢复性司法理念,认为目前广泛采用的环境修复措施正是该理念的现实体现。① 亦即,在实现环境修复刑事责任时,应当以恢复性司法理念为指导原则——尽管我们很难对被犯罪破坏的环境进行完全修复,但至少可以防止危害再次发生,并且将部分环境修复到先前状态。通常认为,恢复性司法是通过非对抗的方式解决受害者与加害者之间的冲突,促使犯罪主体主动承担法律责任,并对犯罪行为所造成的危害结果进行对价性赔偿,以最大可能地修整恢复受损社会关系的一种司法方式。② 通过当事人之间的良性协商与沟通,犯罪人采取真诚悔过、物质补偿等方式降低对被害人的侵害并得到其谅解,以换取对自己的从宽处理。新西兰是对环境犯罪采取恢复性司法模式的代表国家之一,该国早在2002年的量刑法案中,就规定法官在量刑时必须考虑恢复性司法程序已经或很可能产生的后果。目前,恢复性司法程序被广泛适用于新西兰的环境污染犯罪中,格外强调协商机制的包容性。该机制中的利益相关人员包括社区代表、环境(由议会代表)、政府官员、议员以及原住民代表。商谈的后果主要包括:公开道歉;向社区、学校等组织捐款,资助其开展的环境保护项目;在报纸上公开发表文章,普及破坏环境所带来的危害;与当地有关部门签订环境恢复的协议书;支付与危害后果相关

---

　　① 参见:王树义,赵小姣.环境刑事案件中适用恢复性司法的探索与反思——基于184份刑事判决文书样本的分析[J].安徽大学学报(哲学社会科学版),2018(3):102-110.;张霞.生态犯罪案件中恢复性司法应用研究[J].政法论丛,2016(2):112-119.;宁清同,南靖杰.生态修复责任之多元法律性质探析[J].广西社会科学,2019(12):107-117.

　　② 参见:张霞.生态犯罪案件中恢复性司法应用研究[J].政法论丛,2016(2):112-119.

的各种费用,如清理费、人工费、补偿费等;积极主动地修复被损害的环境,并承诺今后不再实施类似行为,等等。

不可否认,通过法院对犯罪人判处生态环境修复措施的做法被世界各国普遍采用。如在美国,环境犯罪的检察官倾向于寻求刑事惩罚与环境利益整体效果的最大化。如果某方案能够通过立即消除污染而直接有利于环境,他们会舍弃通过刑罚威慑以保护环境的传统做法,而采取该方案;甚至愿意放弃针对企业或个人的刑事指控,或者降低刑罚的严厉程度或罚金数额,以换取比法律要求显著提高的清理或修复承诺。① 在德国,环境保护部门通过行政容忍制度促进地方环境保护部门与排污企业间的合作,以双方达成合作协议的方式结案,确保被污染的环境能够有效得到恢复。② 巴西也注重适用刑罚以外的措施,对自然人制定了社区服务、暂时中止权利、部分或全部中止活动、支付现金和家庭拘留等非刑罚措施,对法人制定了中止权利和社会服务等非刑罚措施,从而有利于生态环境的保护、恢复和补偿。其中,社区服务包括对环境计划和项目的资助、对环境恶化地区的恢复工作、对公共地区的维持以及对公共环境机构或文化机构的捐赠等内容。③ 我国香港地区也针对环境犯罪规定了一系列生态环境修复措施,如《水污染管制条例》规定了由被定罪的人修复水域,《废物处置条例》规定了定罪后对废物的检取及处置措施,等等。但需要指出的是,从严格意义上讲,尽管进行了一定的参考与借鉴,但绝大多数生态环境修复措施与恢复性司法理念并无直接关系。国外就有学者明确指出,"修复损害"(repairing harm)不可与"恢复性司法"(restorative justice)混为一谈。因为"修复损害"可以直接向犯罪人(尤其是犯罪的单位)施加,而不必涉及协商一致的和解方法。即使犯罪人不愿意进行协商或和解,也可以对其适用"修复损害"的法律制裁。不过,其主要措施与上述恢复性司法模式商谈的后果类似,均包括公开道歉、巨额罚金、环境修复等。④ 如前所述,法院判决生

---

① 参见:贾学胜.美国对环境犯罪的刑法规制及其启示[J].暨南学报(哲学社会科学版),2014(4):60-68.
② 参见:张正宇.德国水环境刑法之考察及其对中国的启示[J].国外社会科学,2020(1):37-49.
③ 参见:吴献萍,刘有仁.环境犯罪立法特色与机制评析——以巴西为例[J].环境保护,2018(21):61-64.
④ WHITE R. Reparative justice, environmental crime and penalties for the powerful[J]. Crime Law Social Change, 2017(2):117-132.

态环境修复措施时并非均要经过加害人——被害人和解机制(victim-offender reconciliation program);而在我国的法律与司法实践中,也未明确要求法院判处生态环境修复措施时必须征得被告人的同意,需要国家、个人等具体受害者与其和解协商。因此,从本质上讲,环境修复刑事责任的实现不以恢复性司法理念为指导。环境修复措施在本质上更倾向于一种对于损害的修复,无须考虑被害人与行为人之间的互动,具有一定的强制性。

二、环境修复措施的意义

(一)修复被破坏的生态环境

"污染者治理"是环境保护中的一项基本原则,其中就蕴含着破坏环境者应当修复环境的当然之义。近年来,环境修复成为我国环境公共利益损害的主导性救济方式,以及环境司法审判的根本价值取向。[1] 在刑事案件中,环境修复措施也日益发挥出十分重要的作用。最高人民法院与最高人民检察院多次强调,应当在刑事案件中"最大限度修复生态环境""促进生态环境的一体保护和修复""实现惩罚犯罪与保护生态有机结合"。理由在于,当今社会人们越发重视被害人在犯罪中的地位,强调对被害法益的修复而非单纯的惩罚。在故意杀人罪、非法拘禁罪、强奸罪等犯罪中,危害结果一旦发生就不可逆转,因此无法采取修复措施。但环境犯罪则不然,在被破坏后能够得到或多或少的修复,不过是难度大小而已。虽然,环境犯罪对个人法益的侵害是间接的,可能没有直接、明确的传统意义上的"被害人"。但是,任何环境犯罪都会侵害环境法益,故应当由国家代表主张恢复被破坏的环境,通过司法手段实现环境生态损害前后平衡的良性循环。如果只靠刑罚手段,则无论对罪犯施以多重的惩罚,被破坏的环境也无法逆转。因此,在判处刑罚时附带适用环境修复措施,能够起到有效的补充作用,对恢复被破坏的环境法益大有裨益。

(二)更好地实现刑罚目的

刑罚的目的不在于惩罚,而在于预防。而预防又可以针对对象的不同,分为对社会大众的一般预防与对犯罪人本人的特殊预防。作为一种公害犯罪,

---

[1] 参见:李挚萍.生态环境修复责任法律性质辨析[J].中国地质大学学报(社会科学版),2018(2):48-59.

对环境犯罪进行预防与控制的重要性要大于单纯的事后惩治。对犯罪人适用环境修复措施,能够使犯罪人在亲手恢复被其破坏环境的过程中,更为直观、明确、具体地意识到自己行为的危害性,从内心促使其悔改,降低其今后再犯的可能性,起到特殊预防的效果。此外,环境修复措施的持续时间一般较长,不但可以不断加强被告人的环境保护意识,也能够长时间地给其周围群众起到警示与教育作用。通过对"有罪必罚"理念的加深,社会大众会更为牢固地树立起爱护环境、保护环境、不得破坏环境的观念。从这个角度来说,环境修复措施与刑罚互为补充,能够有效配合刑罚的执行。

(三)顺应"法律责任功能融合"的发展趋势[①]

刑法是行政法、民法等法律的保障法。通常而言,违反刑法的行为都会首先违反行政法或民法,犯罪人也可以同时承担刑事责任、行政责任与民事责任,这就是责任的聚合。因此,从责任的实现角度看,在刑事案件中,刑事责任、行政责任与民事责任的关系都应当经历从认定上的界分到实现上的融合过程。如前所述,欧美国家在处理环境犯罪案件时会采取"一揽子"的解决方案,综合处理被告人所应承担的各种责任。而在我国,环境修复措施也与民事法律责任中的"赔偿损害""恢复原状"或行政法律责任中的"消除危险""履行义务"等责任方式有着相同的外形、内容和功能。因此,在环境犯罪中适用环境修复措施,是公法与私法相互渗透的具体体现,既顺应了以功能融合为特征的法律责任发展规律,又可以在一个案件审理中实现多种法律后果、节约司法资源、提升司法效率,完全符合"最大限度修复生态环境"的目标。

综上所述,对实施环境犯罪的被告人适用环境修复措施,可以有效实现生态保护、犯罪惩治和预防犯罪等功效,并能全面评价被告人的行为性质、统筹实现其应当承担的责任方式,可谓"一举多得"。

三、我国适用环境修复措施的方式

目前,我国关于环境修复的刑事判决主要有两种方式:一是在对破坏生态环境的犯罪行为定罪后判处环境修复,其中既有通过刑事附带民事诉讼(含民

[①] 参见:徐本鑫.刑事司法中环境修复责任的多元化适用[J].北京理工大学学报(社会科学版),2019(6):140-148.

事公益诉讼)在民事判决部分进行判决的情况,也有直接在刑事判决书中进行判决的情况,可谓是"命令式"的修复;二是将案发后被告人积极修复生态的行为作为从宽处罚的情节,可谓是"交易式"修复,这种方式在实践中更为常见。下面,笔者将对这两种方式进行简要介绍。

(一)"命令式"修复

传统的刑事附带民事诉讼范围局限于被害人是个人的犯罪,如故意伤害罪、故意杀人罪等,而忽视了在传统意义上属于无被害人犯罪或国家是被害人的犯罪。如前所述,环境犯罪的被害人并不明确,行为人对生态环境资源造成的破坏很难直接作用于具体某个人,这就导致鲜有人主张行为人需要对其造成的环境侵害承担民事责任。但实际上,环境犯罪的直接被害对象是生态资源,间接被害对象则是由国家代表的社会大众。这种影响虽不像传统的侵害个人法益那样直接、明显,但却范围广泛,持续的时间极长,对社会公众的潜在威胁极大。而且,环境破坏大多是难以逆转的,所造成的后果也非常严重,往往需要花费大量的人力物力才能尽量恢复原状。由于先前原则上不存在环境刑事附带民事诉讼,这就导致犯罪行为对环境造成的破坏通常都是由国家"买单",既造成了国家资源的严重浪费,也违背了"谁污染,谁治理;谁损害,谁赔偿"的基本法理。正基于此,修正后的民事诉讼法与环境保护法都明确了环境公益诉讼制度。行政机关、人民检察院和符合条件的社会组织都可以依法提起环境公益诉讼,要求污染、破坏环境者承担相应的民事责任。这样一来,对实施环境犯罪者提起刑事附带民事诉讼也就不再存在障碍。人民检察院可以在依法提起公诉的同时,作为刑事附带民事诉讼原告人提起刑事附带民事诉讼,由法院合并审理,从而既符合"谁破坏谁修复"的环境司法一般原则,也救济、修复了被犯罪行为破坏的法益。

根据民法典侵权责任编的相关规定,被告承担侵权责任的方式多种多样。具体到环境犯罪案件中,则主要表现为恢复原状。根据《最高人民法院关于审理生态环境损害赔偿案件的若干规定(试行)》中责任承担方式的顺位,修复生态环境是第一位的责任。而在近年来的众多环境犯罪案例中,法院也大都判决行为人采取恢复原状的方式进行环境修复。如在"陈明污染环境刑事附带公益诉讼案"中,法院要求被告自行拆除预埋的排污暗管,并购买价值6万元,数量约28万尾的白鲢、大头鲢鱼苗在九龙江龙海水域段放养,用以修复九龙江生态环境。① 在"陈海、王江等非法采伐国家重点保护植物案"中,法院责令三名被告人缓刑期间在案发地共同补种树苗4000株,义务看护三年,保证成活率达到90%。② 在"杨遇君滥伐林木案"中,法院考虑到杨遇君家庭负担较重,在退出违法所得后,无法缴纳罚金,故在对其适用罚金附加刑同时适用复绿补种机制,要求被告人在指定时间内于指定地点实施复绿补种,③等等。笔者认为,适用恢复原状这一方式的理由主要在于多数被告人都并不富裕,难以一下子拿出一大笔钱赔偿损失;而恢复原状方式的金钱成本较低,且明显表现为渐进性的特点,被告人可以通过自己的时间成本与劳务成本弥补金钱的不足,相对而言更容易为其接受。当然,这种类型的环境修复是在审理刑事案件的过程中实现民事责任,在本质上属于环境修复民事责任而非刑事责任的实现方式,更难以被评价为非刑罚处罚措施。

而除了依托刑事附带民事诉讼或环境公益诉讼之外,也有法院在相关组织未提起环境公益诉讼的情况下,直接把生态修复措施的内容和要求写入具体的刑事判决事项中,使其在事实上成为一种非刑罚处罚类型。但根据刑法第37条规定,只有对于犯罪情节轻微不需要判处刑罚的,才可以予以训诫或者责令具结悔过、赔礼道歉、赔偿损失,或者由主管部门予以行政处罚或者行政处分。因此,法院这类迳行判决被告修复环境做法,除了在免于刑事处罚这种情况下,并没有明确的法律依据。此外,根据刑法第36条规定,由于犯罪行为而使被害人遭受经济损失的,虽然法院在对犯罪分子判处刑罚的同时,还应根据情况判处赔偿经济损失,但赔偿损失的范畴显然无法涵盖修复生态环境,最多属于环境修复的一种类型。综上所述,这种直接判决的做法缺乏明确的法律依据,也受到了理论界的诸多质疑。

(二)"交易式"修复

除了法院依法判决外,行为人也可以选择在立案后主动与相关行政部门进行协调,以签订环境修复协议、缴纳环境修复治理费、签订环境修复承诺书、制定环境修复方案等方式积极、自愿地进行环境修复工作。此类被告人既然同意积极修复环境,就表明其积极悔过,人身危险性较低,故能够在量刑时得

---

① 参见:(2014)龙刑初字第243号刑事判决书。
② 参见:(2010)永刑再字第1号刑事判决书。
③ 参见:(2012)邵刑初字第219号刑事判决书。

到优待,作为对其从轻处罚或宣告缓刑的重要依据,以更好实现惩罚与教育相结合的目的。当前,这一方式可以与"认罪认罚从宽"制度进行有机结合,既有利于被告人的刑罚裁量,也可以大幅节约司法资源。

四、我国环境修复措施的问题及完善

(一) 存在的问题

在我国当前的刑事司法实践中,环境修复措施主要存在下列适用问题:

第一,程序定位不清晰。正如有学者所总结的,当前,环境修复措施在实践中的适用较为混乱,表现出刑罚处罚形式、刑罚辅助措施、刑罚执行方式、酌定量刑情节与附带民事赔偿行为等多种形式。[①] 由于缺乏明确的法律依据,各地法院对被告人判处环境修复措施仍处于探索阶段,在操作程序上不尽相同,也没有体系化的配套机制,无法做到协调统一。由于司法遵从"不告不理"原则,故在检察院仅提起刑事诉讼的情况下,法院依照民法或行政法,迳行判决环境修复措施的行为有越俎代庖、僭越执法权与滥用司法权的嫌疑。因此,尽管环境修复在实践中得到了广泛适用,却总有"名不正言不顺"之感。在现有的法律制度内,从严格意义上讲,我们无法将环境修复措施作为一种刑罚类型或替代措施,而只能作为量刑情节贯穿于刑事审判始终,或是作为民事附带刑事诉讼或环境公益诉讼中的责任承担方式。但这一理解既无法凸显环境修复措施在刑事司法中的独特作用,忽视了环境修复责任兼具民事、行政与刑事责任性质的多重属性,也难以充分发挥预防犯罪与修复环境的功效,已经明显滞后于司法实践。

第二,修复措施不规范。由于没有明确的法律规定,目前各地判决对某一环境犯罪能够适用何种修复措施的态度较为随意,措施名称也不统一。以盗伐林木罪为例,不同法院的判决中会采用补种复绿、补植复绿、生态复绿、造林复绿、公益植树等多种说法。另外,各地对于修复措施的具体内容与标准也各不相同,以至于出现虽破坏重,但修复较少的不公平现象。如有学者举例,在同一法院,针对盗伐林木罪这一罪名,行为人 A 与 B 盗伐的林木立木蓄积基本

[①] 参见:徐本鑫.刑事司法中环境修复责任的多元化适用[J].北京理工大学学报(社会科学版),2019(6):140-148.

相同,但 A 被判决公益植树约 0.567 公顷,B 却只被判决公益植树约 0.067 公顷。标准的不统一给司法实践带来诸多诟病,成为适用环境修复措施的障碍之一。①

第三,量刑依据不明确。被告人自愿、积极实施环境修复措施的,在当前的刑事诉讼中,只能作为一种酌情从轻量刑的情节。在环境犯罪司法解释中,只对污染环境罪、非法处置进口的固体废物罪与擅自进口固体废物罪这三个罪名规定了将修复生态环境作为量刑情节——实施刑法第 338 条、第 339 条规定的行为,刚达到应当追究刑事责任的标准,但行为人及时采取措施,防止损失扩大、消除污染,全部赔偿损失,积极修复生态环境,且系初犯,确有悔罪表现的,可以认定为情节轻微,不起诉或者免予刑事处罚;确有必要判处刑罚的,应当从宽处罚,对其他罪名则均未进行明确规定。因此,尽管该措施在其他环境犯罪判决中被广为适用,却没有一个统一、清晰的标准。

第四,量刑标准不统一。在最高人民法院及各省级人民法院出台的量刑指南中,对于环境修复情节究竟能够发挥多大作用,降低百分之多少的基准刑没有统一的量化标准,只能由承办案件的法官自由裁量。因此,有待最高司法机关出台相应的司法解释或量刑指导意见。不过瑕不掩瑜,相信随着环境修复措施在实践中的广泛适用和深入发展,上述问题都能在短时间内得到有效解决。

(二) 完善的路径

针对适用环境修复措施的上述问题,应当从立法与司法两方面出发,对争议问题进行厘清,对相关制度予以完善。在立法上,应当进一步完善刑法与配套法律规范的规定。虽然,我国刑法并未对环境恢复性措施的适用提供必要的依据与标准,但多年来,司法机关已经在实践中就如何适用环境修复措施进行了长期、有效、深入的探索。作为从实践中生发出的一种刑事司法举措,环境修复措施无疑是值得肯定的创新。应当说,目前通过修改法律确认实践探索成果,解决环境修复合法性、规范性的时机已经成熟。建议在刑法中规定犯罪人应承担环境修复责任,从而实现实体法与程序法的协调一致,建立起刑事

---

① 参见:王树义,赵小姣.环境刑事案件中适用恢复性司法的探索与反思——基于 184 份刑事判决文书样本的分析[J].安徽大学学报(哲学社会科学版),2018(3):102-110.

制裁、民事赔偿与生态修复有机衔接的环境犯罪责任体系。具体而言,建议修改刑法总则第36条或第37条,明确规定由于犯罪行为而使环境资源遭受损害的,对犯罪分子除依法给予刑事处罚外,还应当根据情况判处承担修复生态环境、赔偿损失等责任,从而将其作为一种独立的非刑罚处罚措施。

在司法上,应当进一步完善环境修复措施的司法适用,注重与其他法律措施的衔接与协调。第一,合理确定环境修复措施的类型与名称。诚如有学者所言,由于环境案件的广泛性与复杂性,不可能对环境修复措施的适用给出一个统一的答案,而应当根据个案中受损环境的状况、实际损害程度、环境修复标准、整体生态利益、受害人的要求、犯罪人的选择意愿与支付能力、完全修复所需的工程量、执行成本等因素综合考虑,选择最合适、最可行的方式。① 但为了便于实践操作、规范判决内容,确有必要对同类罪名适用的修复措施规定一个大致范围。结合实践经验,笔者认为,可以根据不同的环境犯罪罪名,分别判处下列环境修复措施:②(1)对于污染环境罪、非法处置进口的固体废物罪与擅自进口固体废物罪等环境污染类犯罪,可以判处被告人修复生态环境。如对于造成大气污染的犯罪,可以植树造林,净化空气;对于造成土壤污染的犯罪,则可以进行土壤修复,如种植耐受性的植被以改善土壤成分。(2)对于非法捕捞水产品罪、非法狩猎罪、危害珍贵濒危野生动物罪等破坏野生动物资源类犯罪,可以判处被告人实施增殖放流、巡山管护等措施,并保证被破坏的动物资源恢复到一定数量。(3)对于非法占用农用地罪等破坏土地类犯罪,可以判处被告人进行土地复垦、恢复植被。(4)对于非法采矿罪、破坏性采矿罪等破坏矿藏资源类犯罪,应当判处被告人采取矿区土地复垦、渣土回填、造林种草等方式,尽可能保持水土,恢复整个矿区的生态环境。(5)对于盗伐林木罪与滥伐林木罪等破坏森林资源犯罪,则可以判处被告人补种复绿,并保证林木的存活率达到一定水平。此外,对任何环境犯罪均可适用间接修复的方法,即不直接判决被告人进行环境修复,而是通过判决环境修复费用的方式要求其承担环境修复义务。尤其是当环境修复措施较为专业、被告人不具备相应

---

① 参见:李挚萍.生态环境修复责任法律性质辨析[J].中国地质大学学报(社会科学版),2018(2):48-59.
② 参见:王树义,赵小姣.环境刑事案件中适用恢复性司法的探索与反思——基于184份刑事判决文书样本的分析[J].安徽大学学报(哲学社会科学版),2018(3):102-110.

条件时,通过支付费用的方式委托政府或第三方专业机构代为实施,不失为更加科学的途径。当然,对于已经遭受严重破坏、无法恢复原状的生态环境,也可以准许被告人采用异地修复的方式。不过在具体适用中,法院应当统一称谓,以体现判决的严肃性。

第二,实现环境修复措施与其他刑事制裁措施的有机统一。首先,在判决环境修复措施时,应当将修复生态的理念贯穿于环境资源犯罪刑事追责的始终,将修复的方式和成效纳入刑罚执行的评价指标,①注意其与刑罚的衔接和协调,而不能与刑罚判决及执行脱节,各自为战,给被告人增加过重的负担。实践中,有的法院对被告人同时判处主刑、罚金、赔偿经济损失与环境修复等措施,无疑使其遭受了多重经济制裁。这种处罚模式虽然初衷是好的,同时追求实现惩治犯罪、恢复秩序与修复生态的目的,却不当加重了被告人的经济负担,有失公正。② 因此,在判决的同时,应当考虑被告人所受刑罚的轻重与经济能力,以实现刑罚与环境修复措施的平衡。对于单位犯罪,由于一般而言单位具有较强的经济实力,且不能被判处自由刑,故可以采取判处"罚金+环境修复措施"的模式;此时,就不宜再对直接负责的主管人员和其他直接责任人员判处环境修复措施。对于自然人犯罪,如果判处了环境修复措施,主刑就不宜太重,从而对其起到良好的激励作用;如果判处了环境修复措施,考虑到其经济承受能力,也应尽量不判或少判罚金,以增强判决的可执行性。

其次,对于刑法中已经明确规定的制裁或保安处分措施,法院就没有必要再以"环境修复措施"的旗号对被告人辅助适用。如有学者指出,对非法处置进口的固体废物罪、擅自进口固体废物罪应辅以采用无害化技术处理手段将废物销毁等处置措施,对非法采矿罪、破坏性采矿罪、非法捕捞水产品罪则应辅以责令犯罪人停止生产作业、归还非法所得措施。③ 但刑法第64条规定,犯罪分子违法所得的一切财物,应当予以追缴或者责令退赔;对被害人的合法财产,应当及时返还;违禁品和供犯罪所用的本人财物,应当予以没收。显然,归还犯罪所得是刑法的当然要求,根本不需要上升到恢复性司法的理念。此外,

---

① 参见:侯艳芳.中国环境资源犯罪的治理模式:当下选择与理性调适[J].法制与社会发展,2016(5):165-183.
② 参见:蒋兰香.生态修复的刑事判决样态研究[J].政治与法律,2018(5):134-147.
③ 参见:房清侠,吴晓微.我国环境犯罪刑事规制路径研究[J].刑法论丛,2016(1):1-27.

无论从逻辑上还是事实上讲,犯罪嫌疑人或被告人进入诉讼程序后都不可能有机会继续进行违法生产作业,相关犯罪工具也会被依法没收,故亦无须以恢复性司法的理念责令其停产停业。因此,将这些措施纳入"环境修复措施"纯属多余。

第三,在判决时要注意环境修复措施的可操作性。如果该措施无法执行,将会有损判决的严肃性与权威性。首先,要判断将被破坏的环境修复或局部修复至犯罪前状况是否合理、切实、可行,如果确实难以恢复,就无须进行判决或判决异地修复。其次,要考虑被告的经济能力,如果被告人经济十分困难,法院还判决其在短时间内进行环境修复,则明显属于强人所难,无法发挥应有的作用;此时可考虑适当降低费用或延长履行时间。最后,还应注意被告是否具有实施环境修复措施的人身自由。有学者就举例说明:某地人民法院对被告判处了 2 年有期徒刑,并要求其在判决生效后 90 日内补种树苗 145 株。① 但由于此时尚在有期徒刑执行期内,被告仍处于被羁押的状态,又将如何补种树苗呢?难道每次补种都得由狱警押解至补种地吗?如果将补种理解为由被告亲属代为执行,就又产生了转嫁法律责任的嫌疑。即使将"判决生效后"改为"刑罚执行完毕后",但此时距离判决生效已经过去了相当长的一段时间,对该措施执行情况的监督力度将大打折扣,对其他群众起到的教育意义也微乎其微。因此从原则上讲,环境修复措施在犯罪人适用非监禁刑时才更有可行性。如果判处了监禁刑,则应加大判处罚金的数额,或采取判决环境修复费用的方式,委托他人代为修复。不过,这种方式所起到的效果远不如被告人亲力亲为修复环境,应当慎重采用。当然,将已经实施环境修复措施作为量刑的考虑因素时,则不受此限。

---

① 参见:蒋兰香.生态修复的刑事判决样态研究[J].政治与法律,2018(5):134-147.

参考文献

1. 崔庆林,刘敏.环境刑法规范适用论[M].北京:中国政法大学出版社,2018.
2. 冯军,敦宁.环境犯罪刑事治理机制[M].北京:法律出版社,2018.
3. 郭建安,张桂荣.环境犯罪与环境刑法[M].北京:群众出版社,2006.
4. 胡雁云.环境犯罪及其刑事政策研究[M].北京:法律出版社,2018.
5. 张辉.美国环境法研究[M].北京:中国民主法制出版社,2015.
6. 董邦俊.环境法与环境刑法衔接问题思考[J].法学论坛,2014(2):128-134.
7. 高铭暄,郭玮.德国环境犯罪刑事政策的考察与启示[J].国外社会科学,2020(1):21-29.
8. 蓝向东,侯隆哲.环境刑事保护之行政从属性研究[J].国家行政学院学报,2015(2):96-100.
9. 李婕.限缩抑或分化:准抽象危险犯的构造与范围[J].法学评论,2017(3):36-45.
10. 刘伟琦.污染环境罪中"处置"行为的司法误区与合目的性解读[J].当代法学,2019(2):34-43.
11. 田国宝.我国污染环境罪立法检讨[J].法学评论,2019(1):163-171.
12. 王秀梅,杜澎.论环境刑法的概念与特性[J].人民检察,2008(5):9-12.
13. 向泽选.危害环境罪的概念及行政从属性[J].法商研究,1997(6):20

-25.

14. 庄乾龙.环境刑法定性之行政从属性——兼评《两高关于污染环境犯罪解释》[J].中国地质大学学报(社会科学版),2015(4):53-60.

15. HEGER M. Die europäisierung des deutschen umweltstrafrechts[M]. Tübingen: Mohr Siebeck, 2009.

16. Münchener kommentar zum strafgesetzbuch2. auflage[M]. München: C. H. Beck, 2011.

17. FRISCH W. Verwaltungsakzessorietät und tatbestandsverständnis im umweltstrafrecht[M]. Heidelberg: C. F. Müller Juristischer Verlag, 1993.

18. WÜTERICH C. Die bedeutung von verwaltungsakten für die strafbarkeit wegen umweltvergehen (§§ 324 ff. StGB)[J]. Neue Zeitschrift für Strafrecht, 1987(3):106-109.

19. HEINE G. Verwaltungsakzessorietät des umweltstrafrechts rechtsvergleichende funktionsanalysen-unbestimmte rechtsbegriffe-reichweite von genehmigungen[J]. Neue Juristische Wochenschrift, 1990(39):2425-2434.

20. SCHALL H. Umweltschutz durch strafrecht: anspruch und wirklichkeit [J]. Neue Juristische Wochenschrift,1990(20):1263-1273.

21. DOLDE K P. Zur verwaltungsrechtsakzessorietät von § 327 StGB-bemerkungen zum alkem-urteil des LG hanau[J]. Neue Juristische Wochenschrift, 1988(38):2329-2335.

22. NOBLES M R. Environmental crime and contemporary criminology: making a difference[J]. American Journal of Criminal Justice,2019(44):656 – 669.

23. DUBBER M D. Theories of crime and punishment in german criminal law [J]. The American Journal of Comparative Law, 2005(53):679-708.

24. FAURE M, KATARINA S. Criminal or administrative law to protect the environment? evidence from Western europe [J]. Journal of Environmental Law, 2012(2): 253-286.

25. MEINBERG V. Amtsträgerstrafbarkeit bei umweltbehörden[J]. Neue Juristische Wochenschrift,1986(36):2220-2228.

后 记

说来惭愧,尽管相关成果不多,但自己对环境犯罪的关注由来已久。早在博士论文的撰写过程中,由于选题为"犯罪的行政从属性研究",且"行政从属性"这一概念源于德国环境刑法理论,故在当时阅读了大量关于环境犯罪的著作与论文,对环境刑法、环境犯罪等有了初步的印象。进入河南大学法学院工作以后,自己承担了环境法学硕士研究生"环境刑法专题"课程,在备课与讲授中积累了大量资料,也逐渐对环境犯罪有了些许研究心得。2018年,自己有幸获批了国家社科基金青年项目"我国预防刑法的法治限度研究"(18CFX043)。虽然研究视角由行政刑法转向了预防刑法,但环境犯罪仍然是我重点关注的领域,理由是这类犯罪具有较强的预防性特征,在新出台的刑法修正案(十一)中体现得尤为明显。因此,在研究过程中,我越来越感觉到自己对环境刑法产生了浓厚兴趣,有不吐不快之感。此时,利用进行博士后研究的契机,我决定将博士后的研究方向定为环境犯罪,并以"风险社会下环境刑法的预防转向与法治限度研究"为题,顺利获得第67批中国博士后科学基金(2020M672183)的资助。整个2020年,自己将大量精力投入到本书的撰写中,并且结合民法典、刑法修正案(十一)进行了相应修改。时至今日,终于完成了预期写作目标,可以付梓了。

本书是笔者所主持的国家社科基金与河南省高等学校青年骨干教师培养计划(2019GGJS029)的阶段性研究成果。在本书的酝酿与写作过程中,得到了诸多单位与师友的大力支持。首先,本书获得了2021年河南省高等学校哲学社会科学优秀著作资助(2021-YXZZ-30),并承蒙河南大学出版社出版。

其次,在河南大学工作期间,环境法教研室张建伟教授、杨永芳教授、王利副教授与皮里阳博士,以及兼职教授、开封市中级人民法院赵凡聚副院长对我的环境刑法教学提供了大力支持,并为我补习了很多环境法知识。刑法教研室郝守才教授、蔡军教授、庞冬梅教授、张亚平教授、刘霜教授、谷永超副教授、晋涛副教授为我的相关思考提供了指导,通过与他们的深入讨论,我对环境刑法有了更为深刻、系统的理解。南京师范大学法学院博士生李雪健同学经常与我交流,极大开阔了我的思路。在此,请允许我对他们表示最衷心的感谢!

最后,感谢父母与妻子对我的鼎力支持,他们分担了绝大多数家庭事务,使我能够专心从事教学科研工作,是我最坚实的后盾。

2021年5月于铁塔湖